一流大学研究文库
WCU SERIES

科研评价制度
对一流大学建设高校教师创新行为
的影响研究

The Influence of Research Evaluation System on
Faculty's Innovation Behavior in the Construction of
First-class Universities

董彦邦 刘 莉 著

上海交通大学出版社
SHANGHAI JIAO TONG UNIVERSITY PRESS

内容提要

本书围绕科研评价制度对大学教师创新行为的影响这一核心问题展开，以 29 所一流大学建设高校的教师为调查对象，主要内容包括以下三个方面：首先，通过对 1 659 名教师进行问卷调查，应用回归分析法、逐步法和层次检验法分析科研评价制度对大学教师创新行为的影响程度、影响机制和影响差异；其次，通过对 32 名大学教师进行半结构式访谈，应用质性文本主题分析法和案例法，揭示科研评价制度对大学教师创新行为产生影响的原因；最后，综合对 4 个关键问题的研究结果，为大学科研评价制度改革提供有针对性的建议。

本书面向的读者群体包括大学科研管理者、科研为主型或教学科研并重型岗位的大学教师、从事高等教育管理研究的学者以及对高校教师创新问题感兴趣的广大读者。

图书在版编目(CIP)数据

科研评价制度对一流大学建设高校教师创新行为的影响研究／董彦邦，刘莉著．—上海：上海交通大学出版社，2023.11
ISBN 978－7－313－29665－8

Ⅰ. ①科… Ⅱ. ①董… ②刘… Ⅲ. ①高等学校－教师－科学研究－师资培养－研究－中国 Ⅳ. ①G644

中国国家版本馆 CIP 数据核字(2023)第 201222 号

科研评价制度对一流大学建设高校教师创新行为的影响研究
KEYAN PINGJIA ZHIDU DUI YILIU DAXUE JIANSHE GAOXIAO JIAOSHI
CHUANGXIN XINGWEI DE YINGXIANG YANJIU

著　　者：董彦邦　刘　莉
出版发行：上海交通大学出版社　　　　　地　　址：上海市番禺路 951 号
邮政编码：200030　　　　　　　　　　　电　　话：021－64071208
印　　制：常熟市文化印刷有限公司　　　经　　销：全国新华书店
开　　本：710 mm×1000 mm　1/16　　　印　　张：16.25
字　　数：261 千字
版　　次：2023 年 11 月第 1 版　　　　　印　　次：2023 年 11 月第 1 次印刷
书　　号：ISBN 978－7－313－29665－8
定　　价：78.00 元

前　言

　　创新是引领发展的第一动力,党的二十大明确提出,到 2035 年,我国要实现高水平科技自立自强,进入创新型国家前列[1]。一流大学在基础研究创新领域承担着极为重要的责任和使命,教育部、财政部和国家发展改革委联合下发的《"双一流"建设成效评价办法(试行)》要求一流大学建设高校在基础研究领域取得"从 0 到 1"重大原始创新成果[2]。大学科研创新能力取决于教师创新行为,但作为激励和引导教师创新行为重要因素之一的科研评价制度,存在重管理轻发展、重量化考核轻同行评价、重短期轻长远等导向问题。这些问题抑制了我国大学教师开展前沿、高风险和长周期研究的动力。在此背景下,探索如何改进科研评价制度,对促进大学教师积极开展高水平的科学研究、提高大学的原始创新能力,具有重要的现实意义。

　　本书聚焦四个关键问题:科研评价制度对大学教师创新行为的影响程度如何?影响机制是怎样的?影响是否存在学科、年龄和学校层次差异?产生影响的原因有哪些?针对上述问题,本书以影响个体行为的 MARS 模型、自我决定理论、自我效能理论和角色认同理论为理论基础,采用解释性时序设计的混合方法,设计并实施了两阶段研究:第一阶段是定量研究,通过对 29 所一流大学建设高校 1 659 名教师进行问卷调查,应用回归分析法、逐步法和层次检验法分析科研评价制度对大学教师创新行为的影响程度、影响机制和影响差异;第二阶段

---

[1]　习近平.高举中国特色社会主义伟大旗帜,为全面建设社会主义现代化国家而团结奋斗——在中国共产党第二十次全国代表大会上的报告[EB/OL].[2021 - 10 - 25]. http://www.gov.cn/xinwen/2022 -10/25/content_5721685.htm.

[2]　教育部,财政部,国家发展改革委.关于印发《"双一流"建设成效评价办法(试行)》的通知[EB/OL].[2021 - 03 - 23]. http://www.moe.gov.cn/srcsite/A22/moe_843/202103/t20210323_521951.html.

是质性研究,通过对 32 名教师进行半结构式访谈,应用质性文本主题分析法和案例法分析科研评价制度对大学教师创新行为的影响原因。

本书是在博士论文基础上完善而成,共八章。第一章是绪论,论述研究背景和意义,明确概念和问题,阐明研究思路。第二章是文献综述,评述已有研究的贡献和不足。第三章是理论基础和研究假设,以 MARS 模型、自我决定理论、自我效能理论和角色认同理论为指导,解释变量关系,提出假设。第四章是研究设计,详细说明定量和质性研究的数据收集和分析方法。第五章到第七章是研究发现,第五章和第六章分析科研评价制度对大学教师创新行为的影响程度、影响机制和影响差异,第七章揭示科研评价制度对大学教师创新行为的影响原因。第八章是总结和展望,凝练结论,为大学科研评价制度改革提供针对性方案,同时指出研究局限,提出未来研究改进和完善的建议。

本书的创新性主要体现在三个方面:一是探究了科研评价目的之外的其他评价要素分别对大学教师创新行为的影响程度,以及各评价要素产生的合力整体上对大学教师创新行为的影响程度,研究结果对系统改革我国大学科研评价制度具有重要实践意义;二是探究了创新自我效能感和创新角色认同在科研评价制度对大学教师创新行为的影响机制中所起的作用,研究结果对丰富科研评价制度对大学教师创新行为影响机制的研究具有重要理论意义;三是对比分析了科研评价制度对不同学科领域、年龄阶段和学校层次教师创新行为影响的差异,研究结果对分类推进我国大学科研评价制度改革具有重要实践意义。

目　录

表目录

图目录

第一章

绪 论

第一节 研究背景

大学在基础研究领域能否取得"从 0 到 1"的重大原始创新成果，从根本上取决于大学教师能否主动并持续地实施科研创新行为。然而，科研评价制度在激励和引导大学教师创新方面存在的诸多问题，一定程度上导致了我国大学原始创新能力不足。因此，从大学教师科研创新行为的视角探索科研评价制度改革的方向，是提升大学原始创新能力及推动创新型国家建设的关键着力点。

一、大学科研创新能力不足成为创新型国家建设的重要制约

"建设创新型国家，必须具备较强的自主创新能力。能够产生新知识的基础研究，是实现自主创新的源头。"[①]大学尤其是一流大学在"人才、学科、设备、团队等方面具有适应基础研究创新与发展的综合优势"[②]，在基础研究领域扮演着极为重要的角色。教育部等三部门下发的《"双一流"建设成效评价办法（试行）》（教研[2020]13 号）对一流大学建设高校的基础研究水平提出了更高要求，即在基础研究领域取得"从 0 到 1"重大原始创新成果[③]。然而，我国一流大学原始创新能力不足，已成为我国创新型国家建设的重要制约因素。统计发现，在 2020

① 石金叶，范旭.西方发达国家基础研究在创新型国家建设中的作用及其启示[J].自然辩证法研究，2019(6)：33 - 38.
② 刘海波，李畅，陈立军.高校基础科学研究的制约因素分析及对策[J].东北大学学报（社会学科版），2006(1)：64 - 67.
③ 教育部，财政部，国家发展改革委.关于印发《"双一流"建设成效评价办法（试行）》的通知[EB/OL].[2021 - 03 - 23]. http://www.moe.gov.cn/srcsite/A22/moe_843/202103/t20210323_521951.html.

年全球高被引论文量最高的 TOP100 个研究前沿中,一流大学建设高校在参与
的 40 个研究前沿中的高被引论文量占比均在 5％ 以下[①];一流大学建设高校
(2000—2017 年)获得的国家科技三大奖(国家自然科学奖、国家技术发明奖和
国家科技进步奖)中的一等奖数量约占获奖总数的 12％,二等奖数量约占获奖
总数的 17％[②]。以北京大学和清华大学为代表的我国顶尖大学获国际知名奖项
的世界级大师人才稀缺[③]。

二、科研评价制度在引导大学教师创新方面存在诸多问题

　　"大学学术发展根本上取决于大学教师的角色行为,有什么样的教师角色行
为,就有什么样的大学学术"[④]。科研创新行为作为大学教师的一种角色行为,
直接关系着大学的科研创新能力。"大学对教师的考核评价可以从根本上指引
教师从事学术职业的行为及发展方向……更好地激励其在创造性的学术工作上
的主观能动性"[⑤]。然而,考核评价制度实际上却起着相反的作用,出现了功能
的异化。相关研究指出,当前我国大学科研评价制度存在的问题,会抑制教师开
展前沿、高风险和长周期的研究,教师反而更倾向于开展易发表和安全的研究。
这些问题包括:评价目的重管理轻发展[⑥]、评价方法重量化考核轻同行评价[⑦]、
评价周期重短期轻长远[⑧]、评价指标难度过高[⑨]等。为扭转不良评价导向,营造
有利于大学教师创新的良好的科研生态环境,教育部和科技部直面科研评价制
度中存在的问题,相继下发《关于规范高等学校 SCI 论文相关指标使用树立正确

①　陈卫静,张宇娥.我国世界一流大学建设的成效分析——以 ESI 数据库为视角的量化比较[J].中国高
　　校科技,2021(5):5-15.
②　刘莉,董彦邦,朱莉,等.科研评价:中国一流大学重大原创性成果产出少的瓶颈因素[J].高等教育研
　　究,2018(8):23-31.
③　叶前林.中国顶尖大学离世界一流大学师资水平有多远[J].黑龙江高教研究,2019(2):7-11.
④　贾永堂.大学教师考评制度对教师角色行为的影响[J].高等教育研究,2012(12):57-62.
⑤　沈红,李玉栋.大学理工科教师的职业发展需要——基于"2014 中国大学教师调查"开放题的分析[J].
　　高等工程教育研究,2012(6):126-132.
⑥　王忠军,刘丽丹.绩效考核能否促进高校教师突破性学术创新行为[J].高等教育研究,2017(4):
　　52-60.
⑦　沈文钦,毛丹,蔺亚琼.科研量化评估的历史建构及其对大学教师学术工作的影响[J].南京师大学报
　　(社会科学版),2018(5):33-42.
⑧　龙立荣,王海庭,朱颖俊.研究型高校科研考核模式与创新的关系[J].高等工程教育研究,2012(1):
　　145-150.
⑨　TIAN M, LU G. What price the building of world-class universities? Academic pressure faced by
　　young lecturers at a research-centered university in China [J]. Teaching in Higher Education, 2017(8):
　　957-974.

评价导向的若干意见》(教科技[2020]2号)①、《关于破除科技评价中"唯论文"不良导向的若干措施(试行)》(国科发监[2020]37号)②、《关于破除高校哲学社会科学研究评价中"唯论文"不良导向的若干意见》(教社科[2020]3号)③等文件。然而,这些科研评价政策对大学科研评价制度改革的实际推进效果并不理想。在此背景下,探寻我国大学科研评价制度改革的具体路径和方法,对促进教师开展高水平研究,推动大学取得更多"从0到1"的重大原创性成果,具有重要现实意义。

第二节 研 究 意 义

一、丰富科研评价制度对大学教师创新行为影响的理论研究

关于科研评价制度对大学教师创新行为的影响机制,已有研究主要以自我决定理论为基础,论证了创新动机起到的中介作用。然而,科研评价制度、个体内部因素、大学教师创新行为之间的关系较为复杂。本研究构建包含多重影响关系的"有调节的中介模型",从而丰富科研评价制度影响大学教师创新行为的内在机制研究。一方面,科研评价制度仍有可能通过其他内部因素对大学教师创新行为产生影响,不仅仅存在一条以创新动机为中介的影响路径,而是需要多个中介变量才能清晰地解释科研评价制度对大学教师创新行为的影响机制。因此,本研究依据影响个体行为的MARS模型,搭建了以科研创新动机、科研创新自我效能感和科研创新角色认同为中介变量的综合分析框架。在此基础上,结合自我决定理论、自我效能理论和角色认同理论,进一步探索创新动机、创新自我效能感和创新角色认同分别在科研评价制度对大学教师创新行为的影响机制中所发挥的作用。另一方面,科研评价制度通过内部因素影响大学教师创新行

① 教育部,科技部.关于印发《关于规范高等学校SCI论文相关指标使用树立正确评价导向的若干意见》的通知[EB/OL].[2020-02-20].http://www.moe.gov.cn/srcsite/A13/moe_2557/s3103/202012/t20201215_505588.html.

② 科技部.关于破除科技评价中"唯论文"不良导向的若干措施(试行)[EB/OL].[2020-02-23].http://www.most.gov.cn/xxgk/xinxifenlei/fdzdgknr/fgzc/gfxwj/gfxwj2020/202002/t20200223_151781.html.

③ 教育部.关于印发《关于破除高校哲学社会科学研究评价中"唯论文"不良导向的若干意见》的通知[EB/OL].[2020-12-10].http://www.moe.gov.cn/srcsite/A13/moe_2557/s3103/202012/t20201215_505588.html.

为的作用机制也受到其他因素的影响,需要在中介模型中加入调节变量才能准确地区分科研评价制度对大学教师创新行为在什么条件下影响较大或在什么条件下影响较小。因此,本研究将学科、年龄、学校层次等因素作为调节变量纳入中介模型,进一步分析科研评价制度对大学教师创新行为的影响在不同学科领域、不同年龄阶段、不同学校层次的差异。

二、探寻我国大学科研评价制度改革的实践路径

科研评价的目的在于促进教师、学科和大学的发展,其中教师个人的发展是第一位的。然而,我国大学当前的科研评价制度多以工具理性为主导,采用自上而下的考核评价管理体系,大学的发展往往凌驾于教师个人发展之上。管理者将大学排名指标拆分,嵌入教师个人的评价指标体系,使教师成为提升大学排名位次的"工具"[①]。相关研究表明,工具理性的科研评价制度尽管在一定程度上得到了大学教师的认同,但与教师内心真正期望的科研评价制度之间尚有较大差距[②]。科研评价制度只有以价值理性为主导,采用自下而上的考核评价管理体系,以教师个人发展为中心,在明确教师当前科研水平以及未来规划之后,再依次调整学科和大学的发展目标,才能使得教师的合理诉求和利益关切得到充分体现,使评价制度获得教师的内心认同和自觉遵循。因此,本研究重点关注的是大学教师在研究过程中的合理诉求和利益关切,他们对评价制度有着更直观和深刻体会。以大学教师的科研创新行为为切入点,系统探究科研评价制度的各要素,即评价目的、评价方法、评价标准、评价指标、评价周期、评价主体、评价客体、评价程序、评价结果应用,对大学教师科研创新行为的影响程度、影响机制、影响差异和影响原因,努力为大学科研评价制度改革提供更有针对性的方案与策略。

第三节　概念界定

一、科研评价制度

已有研究缺乏与科研评价制度直接相关的概念界定,但在学术评价制度方

① 沈红.论大学教师评价的目的[J].高等教育研究,2012(11):43-48.
② 刘莉,季子楹.现实与理想:目标群体认同视角下的高校科研评价制度[J].高等教育研究,2018(3):37-44.

面汇集了丰富的概念。科研评价制度与学术评价制度是两个既密切相关又具有明显区别的概念,本研究参考学术评价制度的概念来界定科研评价制度。在进行概念界定之前,需要先厘清二者之间的差异。"学术"这一概念的范围更广阔、内涵更丰富,包括发现的学术、综合的学术、运用的学术和教学的学术①,而科研是"为了增进知识,包括关于人类文化和社会的知识,以及利用这些知识去发明新的技术而进行的系统的创造性工作"②,属于发现知识的学术。因此,科研评价制度是下位概念,其相比学术评价制度的内涵多了"科研"属性,但学术评价制度的外延更大。

根据评价对象的差异,学术评价制度的外延可进一步划分为学术机构评价制度和学术研究者评价制度。李广海认为,"高校学术评价制度包括外部评价制度和内部评价制度,外部评价制度是指教育行政部门对高校进行评价时有关学术成果的规定;内部评价制度是指在教师职称评聘、人才引进、教师年度考核等高校内部管理制度中有关学术成果的条款"③。庾光蓉和徐燕刚认为,"学术评价可分为人员评价(如专业职称评定、学位评定)、机构评价(如评重点实验室、重点学科、博士点)等"④。作为学术评价制度的下位概念,科研评价制度也可进一步划分为针对科研机构的评价制度和针对科研人员的评价制度。本研究中的科研评价制度是指大学教师科研评价制度。

在大学教师学术评价制度的内涵方面,李金春认为,"大学教师评价制度是指在大学教师评价过程中,评价工作者和教师共同遵守的、有关教师评价的正式规则体系及非正式规则的总称"⑤。徐斯雄指出了评价的内容,将大学教师学术评价制度界定为"对学术研究者的学术成果、学术水平、学术贡献进行评价的过程中,评价者和被评价者共同遵守的、有关学术评价的正式规则体系或者非正式规则的总称"⑥。李文平进一步明确了评价的目的,将大学教师评价制度界定为"大学管理部门为了解教师工作质量和评定教师在教学、科研、社会服务等工作

① 欧内斯特·波伊尔.学术水平反思——教授工作的重点领域[M]//国家教育发展研究中心.发达国家教育改革的动向和趋势(第五集).北京:人民教育出版社,1994:23.
② 万思志.高校科学研究异化的表现及原因探析——基于马克思异化劳动理论的视角[J].现代大学教育,2017(1):98-104.
③ 李广海.理性的平衡:高校学术评价制度变革的逻辑及操作指向[J].教育研究,2017(8):85-90.
④ 庾光蓉,徐燕刚.我国高校学术评价制度的缺陷与改进思路[J].社会科学管理与评论,2009(4):41-47.
⑤ 李金春.我国大学教师评价制度:理念与行动[D].上海:华东师范大学,2008:44.
⑥ 徐斯雄.民国大学学术评价制度研究[D].重庆:西南大学,2011:29.

中的表现而采取的一套规范性文件"①。庚光蓉和徐燕刚总结了评价的要素构成,将大学教师学术评价制度界定为"对学术人的学术成果、学术项目、学术影响等进行价值判断和评价的方法、原则、程序等规则的总称"②。根据上述内涵界定可以发现,大学教师学术评价制度是由若干相互关联的规则性要素构成的整体。

在大学教师学术评价制度的要素构成方面,中国科学院科技评价研究小组提出,评价的基本要素包括评价目的、评价对象、评价内容、评价方法、评价时期、评价结果的表达与应用等③。李金春依据"谁来评、评什么、怎么评"的逻辑,将评价要素进一步概括为评价主体、评价标准、评价程序和评价内容四个方面④。蒋洪池和李文燕的观点与李金春相似,但更强调评价方法的重要性,将评价要素概括为评价主体、评价标准、评价方法和评价程序四个方面⑤。综合已有研究,本研究将大学教师科研评价制度的内涵界定为:大学依据办学目标,在对教师已经取得的科研成果或潜在的科研能力进行事实判断和价值判断的过程中,评价主体和教师共同遵守的正式规则或非正式规则的总称,包括评价目的、评价方法、评价标准、评价指标、评价周期、评价程序、评价主体、评价客体、评价结果应用等。

在大学教师学术评价制度的外延方面,"虽然在大学内部很少能看到写有'大学教师评价制度'的章程,但大学教师评价活动是实实在在存在的事实,大学教师评价常见于教师招聘、考核、晋升、奖励与惩罚等规章及其相应的活动之中"⑥。喻冰洁和王景英认为,我国大学教师评价制度体系包括"入职的聘任制度(规定)、资格认证制度,任职期的考核制度和奖励性制度"⑦。康乐和李福林认为,"我国高校教师考核评价制度已延伸至师资引进与培养、年度考核、专业技术职务评聘、薪酬绩效体系等师资队伍建设各个层面"⑧。赵燕和汪霞认为,"大

①　李文平.大学教师对教师评价制度的满意度调查分析[J].高校教育管理,2017(3):95－103.
②　庚光蓉,徐燕刚.我国高校学术评价制度的缺陷与改进思路[J].社会科学管理与评论,2009(4):41－47.
③　中国科学院科技评价研究组.关于我院科技评价工作的若干思考[J].中国科学院院刊,2007(2):104－114.
④　李金春.我国大学教师评价制度:理念与行动[D].上海:华东师范大学,2008:45.
⑤　蒋洪池,李文燕.基于学科文化的大学教师学术评价制度构建策略探究[J].高教探索,2015(11):26－31.
⑥　李金春.我国大学教师评价制度:理念与行动[D].上海:华东师范大学,2008:43.
⑦　喻冰洁,王景英.制度伦理视域下的教师评价制度:困境、原因及改进[J].现代教育管理,2014(5):66－69.
⑧　康乐,李福林.应用7－S系统思维模型完善高校教师考核评价制度[J].现代教育管理,2018(11):98－102.

学教师评价制度一般包含三个部分：前期的招聘制度、中期的考核制度以及后期的晋升发展制度"①。本研究认同李金春和喻冰洁对大学教师评价制度外延的界定，即大学教师评价制度由入职的聘任制度及任职期的考核制度、晋升制度、奖励性制度等构成，但由于本研究的研究对象是在职教师，与他们密切相关的评价制度主要包括中期的考核制度以及后期的晋升发展制度，因此，在本研究中，科研评价制度主要包括对大学教师的年度考核、聘期考核、晋升评价和奖励中与科研相关的制度设计。

二、科研创新行为

根据行为载体的差异，创新行为可分为个体创新行为和组织创新行为。在二者的关系方面，组织创新根植于有创造性思想的员工个体中，个体创新是组织创新的主要源泉②。本研究主要关注个体创新行为。国外学者主要从过程视角定义个体创新行为。如坎特（R.M. Kanter）③、斯科特（S.G. Scott）④和詹森（O. Janssen）⑤将创新行为划分为创意产生、寻求支持和付诸实践三个阶段：初始阶段由个体对问题的认知及观念的产生开始，然后是个体寻求结盟以获得支持，最后是对想法或计划进行实践，推出商业化产品或服务。此后，凯瑟琳（R.F. Kleysen）⑥和桑托斯-维杰（M.L. Santos-Vijande）⑦对三阶段论做了进一步拓展，将个体创新行为归纳为寻找机会、产生想法、调查可行性、获得支持和展开实践五个阶段。也有学者将三阶段概括为创意产生和创意执行两个阶段。如

---

① 赵燕，汪霞.对我国大学教师评价制度的反思与建议[J].高校教育管理，2018(2)：117-124.
② SHALLEY C E. Effects of productivity goals，creativity goals，and personal discretion on individual creativity [J]. Journal of Applied Psychology，1991(2)：179-185.
③ KANTER R M. When a thousand flowers bloom：structural，collective，and social conditions for innovation in organizations ［M］//STAW B M，CUMMINGS L L. Research in organizational behavior. Greenwich，CT：JAI Press，1988：169-211.
④ SCOTT S G，BRUCE R A. Determinants of innovative behavior：a path model of individual innovation in the workplace [J]. Academy of Management Journal，1994(3)：580-607.
⑤ JANSSEN O. Innovative behaviour and job involvement at the price of conflict and less satisfactory relations with co-workers ［J］. Journal of Occupational and Organizational Psychology，2003(3)：347-364.
⑥ KLEYSEN R F，STREET C T. Toward a multi-dimensional measure of individual innovative behavior [J]. Journal of Intellectual Capital，2001(3)：284-296.
⑦ SANTOS-VIJANDE M L，LÓPEZ-SÁNCHEZ J Á，TRESPALACIOS J A. How organizational learning affects a firm's flexibility，competitive strategy，and performance [J]. Journal of Business Research，2012(8)：1079-1089.

韦斯特(M. A. West)和法尔(J. L. Farr)认为,个体创新行为是对员工在工作中的创新想法、创新产品和创新过程有推动作用的行为表现[①];周(J. Zhou)和乔治(J. M. George)认为,创新是个体在新想法产生、内容推广及方案执行过程中行为表现的创新程度[②]。

国内学者也主要基于过程视角来定义个体创新行为,并在国外研究的基础上,对中国情境下的创新行为进行了深入研究,多数学者认为中国情境下的创新行为主要分为创意产生和创意执行两个阶段。蔡启通和高泉丰将个体创新行为定义为"企业员工在组织中对于新技术、新历程、新技巧或新产品的创意寻找、确立、执行及成功地将创意付诸实践以形成为有用的产品或服务等整体行为过程"[③]。卢小君和张国梁认为,中国情境下企业员工创新行为由创新构想产生和创新构想执行两个阶段组成,"创新构想产生主要是指个体为了组织的产品、技术、工作流程以及服务的提升广泛地寻找、发现创新的机会,针对这些机会产生构想或解决方案,并对它们的可行性进行试验……在创新构想执行的过程中,个体的行为主要表现为调动资源、说服及影响他人支持创新、敢于挑战与冒风险以及通过个人的努力使创新常规化成为企业日常运作的一部分"[④]。

"大多研究将个体创新行为看作是个体主动和自愿的行为","甚至部分研究认为创新行为必然能够带来良好的创新绩效"[⑤]。但在当前考核评价压力较大的中国大学中,教师往往为了完成考核评价指标不得不陷入被动科研的境地[⑥],而由兴趣主导的主动性科研创新受到了抑制。有学者指出,量化考核方式会引发教师研究过程中的短视效应,使教师放低对质量的要求,不得不选择在短时期内出成果、发论文的题目[⑦];或分解研究发现、压缩研究结果[⑧];耗时长、沉潜性的

① WEST M A, FARR J L. Innovation at work: psychological perspectives [J]. Social Behaviour, 1989 (4): 25-40.
② ZHOU J, GEORGE J M. When job dissatisfaction leads to creativity: encouraging the expression of voice [J]. Academy of Management Journal, 2001(4): 682-696.
③ 蔡启通,高泉丰.动机取向、组织创新环境与员工创新行为之关系:Amabile 动机综合模型之验证[J].管理学报,2004(5): 571-592.
④ 卢小君,张国梁.工作动机对个人创新行为的影响研究[J].软科学,2007(6): 124-127.
⑤ 杨皖苏,杨善林.主动性-被动性员工创新行为:基于挑战性-阻断性压力源双路径分析[J].科学学与科学技术管理,2018(8): 130-143.
⑥ 张蓉,冯展林.制度安排下的高校青年教师创新意愿与能力提升对策研究[J].科学管理研究,2017(6): 89-92.
⑦ 阎光才."要么发表要么出局":研究型大学内部的潜规则[J].比较教育研究,2009(2): 1-7.
⑧ LAWRENCE P A. The mismeasurement of science [J]. Current Biology, 2007(15): 583-585.

研究不受青睐，或者暂不顾及①。因此，从过程视角来定义科研创新行为并不能揭示出我国大学原创性科研成果不足的原因，从动力源及其类型的视角更能揭示不同动力驱动的创新行为与不同水平的创新成果之间的关系，本研究基于动力源及其差异的视角，将科研创新行为分为主动性科研创新行为和被动性科研创新行为。

"个体不会仅仅被动等待别人告诉他该做什么，或者等问题出现时才采取措施"②，而会通过激情和努力来主动地改变自身和环境以实现理想结果③。弗雷泽(M. Frese)和费伊(D. Fay)最早提出了"个体主动行为"的概念，即一种自我发动的工作行为，它能引导员工坚韧不拔、克服困难以达成组织和个人目标，该行为具有自发性、前瞻性和持久性④。格里芬(M.A. Griffin)等认为，员工主动行为指的是员工自发地采取行动，对工作系统进行改进或对自身角色进行扩展⑤。

在"个体主动行为"概念的基础上，莎莉(C.E. Shalley)等将主动行为理论应用于创新领域，提出"个体主动创新行为"的概念，指"员工自愿、主动地创新，勇于面对创新过程中的困难，并发自内心地为创新的可能性风险承担责任"⑥。主动性创新行为主要具有三个特征：一是自发性，即行为由员工主观意志决定；二是能动性，即员工积极主动去解决遇到的问题和困难；三是预见性，即员工预先为创新想法的实施作好准备⑦。赵斌等对个体主动创新行为的特征进行了更深入的解构：① 自发性，即科技人员内心具有强烈的创新意愿；② 前期准备，即科技人员在创新之前思考别人提出的建议，并做好充分的知识和资源准备；③ 跨越障碍，即科技人员创新过程中不畏惧困难，遇到问题竭力解决，失败时能总结

① 沈文钦，毛丹，蔺亚琼.科研量化评估的历史建构及其对大学教师学术工作的影响[J].南京师大学报(社会科学版)，2018(5)：33 – 42.
② 张桂平，廖建桥.国外员工主动行为研究新进展探析[J].外国经济与管理，2011(3)：58 – 64.
③ GRANT A M, ASHFORD S J. The dynamics of proactivity at work [J]. Research in Organizational Behavior, 2008：3 – 34.
④ FRESE M, FAY D. Personal initiative：an active performance concept for work in the 21st century [J]. Research in Organizational Behavior, 2001：133 – 187.
⑤ GRIFFIN M A, NEAL A, PARKER S K. A new model of work role performance：positive behavior in uncertain and interdependent contexts [J]. Academy of Management Journal, 2007(2)：327 – 347.
⑥ SHALLEY C E, GILSON L L, BLUM T C. Interactive effects of growth need strength, work context, and job complexity on self-reported creative performance [J]. Academy of Management Journal, 2009(3)：489 – 505.
⑦ SHALLEY C E, GILSON L L, BLUM T C. Interactive effects of growth need strength, work context, and job complexity on self-reported creative performance [J]. Academy of Management Journal, 2009(3)：489 – 505.

教训并尝试新方法[①]。本研究借鉴赵斌等对主动创新行为的定义,将主动性科研创新行为界定为:大学教师自发地开展科研创新,为未来科研创新进行充分的资源与思维准备,努力克服科研创新过程中出现的各种困难,在失败中吸取教训并不断尝试新方法的行为。这种行为往往能产生重大理论突破或重大发现、发明。

被动创新行为是与主动创新行为相对的概念,赵斌等对被动创新行为的定义是"员工在组织环境压力下迫使自己产生与自身认知不一致的非自愿创新行为"[②]。被动创新行为的特征主要表现在两个方面:① 非认同性,这一特征是被动性创新行为的本质特性,即员工的创新行为是在外部组织规范的压力下产生的,而不是发自员工的内心意志,员工的创新动机是被外部压力控制的,他们并不认可自己的这些创新行为;② 应对性,即员工对组织创新规范不认同部分的一种"即时反应",该行为不具备延续性,当达到组织规范要求时,行为马上停止[③]。本研究借鉴赵斌等对被动创新行为的定义,将被动性科研创新行为界定为:在科研评价制度压力下,大学教师被动地寻求能够在短期内出成果的研究问题,并主要凭借过去的经验,通过稍微调整方式方法、分解研究、降低自我要求等方式以达到评价要求的行为。这种行为通常会导致低质量和易发表的成果。

第四节　研　究　问　题

本研究通过分析科研评价制度对大学教师创新行为的影响效果和作用机制,揭示科研评价制度对大学教师创新行为产生影响的原因,以期为大学科研评价制度改革探寻可行的路径。根据这一研究目的,拟解决四个关键问题:

(1) 科研评价制度对大学教师创新行为的影响程度如何?

(2) 科研评价制度对大学教师创新行为的影响机制是怎样的?

(3) 科研评价制度对大学教师创新行为的影响是否存在明显的学科、年龄和学校层次差异?

① 赵斌,栾虹,李新建,等.科技人员主动创新行为:概念界定与量表开发[J].科学学研究,2014(1):148-157.
② 赵斌,刘开会,李新建,等.员工被动创新行为构念界定与量表开发[J].科学学研究,2015(12):1909-1919.
③ 赵斌,刘开会,李新建,等.员工被动创新行为构念界定与量表开发[J].科学学研究,2015(12):1909-1919.

（4）科研评价制度对大学教师创新行为产生影响的原因是什么？

第五节 技 术 路 线

本研究围绕科研评价制度对大学教师创新行为的影响程度、影响机制、影响差异和影响原因四个关键问题展开：首先，以 MARS 模型、自我决定理论、自我效能理论和角色认同理论为理论基础，明确了科研评价制度对大学教师创新行

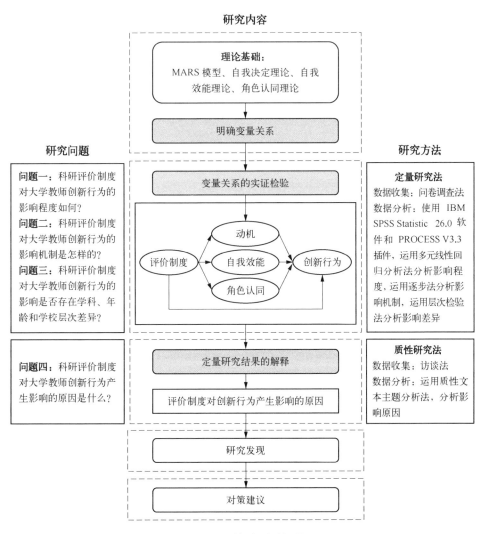

图 1-1 技 术 路 线 图

为的影响过程中各变量间的关系,并采用问卷调查法、多元线性回归分析法、逐步法和层次检验法收集和分析数据,对变量间的关系进行实证检验,以探究科研评价制度对大学教师创新行为的影响程度、影响机制和影响的学科差异、年龄差异和学校层次差异;其次,在对变量间的关系进行实证检验的基础上,采用访谈法和质性文本主题分析法收集和分析数据,对定量研究结果进行解释,以揭示科研评价制度对大学教师创新行为产生影响的原因;最后,综合对四个关键问题的研究结果,凝练研究结论,并为大学科研评价制度改革提供针对性建议。本研究的技术路线见图 1-1。

第二章
文献综述

为呈现已有文献在解决本研究提出的问题方面取得的进展和存在的不足，本章采用发现式论证和支持式论证相结合的方式进行分析。发现式论证回答的问题是"关于研究问题，我们已经知道些什么"①，由于已有文献主要围绕影响程度和影响机制展开研究，因此，本章将影响差异和影响原因的个别研究融入影响程度和影响机制部分：关于科研评价制度对大学教师创新行为的影响研究和关于科研评价制度通过个体内部因素对大学教师创新行为的影响研究。此外，为将更多元的个体内部因素纳入影响机制的分析，本章的发现式论证加入了关于个体内部因素对大学教师创新行为的影响研究。支持式论证回答的问题是"依据所知道的情况，我们能就研究问题得出什么样的结论"②，本章的支持式论证是对文献的述评。

第一节　关于科研评价制度对大学
教师创新行为的影响

关于科研评价制度对大学教师创新行为的影响，已有研究主要探讨了评价目的、评价标准、评价方法、评价周期、评价程序、评价主客体关系、评价结果应用对大学教师科研创新行为的影响。

---

① 劳伦斯·马奇，布伦达·麦克伊沃.怎样做好文献综述——六步走向成功[M].陈静，肖思汉，译.上海：上海教育出版社，2011：50.
② 劳伦斯·马奇，布伦达·麦克伊沃.怎样做好文献综述——六步走向成功[M].陈静，肖思汉，译.上海：上海教育出版社，2011：50.

一、科研评价目的对大学教师创新行为的影响

组织对个体进行评价的目的主要有两种：一种是促进个体未来的发展，被称为形成性评价或发展性评价；另一种是为了提高组织管理的效率，被称为终结性评价或总结性评价或奖惩性评价[①]。形成性评价既关注行为结果又关注行为过程，通过评价发现研究的优势及不足，诊断研究的潜在价值，促进教师的专业发展；而终结性评价主要用于人事决策，与提职、晋级、津贴等联系在一起[②]。徐燕刚和庾光蓉指出，注重管理效能的科研评价导致科研规律受到限制、约束甚至破坏，科研质量只是在迎合管理规律基础上考虑的一个因素，主动科研变成了被动科研，严谨科研变成了科研游戏[③]。崔玉平和陈允龙认为，总结性特征凸显的量化评价对大学教师科研创新潜能的抑制作用主要体现在两方面：一方面是难以对科研成果积累与专业的一致性进行诊断，鼓励跟风，而非基于兴趣和现实问题持续深耕和坚守；另一方面，难以为大学教师后续的科研创新工作提供数据支撑，教师更多担忧的是能否顺利通过下一阶段的考核[④]。赵立莹和黄佩指出，对结果的关注和对过程的忽视导致了科研过程的失控，如部分大学教师只在课题申请时投入了极大的科研热情和精力，课题结题时却草草收兵，滋生了一大批伪科研成果[⑤]。

相关实证研究也进一步证实，形成性评价为大学教师营造了支持性、开放性和包容性的氛围，教师不仅会表现出渐进性的创新行为，也会表现出突破性的创新行为，如开展高风险、周期长和有较大影响力的颠覆性研究。王忠军和刘丽丹通过对我国 287 名大学教师进行问卷调查发现，发展性绩效考核对教师的渐进性和突破性学术创新行为均会产生促进作用[⑥]。姜农娟和刘娜通过对我国大学教师进行问卷调查发现，绩效评价的融合取向对教师的创新行为具有正向影响[⑦]。吕慈仙和智晓彤通过对江浙沪 10 所大学 318 名教师进行问卷调查发现，发展性科

---

① MILLS M, HYLE A E. Faculty evaluation: a prickly pair [J]. Higher Education, 1999(3): 351-371.
② 丁敏.高校教师评价中应处理好的若干关系[J].教育发展研究,2005(11): 76-77.
③ 徐燕刚,庾光蓉.我国高校教师科研评价体系的导向及其合理性思考[J].四川师范大学学报(社会科学版),2011(3): 119-123.
④ 崔玉平,陈允龙.高校社科教师科研生产力评价的反思与重构[J].高校教育管理,2020(6): 50-59.
⑤ 赵立莹,黄佩.高校教师绩效评价:追寻数量与质量的平衡[J].西安电子科技大学学报(社会科学版),2016(3): 91-95.
⑥ 王忠军,刘丽丹.绩效考核能否促进高校教师突破性学术创新行为[J].高等教育研究,2017(4): 52-60.
⑦ 姜农娟,刘娜.高校绩效评价取向对科研人才创新行为的影响[J].科技管理研究,2018(6): 118-123.

研绩效考核会对教师的创新行为产生积极影响[①]。刘新民和俞会新通过对天津市13所大学683名青年教师进行问卷调查发现，能够体现自我价值或增强自信的科研评价压力感知会对青年教师的创新行为产生积极影响，自我价值被忽视或自信被抑制的科研评价压力感知会对青年教师的创新行为产生消极影响[②]。此外，还有研究证实，形成性评价会对大学教师创新行为的结果产生促进作用。Ghauri基于社会影响理论，通过对新西兰8所大学教师进行问卷调查发现，科研绩效评价中对人与人之间关系的关注通过认同机制对教师创新产出产生积极影响[③]。

在终结性评价的压力下，大学教师往往会表现出渐进性的创新行为，如开展风险小、周期短和易出成果的研究。王忠军和刘丽丹调查发现，评估性绩效考核对教师的渐进性和突破性学术创新行为的促进作用均不显著[④]。操太圣和任可欣通过对国内一所一流大学建设高校8名青年教师进行访谈发现，基于"事后评估"的绩效评价指标并未对过程性的研究内容做规定，而将科研成果数量化、客观化为可分解的指标，导致青年教师被动地调整研究方向，转向国家课题、期刊偏爱的内容，加快了科研成果的产出周期，以发表"短平快"的论文[⑤]。任可欣和余秀兰进一步拓展了操太圣和任可欣的研究，他们通过对国内一所一流大学建设高校18名青年教师进行访谈发现，尽管顺从是青年教师面对基于新管理主义的评聘制度改革的主流选择，但顺从程度因利益结构和资源特征而异，少数具有较强学术情怀、丰富文化资本和较小生存压力的青年教师不愿牺牲学术标准、一味顺从评聘制度改革，而是更看重学科共同体的主观评价，成为生存发展兼顾的协调者和能力超群的悬浮者[⑥]。Ghauri调查发现，科研绩效评价中对过程控制、结果、行为的关注通过顺从机制对教师创新产出产生负面影响[⑦]。

① 吕慈仙，智晓彤."双一流"背景下高校多元科研绩效考核模式对教师创新行为的影响[J].教育发展研究,2020(5)：69-76.
② 刘新民,俞会新.高校青年教师科研压力对科研绩效的影响研究——基于认知评价的视角[J].北京社会科学,2018(10)：77-88.
③ GHAURI E. Performance evaluation, social influence and academics' performance behaviours [D]. Dunedin：University of Otago, 2018：183-184.
④ 王忠军,刘丽丹.绩效考核能否促进高校教师突破性学术创新行为[J].高等教育研究,2017(4)：52-60.
⑤ 操太圣,任可欣.评价是如何影响高校青年教师专业性的？——以S大学为例[J].大学教育科学,2020(2)：111-118.
⑥ 任可欣,余秀兰.生存抑或发展：高校评聘制度改革背景下青年教师的学术行动选择[J].中国青年研究,2021(8)：58-66.
⑦ GHAURI E. Performance evaluation, social influence and academics' performance behaviours [D]. Dunedin：University of Otago, 2018：183-184.

二、科研评价方法对大学教师创新行为的影响

大学对教师的考核评价通常使用两种方法：一种是对评价对象的成果数量和等级进行评价的定量评价方法[①]，另一种是同行专家对评价对象的代表性成果质量和水平进行评价的定性评价方法[②]。已有研究从整体层面上论证了量化考核方式给大学教师带来的较大压力，为了完成考核要求，教师往往会开展易于发表、安全和低质量的研究；而同行评价可以使研究成果的构成具有更大的可变性，使教师可以更自主地尝试开展高质量研究。牛风蕊认为，"过于追求量化容易导致评价沦为工作人员对成果数量的算术式加减行为，更会导致教师把注意力都集中到成果的数量上，影响教师开展长期科技攻关项目的积极性，甚至在一定程度上助长了学术泡沫和学术腐败等不良现象，削弱了大学科技创新引领社会文化发展的功能"[③]。冯文宇认为，"当前大学科研评价体系存在评价结论'简单化'、学术管理'数字化'、盲目'偏好'定量评价，而忽视价值导向的定性评价，导致评价信息的'片面化'和创新指标'淡薄化'，同时，'学术共同体'缺失，期刊评价功能异化，导致评价主体日益模糊，这些问题在不同程度上制约了教师学术创新思维的激发、学术创新成果的产出"[④]。鲁文辉强调，以科研产出效率为主导、以量化评价为手段的聘任制改革会对准聘期内的大学教师产生不利影响，教师面对"不发表即出局"的变相末位淘汰制，在科研上不得不追求"短平快"，唯论文数量、唯基金项目至上[⑤]。与我国大学相似，国外大学的科研评价体系也存在偏重定量评价的情况。Trust 指出，在过去十年中，非洲学术界有一种过分强调出版的风险，这可能会驱使研究人员把更多时间倾注于出版流程，而不是开展能够推动社会和经济发展的重要研究[⑥]。

---

① 蒋洪池，李文燕.基于学科文化的大学教师学术评价制度构建策略探究[J].高教探索，2015(11)：26-31.
② 高军.研究型大学教师同行评议中的三对关系[J].现代教育管理，2013(1)：80-84.
③ 牛风蕊.大学教师评价的制度同形：现状、根源及其消解——基于新制度主义的分析视角[J].现代教育管理，2014(6)：85-89.
④ 冯文宇.大学科研评价体系的创新逻辑与改革建议[J].情报杂志，2018(5)：195-199.
⑤ 鲁文辉.高校教师"准聘与长聘"职务聘任改革的制度逻辑反思[J].中国人民大学教育学刊，2021(3)：104-115.
⑥ TRUST S. Knowledge valorisation for inclusive innovation and integrated African development [J]. Innovation，Regional Integration，and Development in Africa：Rethinking Theories，Institutions，and Policies，2019：93-103.

实证研究也对量化考核对大学教师开展高质量研究造成的不利影响进行了佐证。Ter Bogt 和 Scapens 通过对荷兰格罗宁根大学(University of Groningen)和英国曼彻斯特大学(The University of Manchester)会计学领域教师进行问卷调查和访谈发现,量化考核给教师带来了较大压力,教师没有充足的时间去开展高风险、长周期和有较大影响力的研究,更倾向于开展易于发表的和安全的研究[1]。Kallio 和 Kallio 两位老师通过对芬兰 3 所大学经济学、数学、人类学及教育学领域教师进行问卷调查发现,量化考核会使教师不得不把研究质量放在次要位置[2]。Kallio 等通过对芬兰 3 所大学经济学、数学、人类学及教育学领域教师进行访谈和问卷调查发现,半数以上的被访者认为采用量化考核为主的科研评价方法对学术职业的吸引力产生了消极影响,进而抑制了教师开展高水平的研究工作[3]。Acker 和 Webber 通过对加拿大安大略省 5 所大学的教育学、地理学、政治学、社会学领域的 7 名助理教授进行半结构化访谈发现,聘期考核中强调出版物数量、期刊排名、外部研究基金等量化标准对助理教授的研究工作产生了极为不利的影响,教师会采取妥协的方式,通过尽可能地累积科研成果数量,以便在考核时有更好的绩效表现,但这样做的代价是无法去做自己认为"最好的工作",成果往往只是"还算不错",而不是"出色"[4]。

尽管有研究指出量化考核方法存在积极意义,但远不及其对大学教师开展高质量研究造成的负面冲击。阎光才认为,"根据严格的业绩量化考核进行职务晋升,尽管有其积极的意义所在,即它至少使许多学术新人出于能力或者信心上的考虑而不得不选择向下流动,这无疑有利于形成一个合理分工的学术劳动力市场,但它势必又引发教师研究过程中的短视效应,这会对一些潜心于长远性、基础性研究的学者产生负面影响"[5]。朱军文和刘念才认为,科学计量学基于学术共同体社会行为一致性分析获得的定量评价指标本身具有质量属性,但在评价实践中,由于数量标准对质量标准的替代机制、科研人员过度追求在高影响因

① TER BOGT H J, SCAPENS R W. Performance management in universities: effects of the transition to more quantitative measurement systems [J]. European Accounting Review, 2012(3): 451-497.
② KALLIO K M, KALLIO T J. Management-by-results and performance measurement in universities-implications for work motivation [J]. Studies in Higher Education, 2014(4): 574-589.
③ KALLIO K M, KALLIO T J, TIENARI J, et al. Ethos at stake: performance management and academic work in universities [J]. Human Relations, 2016(3): 685-709.
④ ACKER S, WEBBER M. Made to measure: early career academics in the Canadian university workplace [J]. Higher Education Research & Development, 2017(3): 541-554.
⑤ 阎光才."要么发表要么出局":研究型大学内部的潜规则[J].比较教育研究,2009(2): 1-7.

子期刊上发表论文、定量评价的成果对不可测量的创新贡献的"挤出效应"及定量指标本身的缺陷及基础数据的问题,使得定量方法偏离了自身所具有的质量属性,导致其削弱了大学教师的科研创新质量[1]。陈允龙和崔玉平从参照依赖的视角指出,科研业绩点的实质是为大学教师设立科研上的参照点,即只有完成科研业绩要求之后的自主研究成果才属于"收益型"结果,而未完成业绩要求的研究成果均属于"损失型"结果,教师为获得"收益型"感知结果往往会选择多发表低质和无创新的"合格"成果[2]。张积玉基于我国 S 大学人才评价制度改革的经验指出,单纯的代表作评价存在主观性、随意性强等缺陷,单纯的量化评价存在以刊评文、重量轻质等缺陷;量化评价重在全面、客观和准确地揭示教学科研人员的学术水平和学术贡献,代表作评价重在测度、考量被评人的科研水平和能力,实行以量化为基础、以代表作为主的综合评价制度,才不失为一种保证学术评价科学合理、公平公正且具可操作性的正确选择,从而真正激发学者开展科学研究的积极性与创造力[3]。

在实证研究方面,卢晓中和陈先哲通过对我国 G 省大学青年教师进行访谈发现,学术锦标赛制对研究型大学中位于学术阶梯最底层的青年教师产生了强大的激励作用,使青年教师追求更快更多的学术产出,但对其长远学术发展会产生极为不利的影响[4]。Baele 和 Bettiza 通过对比利时法语协会联盟大学(量化考核方式并不盛行)和英国罗素集团大学(量化考核方式极为盛行)政治学领域教师进行问卷调查发现,比利时政治学领域的教师认为量化考核会抑制研究的多样性,而英国政治学领域的教师则认为量化考核能够保障公平性和鼓励卓越研究,但在量化考核对他们的研究实际产生的影响方面,这两个国家的教师均认为量化考核会削弱研究质量,使科研人员远离高风险的和长周期的研究[5]。沈文钦等通过对我国 8 所大学 36 名教师进行访谈发现,尽管量化评价的方式提升了学术工作的专业化程度,其承载的普遍主义有利于破除长期近亲繁殖和人际庇

① 朱军文,刘念才.高校科研评价定量方法与质量导向的偏离及治理[J].教育研究,2014(8):52-59.
② 陈允龙,崔玉平.高校科研绩效考核的内生驱动转向——行为经济学的视角[J].现代大学教育,2021(2):87-94.
③ 张积玉.以量化为基础以代表作为主的综合化学术评价制度构建——基于 S 大学的经验[J].重庆大学学报(社会科学版),2019(6):84-96.
④ 卢晓中,陈先哲.学术锦标赛制下的制度认同与行动逻辑——基于 G 省大学青年教师的考察[J].高等教育研究,2014(7):34-40.
⑤ BAELE S J, BETTIZA G. What do academic metrics do to political scientists? Theorizing their roots, locating their effects [J]. Politics, 2017(4):445-469.

护对学术研究造成的压制与不公,但同时也引发了重数量轻质量的意外后果,科研人员可能选择在短时期内出成果、发论文的题目,耗时长和沉潜性的研究不受青睐,或者暂不顾及①。Sutton 和 Brown 通过对澳大利亚一所大学科研绩效表现较为突出的信息系统领域和社会科学领域的教师进行访谈发现,尽管同行评价可能会产生主观偏见,但它可以使研究成果的构成具有更大的可变性,使教师可以更自主地尝试开展高质量研究②。

关于量化考核方法中使用期刊排名、被引次数、影响因子等对大学教师科研创新行为的影响,尽管有个别学者认为量化考核方法中使用注重质量的标准会鼓励教师开展高质量研究,如杨力等认为,"在刊物等级和论文数量的基础上,增加'衍生量'(被引用、被检索、被摘录、被采纳、被应用)和'附加量'(获奖情况和项目来源),可以引导科研人员开展高质量研究"③。然而,多数学者认为使用这些标准会使大学教师的研究趋于平淡,较难产出富有挑战性和突破性的创新成果。Lawrence 指出,广泛使用影响因子和被引频次对科研人员进行评价,会导致其科研行为发生以下转变:科研人员不再将精力倾注于科学问题和方法的探索,而是倾注于投稿、审议和出版的流程;为迎合评价标准而改变研究策略——分解研究发现,压缩研究结果,避免承担太多风险④。Lawrence 进而建议借鉴美国霍华德休斯医学研究所采取的方式,根据被评价者近 5 年的 5 篇代表性论文,由同行专家通过阅读的办法,评价研究的严谨性、独创性和意义⑤。Mingers⑥、McGuigan⑦、Spence⑧ 总结了期刊排名对大学教师科研创新行为产生的不利影响,包括使科研人员将目光局限于特定文献中的核心论点,产出更多公式化和单调统一的研究,但这些研究只是对现有争论的增量贡献,较难产出重大突破性和

① 沈文钦,毛丹,蔺亚琼.科研量化评估的历史建构及其对大学教师学术工作的影响[J].南京师大学报(社会科学版),2018(5):33-42.
② SUTTON N C, BROWN D A. The illusion of no control:management control systems facilitating autonomous motivation in university research [J]. Accounting & Finance, 2016(2):577-604.
③ 杨力,王肖,刘俊.高校社科成果量化评价利弊论[J].现代大学教育,2009(3):88-92.
④ LAWRENCE P A. The mismeasurement of science [J]. Current Biology, 2007(15):583-585.
⑤ LAWRENCE P A. Lost in publication:how measurement harms science [J]. Ethics in Science and Environmental Politics,2008(1):9-11.
⑥ MINGERS J, WILLMOTT H. Taylorizing business school research:on the "one best way" performative effects of journal ranking lists [J]. Human Relations,2013(8):1051-1073.
⑦ MCGUIGAN N. The impact of journal rankings on Australasian accounting education scholarship-a personal view [J]. Accounting Education, 2015(3):187-207.
⑧ SPENCE C. "Judgement" versus "metrics" in higher education management [J]. Higher Education, 2019(5):761-775.

富有挑战性的成果。Alvesson 和 Sandberg 认为,在期刊排名的影响下,大学管理学领域教师的身份认同发生了转变,身份认同更多是源于在顶尖期刊上发表了多少篇论文,而不是源于对知识的原创性贡献;在身份认同转变的影响下,教师更倾向于开展渐进性的和寻找差距的研究,而不是开展真正新颖的和具有挑战性的研究①。

在实证研究方面,Butler 和 Spoelstra 通过对不同国家危机管理学领域教师进行访谈发现,科研人员为了在高级别期刊上发表论文不得不选择一些自己并不感兴趣但却是期刊研究的热点领域,激进的研究内容在编辑的干预下趋于平淡,以确保异端研究的合法性②。Coulthard 和 Keller 通过对不同国家信息系统领域教师进行问卷调查发现,期刊排名鼓励主流的、渐进的、安全的、合规的、过时的和对知识领域贡献较小的研究,抑制了对困难问题的研究③。Tian 等通过对我国一所研究型大学自然科学和工程科学领域 7 名年轻教师进行访谈发现,大学在评价和奖励制度中对国际索引期刊上发表论文的要求,使年轻教师不愿将时间花在其他学术活动上,不太可能生产高质量的或有新研究发现的论文④。Çetinkaya 通过对土耳其安卡拉部分大学教育、经济、传媒、法律、行政等社会科学领域的教师进行访谈发现,在社会科学引文索引(Social Science Citation Index, SSCI)期刊的影响下,教师普遍感到不安全和绝望,知识生产过程也随之发生了改变,有关土耳其的冲突和敏感问题的知识尽管很有价值,但却逐渐被忽视⑤。

还有学者进一步研究发现,量化考核方法对大学教师科研创新行为造成的负面影响,因个人或组织的受益情况、学科领域以及教师职业发展阶段而异。在个人或组织受益情况差异方面,Walker 等以期望理论和社会认同理论为指导,通过对英国大学商学院和管理学院教师进行问卷调查发现,当个人或组织从期刊排名当中受益时,教师认为期刊排名对其科研创新行为造成的负面影响将会

① ALVESSON M, SANDBERG J. Has management studies lost its way? Ideas for more imaginative and innovative research [J]. Journal of Management Studies, 2013(1): 128 - 152.
② BUTLER N, SPOELSTRA S. The regime of excellence and the erosion of ethos in critical management studies [J]. British Journal of Management, 2014(3): 538 - 550.
③ COULTHARD D, KELLER S. Publication anxiety, quality, and journal rankings: researcher views [J]. Australasian Journal of Information Systems, 2016: 1 - 22.
④ TIAN M, SU Y, RU X. Perish or publish in China: pressures on young Chinese scholars to publish in internationally indexed journals [J]. Publications, 2016(2): 1 - 16.
⑤ ÇETINKAYA E. Turkish academics' encounters with the index in social sciences [M]//ERGÜL H, COSAR S. Universities in the Neoliberal Era. London: Palgrave Macmillan, 2017: 61 - 92.

减弱,如期刊排名鼓励教师开展低风险的、其他学者普遍关注的、技术上执行良好但枯燥的和缺乏争议的研究;同时,教师也认为期刊排名对其科研创新行为产生的积极影响将会增强,如期刊排名鼓励教师开展高质量的研究;此外,个人受益比组织受益对教师的影响更大①。在学科差异方面,Ma 和 Ladisch 通过对爱尔兰大学人文学科、社会科学和自然科学领域的教师进行访谈发现,人文社科领域和自然科学领域教师追求"短平快"和"热点"研究的影响因素来源于定量评价方法的不同方面,人文社科领域教师的被动性科研创新行为主要受成果数量这一量化考核指标的影响,自然科学领域教师的被动性科研创新行为主要受期刊影响因子、论文被引次数、H 指数等量化考核指标的影响②。

在大学教师职业发展阶段差异方面,量化考核对青年教师科研创新行为的负面影响明显高于资深教师。Hardré 和 Cox 通过对美国研究型大学的教师进行访谈发现,量化考核使新手教师追求短期能够完成的和低质量的论文,但对那些已经搭建好科研平台且准备好科研产出的资深教师影响较小。也有学者进一步指出,量化考核对大学教师科研创新行为的影响已经发生了显著的变化,从对创新行为的阻碍到逐渐获得教师的认可③。Stoleroff 和 Vicente 通过对葡萄牙一所大学的教师进行访谈发现,教师起初认为量化科研产出会削弱其科研创新内部动机,从而通过开展周期短和低质量的研究,以应付量化考核的要求,但教师随后逐渐接受甚至完全认可了量化考核,其原因主要有两点:一是科研绩效评价结果对教师的晋升和薪酬并没有产生实质影响,二是科研绩效评价结果的无差别性④。Smith 通过对英国大学社会科学领域 6 名刚入职教师进行访谈发现,刚入职的教师正处于学术成长和自主科研的黄金时期,但大学对这些教师设定严格的量化考核目标,使教师被动地开展一些安全的研究⑤。Jeanes 等通过

① WALKER J T, SALTER A, FONTINHA R, et al. The impact of journal re-grading on perception of ranking systems: exploring the case of the academic journal guide and business and management scholars in the UK [J]. Research Evaluation, 2019(3): 218 - 231.

② MA L, LADISCH M. Evaluation complacency or evaluation inertia? A study of evaluative metrics and research practices in Irish universities [J]. Research Evaluation, 2019: 1 - 9.

③ HARDRÉ P, COX, M. Evaluating faculty work: expectations and standards of faculty performance in research universities [J]. Research Papers in Education, 2019(4): 383 - 419.

④ STOLEROFF A D, VICENTE M A. Performance assessment and change in the academic profession in Portugal [J]. Professions & Professionalism, 2018(3): 1 - 19.

⑤ SMITH J. Target-setting, early-career academic identities and the measurement culture of UK higher education [J]. Higher Education Research & Development, 2017(3): 597 - 611.

对奥地利、丹麦、德国、瑞典及英国组织管理领域有合作经验的教师进行访谈发现，在量化考核的影响下，通过合作进行创新的知识生产过程发生了根本性转变，战略工具理性超越了真理理性成为科研合作的最普遍原因，科研人员通过"拽人名"和"寻找大人物"的方式来重新调整自己的学术等级，这对于职业生涯早期和中期的学者尤为重要，有影响力的学者也可以以自己的经验和声誉来交换研究数据[①]。

三、科研评价标准对大学教师创新行为的影响

大多学者认为科研评价标准中对于不同学科和不同研究领域差异性的忽视，会产生禁锢个性的弊端，严重挫伤了大学教师的科研积极性和创造性。杨忠泰认为，"高校科研评价统一采用论文、著作和科研项目等源生性指标作为统一标准，并以虚拟的折算当量将其统一进行量化评价，这种忽视自然科学和工程技术、社会科学与人文科学等不同学科，基础研究、应用研究、试验发展（开发研究）和技术转移等不同阶段差异性、多样性和异质不可比性的做法，明显存在着削足适履、禁锢个性的弊端，严重挫伤了教师的科研积极性和创造性"[②]。李陈锋认为，"考核指标的全面量化，虽然有助于统计的客观，便于进行横向比较，得出教师排序，进而评出优劣，表面上公平，但实际上考核量化统计的一刀切忽视了学科差异，无法真正衡量文史哲等需要长期积累和涵养的人文学科，这种短视的考核指标必然使高校教师为应付考核，完成硬性指标而'攒分'追求短平快，造成的结果是论文质量平庸，研究成了低水平的重复"[③]。陈静和杨丽认为，理科、工科、医科、社科和人文都有各自的学科内在逻辑，不同学科的教师生产精神产品的方式也必定具有差异性，但当前我国大学的科研评价标准几乎没有分类概念，难以逃脱发表学术论文、出版著作等桎梏[④]。

在实证研究方面，Laudel 和 Gläser 基于同行评价法评价了澳大利亚国立大学（The Australian National University）不同学科领域最重要的科研成果发现，

① JEANES E, LOACKER B, ŚLIWA M. Complexities, challenges and implications of collaborative work within a regime of performance measurement: the case of management and organisation studies [J]. Studies in Higher Education, 2018: 1–15.
② 杨忠泰.高校科研分类评价探析[J].中国科技论坛,2011(12): 9–14.
③ 李陈锋.高校教师考核的问题与对策研究[J].现代管理科学,2015(9): 112–114.
④ 陈静,杨丽.怀特海的大学教育思想对我国大学教师评价改革的启示[J].中国劳动关系学院学报, 2016(6): 109–114.

不同学科领域及同一学科领域内部的学术交流渠道具有多样性，如艺术这一"非出版物学科"，科研产出主要是展出、表演、创作和电影；在其他科研产出主要是期刊和专著的学科中，研究报告、外部用户报告和百科全书条目也被学者认为是最佳成果；但外部主流的评价体系主要是期刊论文、专著、书章和会议论文，外部评价与内部评价不断加剧的分裂趋势将最终影响大学教师的知识生产方式①。

此外，还有研究指出，科研评价标准的模糊性、不稳定性、难度过高及过于偏重数量会对大学教师的创新行为产生抑制作用。Hardré 等通过对美国 20 所研究型大学心理系和教育心理系的教师进行访谈发现，科研评价标准的不明确和不稳定，往往会挫伤教师的科研热情②。Tian 和 Lu 通过对中国一所研究型大学不同学科领域的讲师进行访谈发现，聘期考核要求太高对讲师产生了较大的压力，如出版物的数量要求过高、人文社会科学领域对发表英文期刊论文和获得研究经费的要求，抑制了教师开展长周期和高风险的研究③。Khoshmaram 等通过对伊朗大不里士医科大学(Tabriz University of Medical Sciences)的教师、期刊编辑等 27 名科研人员进行访谈发现，在大学对年度论文发表数量的强制要求下，有一半的被访谈者表示在任何情况下都会坚持开展高质量研究，也有部分被访谈者表示当他们的职位受到威胁时，他们倾向于牺牲质量以在较短的时间内发表更多论文④。吕慈仙和智晓彤通过对江浙沪 10 所大学 318 名教师进行问卷调查发现，具有一定挑战性且难度适中的科研考核压力会对大学教师的创新行为产生积极影响⑤。

① LAUDEL G, GLÄSER J. Tensions between evaluations and communication practices [J]. Journal of Higher Education Policy and Management，2006(3)：289 - 295.
② HARDRÉ P L, MILLER R B, BEASLEY A, et al. What motivates university faculty members to do research? Tenure-track faculty in research-extensive universities [J]. Journal of the Professoriate，2007(1)：75 - 99.
③ TIAN M, LU G. What price the building of world-class universities? Academic pressure faced by young lecturers at a research-centered university in China [J]. Teaching in Higher Education，2017(8)：957 - 974.
④ KHOSHMARAM N, KHODAYARI-ZARNAQ R, GAVGANI V Z. Discovering the perception and approach of researchers and professors of the university of medical sciences in biased and unbiased publication of scientific outputs：a qualitative study [J]. Publishing Research Quarterly，2019(3)：436 - 444.
⑤ 吕慈仙，智晓彤."双一流"背景下高校多元科研绩效考核模式对教师创新行为的影响[J].教育发展研究，2020(5)：69 - 76.

四、科研评价周期对大学教师创新行为的影响

已有研究论证了较短的评价周期对大学教师科研创新行为的抑制作用。赵普光和张洪慧指出，大学出于声誉和经营的需要，往往希望多出成果、快出成果，一年一评已成为多数大学的最长评价期限，教师为避免在评价中处于不利地位，从而被动地开展周期短、风险低的研究，不愿意承担一些对人类社会有重大意义、需要长时间研究的项目①。陈静和杨丽也指出，我国部分大学博导遴选周期呈缩短的趋势，使教师少有闲暇时间，一定程度上阻碍了教师想象力和创新能力的生发，对我国基础科学研究以及高质量成果的产生势必产生冲击②。Sutton 和 Brown 通过对澳大利亚一所大学科研绩效表现较为突出的信息系统领域和社会科学领域教师进行访谈发现，较长的评价周期会促进教师开展高质量研究③。周玉容和沈红通过对我国 88 所四年制本科院校 5 186 名教师进行问卷调查发现，受特定评价周期的影响，部分教师被动地生产价值低下的研究成果，职称较低的教师和中青年教师所受的影响更大④。Tian 和 Lu 通过对中国一所研究型大学不同学科领域的讲师进行访谈发现，聘期考核周期太短会抑制教师开展长周期和前沿的研究⑤。龙立荣等从理论上论证了考核周期对大学教师创新行为的影响，即考核周期越短，教师感知的时间压力越大，在考核达标的目标下，会倾向于选择"短平快"式的渐进性创新行为，而不愿意进行突破性创新的尝试⑥。

五、科研评价程序对大学教师创新行为的影响

已有研究论证了大学教师在科研评价制度的制定和执行过程中缺乏必要的

① 赵普光，张洪慧.高校教师科研绩效评价与激励中的不确定性、机会主义行为及其对策[J].中国行政管理，2010(6)：93-96.
② 陈静，杨丽.怀特海的大学教育思想对我国大学教师评价改革的启示[J].中国劳动关系学院学报，2016(6)：109-114.
③ SUTTON N C，BROWN D A. The illusion of no control：management control systems facilitating autonomous motivation in university research [J]. Accounting & Finance，2016(2)：577-604.
④ 周玉容，沈红.现行教师评价对大学教师发展的效应分析——驱动力的视角[J].清华大学教育研究，2016(5)：54-61.
⑤ TIAN M，LU G. What price the building of world-class universities? Academic pressure faced by young lecturers at a research-centered university in China [J]. Teaching in Higher Education，2017(8)：957-974.
⑥ 龙立荣，王海庭，朱颖俊.研究型高校科研考核模式与创新的关系[J].高等工程教育研究，2012(1)：145-150.

意见表达权和参与权,不仅起不到对教师创新行为的激励作用,反而会抑制教师创新的积极性和主动性。Nedeva 和 Boden 指出,在新自由主义的影响下,英国大学的权力发生了转移,从学者转移到了管理者,管理层试图对学者进行绩效考核,这必然会引起学者知识生产过程的改变,他们在财务支持的领域进行研究,生产可以出售的知识,并能够使"客户"立即直接使用,但他们生产本专业领域的"理解"型知识的能力被逐渐侵蚀①。陈静和杨丽认为,当前我国大学管理行政化在大学教师评价中尤为突出,行政机构主导对教师的学术评价与教学评价且评价方法多为行政管理方法,由此滋生了学术腐败,出现了不公平,同时也存在对教师的学术成果产生误读的现象,这都会削弱甚至是极大削弱教师的学术热情②。史万兵和曹方方指出,学术权力缺失、行政权力越位导致原本为科研交流与碰撞提供平台的科研评价沦为教师升职、定薪的工具,科学研究脱离了追求真理的信仰③。Martin 指出,鉴于大学在不确定的环境中运作并参与知识的生产、传播和应用,大学近 20 年的趋势本来是要实现更分散的结构,但事实却相反,英国大学为了提高在各种排行榜中的表现,在过去 20 年对教师进行绩效考核的过程中,采取集中决策的方式,教师长期过于紧张,感到困惑和沮丧④。

　　相关实证研究进一步证实了自上而下的评价制度制定程序抑制了大学教师的科研创造力。沈红和李玉栋通过对我国大学理工科领域的教师进行调查发现,多数大学的教师考核体系都是自上而下的,从考核目标与原则的确定、政策制定到具体步骤的实施,基本由行政管理层决定和控制,教师的参与度很小,教师的学术自由和学术创造力受到限制和压抑⑤。杜健通过对我国一流大学和地方普通大学的教师进行问卷调查发现,教师考核制度的制定与实施具有典型的上级对下级行政管理属性,这种行政化的考核评价机制使得教师教学科研活动必须紧紧围绕绩效指标转,严重破坏了宽松自由的教学科研环境,导致广大教师

①　NEDEVA M, BODEN R. Changing science: the advent of neo-liberalism [J]. Prometheus, 2006(3): 269 - 281.
②　陈静,杨丽.怀特海的大学教育思想对我国大学教师评价改革的启示[J].中国劳动关系学院学报, 2016(6): 109 - 114.
③　史万兵,曹方方.高校社会科学教师科研评价主体权力配置及其运行机制研究[J].东北大学学报(社会科学版),2017(3): 312 - 318.
④　MARTIN B R. What's happening to our universities [J]. Prometheus, 2016(1): 7 - 24.
⑤　沈红,李玉栋.大学理工科教师的职业发展需要——基于"2014 中国大学教师调查"开放题的分析[J].高等工程教育研究,2012(6): 126 - 132.

逐渐丧失开展教学科研活动的活力和乐趣①。O'Connel 等通过对英国教育学和经济学领域 233 名大学教师进行问卷调查发现，只有四分之一的被调查者认为绩效考核目标的制定程序是民主的，多数被调查者认为缺乏与管理者沟通和协商的渠道，通过对被调查者的后续访谈进一步发现，绩效考核目标的硬性规定使教师学术研究的自主性日益丧失②。Franco 和 Doherty 通过对英国大学不同学科领域的教师进行问卷调查发现，授权性绩效评价导向对教师压力有显著负向影响，对教师科研创新活力产生了积极影响，而指令性绩效评价导向对教师压力有显著正向影响，对教师科研创新活力产生了消极影响③。邢楠楠和田梦通过对山东省 6 所大学的教师进行问卷调查发现，教师参与内部决策会对其创新行为产生积极影响，环境动态性在教师参与内部决策与创新行为之间发挥了正向调节作用④。

还有学者进一步调查发现，行政管理属性凸显的科研评价制度制定程序对大学教师造成了较大的生理和心理压力，滋生了沮丧情绪和不公平感。Acker 等通过对加拿大安大略省 7 所大学的经济学、教育学、地理学、政治学和社会学领域将要进行终身教职评定的青年教师进行访谈发现，终身教职评定过程中的不公平性对教师研究工作产生了不利影响；由于男性教师在终身教职评定过程中占主导地位，女性教师面临诸多困难，特别是对女性教师的评价通常是在她们准备想要孩子的时候，研究和生育孩子的双重压力，加之评价标准不断提高，使她们在研究的过程中感到精疲力竭⑤。史万兵和李广海通过对我国 20 所大学的外籍教师进行访谈发现，考评主体单一化或考评主体权重分配差距太大，往往会导致考评结果出现较大误差，使外籍教师产生不公平感，继而会增大其工作压力，降低其工作积极性⑥。邓子鹃通过对 D 校教师关于科研

① 杜健.高校教师考评制度异化：现状、根源、出路[J].黑龙江高教研究,2007(10)：104 - 107.

② CONNELL C, SIOCHRU C, RAO N. Academic perspectives on metrics：procedural justice as a key factor in evaluations of fairness [J]. Studies in Higher Education，2021(3)：548 - 562.

③ FRANCO-SANTOS M, DOHERTY N. Performance management and well-being：a close look at the changing nature of the UK higher education workplace [J]. The International Journal of Human Resource Management，2017(16)：2319 - 2350.

④ 邢楠楠,田梦.高校科研人员组织学习能力对创新行为的影响研究——基于 COR 视角[J].经济与管理评论,2018(6)：86 - 94.

⑤ ACKER S, WEBBER M, SMYTH E. Tenure troubles and equity matters in Canadian academe [J]. British Journal of Sociology of Education，2012(5)：743 - 761.

⑥ 史万兵,李广海.基于工作压力理论的高校外籍教师考评制度评析[J].国家教育行政学院学报,2015(4)：27 - 32.

绩效分配新方案的线上匿名讨论进行网络田野观察发现,教师的科研工作热情逐渐被消解,对科研绩效评价程序产生的不公平感是教师激情消退的直接动因,具体表现为在绩效改革方案制定程序方面,缺少职工代表大会的民主参与;与管理岗相比,教学科研岗的教师认为新方案对他们的要求更高,使他们产生了相对剥夺感①。

六、科研评价主客体关系对大学教师创新行为的影响

国内外学者直接围绕科研评价主客体关系对大学教师创新行为的影响开展的研究较少,多是从组织和领导两个层面,论证了管理者的尊重、包容、信任、关心和鼓励对大学教师科研创新行为产生的积极影响。在科研评价主客体关系对大学教师创新行为的影响方面,Bauwens 等通过对来自比利时佛兰德地区一所大学 532 名青年教师进行问卷调查发现,绩效管理过程中的主客体互动公平,即管理者给予教师充分的尊重,会提升教师的工作热情,减少教师的倦怠情绪②。

在组织层面,已有研究主要从组织的支持、风险承担、沟通、包容等维度,探讨了其对大学教师科研创新行为的影响。组织支持是指组织重视员工贡献和关心员工福祉,员工在此基础上建立了对组织的信任③。Ghani 等通过对马来西亚25 所私立大学 312 名讲师进行问卷调查发现,组织给予的支持、信任、信息和资源获取、学习和发展机会对讲师的创新行为会产生积极影响④;张阳通过对陕西省 9 所大学 158 名教师进行问卷调查,也得出了类似的结论⑤。组织的风险承担是指管理者准备投入资源以抓住实际有可能失败机会的程度⑥。Gupta 和 Acharya

① 邓子鹃.关于高校教师工作热情消退的案例研究——基于 D 校"绩效分配改革的在线讨论"[J].扬州大学学报(高教研究版),2018(5):44-52.
② BAUWENS R,AUDENAERT M,HUISMAN J,et al. Performance management fairness and burnout:implications for organizational citizenship behaviors [J]. Studies in Higher Education, 2019(3):584-598.
③ EISENBERGER R,HUNTINGTON R,HUTCHISON S,et al. Perceived organizational support [J]. Journal of Applied Psychology,1986(3):500-507.
④ GHANI N A A,HUSSIN T A B S R. The Relationship between antecedents of psychological empowerment and innovative behavior:testing the mediating role of psychological empowerment [C]//Kelantan:ECER Regional Conference,2008:471-485.
⑤ 张阳.知识组织、"职涯高原"与创新力——以高校教师为例[D].西安:陕西师范大学,2013:40.
⑥ GUPTA M,ACHARYA A. Mediating role of innovativeness between risk taking and performance in Indian universities:impact of this nexus on brand image [J]. South Asian Journal of Business Studies,2018(1):22-40.

通过对印度 13 所大学工程、管理、法律等领域 280 名教师进行问卷调查发现,组织的风险承担会对教师的创新行为产生积极影响①。组织内部成员间的沟通可以清楚了解员工的期望和明确员工自身的责任。Imran 通过对马来西亚 3 所伊斯兰大学 132 名教师进行问卷调查发现,沟通效能、沟通氛围会对教师的创新行为产生积极影响②。

关于组织的包容性,已有研究主要从包容性人才开发模式的视角,论述了其对大学教师创新行为的积极影响。包容性人才开发模式,即"多元化人才队伍建设、发挥员工的优势、员工与组织双赢、理性包容员工的创新思想与失败、公平对待员工"③。方阳春等通过对浙江省 263 名大学教师进行问卷调查发现,包容性人才开发模式会对教师的创新行为产生积极影响④;Hassan 和 Din 通过对巴基斯坦旁遮普省公立大学(University of the Punjab)286 名教师进行问卷调查,也得出了类似的结论⑤。

在领导层面,已有研究主要从变革型领导、伦理型领导、真诚领导、领导情感支持等维度,探讨其对大学教师科研创新行为的影响。变革型领导是指领导者试图通过更高的目标和愿景来激励下属并实施变革⑥。Al-Husseini 和 Elbeltagi 通过对伊拉克大学的 439 名教师和 10 名管理者进行问卷调查发现,变革型领导会对教师的创新行为产生积极影响⑦,Elrehail 等通过对约旦 173 名大学教师进行问卷调查,也得出了类似的结论,并在此基础上进一步证实,知识共享行为在

①　GUPTA M，ACHARYA A. Mediating role of innovativeness between risk taking and performance in Indian universities：impact of this nexus on brand image [J]. South Asian Journal of Business Studies，2018(1)：22 – 40.

②　IMRAN A I. Communication factors influencing academicians' innovative working behavior and its impact on their career advancement [J]. Jurnal Ilmiah LISKI (Lingkar Studi Komunikasi)，2016(1)：29 – 51.

③　方阳春,贾丹,方邵旭辉.包容型人才开发模式对高校教师创新行为的影响研究[J].科研管理,2015(5)：72 – 79.

④　方阳春,贾丹,方邵旭辉.包容型人才开发模式对高校教师创新行为的影响研究[J].科研管理,2015(5)：72 – 79.

⑤　HASSAN S，DIN B. The mediating effect of knowledge sharing among intrinsic motivation，high-performance work system and authentic leadership on university faculty members' creativity [J]. Management Science Letters，2019(6)：887 – 898.

⑥　BASS B M. Theory of transformational leadership redux [J]. The Leadership Quarterly，1995(4)：463 – 478.

⑦　AL-HUSSEINI S，ELBELTAGI I. Transformational leadership and innovation：a comparison study between Iraq's public and private higher education [J]. Studies in Higher Education，2016(1)：159 – 181.

变革型领导对教师创新行为的影响过程中起正向调节作用[①]。伦理型领导是指领导者通过个体行为和人际互动,向下属表明什么是规范和恰当的行为,并通过双向沟通的方式,促使他们遵照执行[②]。Zahra 等通过对巴基斯坦 5 所公立大学113 名教师进行问卷调查发现,伦理型领导会对教师的创新行为产生积极影响[③]。真诚领导是通过利用积极的心理能力和道德氛围,促进形成更高的自我意识、内化的道德观点、平衡的信息处理、透明的领导者员工关系[④]。Hassan 和Din 通过对巴基斯坦旁遮普省公立大学 286 名教师进行问卷调查发现,真诚领导会对教师的创新行为产生积极影响[⑤]。在领导情感支持对大学教师科研创新行为的影响方面,Johnsrud 和 Rosser 通过对美国西部 10 所大学 1511 名教师进行问卷调查发现,管理者的关心和支持会对教师的工作投入产生积极影响[⑥]。

七、科研评价结果应用对大学教师创新行为的影响

已有研究主要探讨了科研评价结果反馈对大学教师创新行为的影响,评价结果反馈太少和反馈形式化导致评价并没有对教师创新行为产生实质影响。关于评价结果反馈太少的问题,Meara 通过对美国 4 所州立大学的教务长、院长、系主任、人事委员会成员和教师进行访谈发现,科研绩效评价过程中存在两大问题:一是绩效反馈太少,教师几乎很少得到来自人事委员会、系主任和院长的反馈,二是绩效反馈言过其实,绩效评价结果总体上都是好的,所有人的分数都在平均值以上,因此,绩效评价结果反馈对教师科研绩效产生的影响非常有限[⑦]。

---

① ELREHAIL H, EMEAGWALI O L, ALSAAD A, et al. The impact of transformational and authentic leadership on innovation in higher education: the contingent role of knowledge sharing [J]. Telematics and Informatics, 2018(1): 55 - 67.

② BROWN M E, TREVIÑO L K, HARRISON D A. Ethical leadership: a social learning perspective for construct development and testing [J]. Organizational Behavior and Human Decision Processes, 2005(2): 117 - 134.

③ ZAHRA T T, AHMAD H M, WAHEED A. Impact of ethical leadership on innovative work behavior: mediating role of self-efficacy [J]. Journal of Behavioural Sciences, 2017(1), 93 - 107.

④ WALUMBWA F O, AVOLIO B J, GARDNER W L, et al. Authentic leadership: development and validation of a theory-based measure [J]. Journal of Management, 2008(1): 89 - 126.

⑤ HASSAN S, DIN B. The mediating effect of knowledge sharing among intrinsic motivation, high-performance work system and authentic leadership on university faculty members' creativity [J]. Management Science Letters, 2019(6): 887 - 898.

⑥ JOHNSRUD L K, ROSSER V J. Faculty members' morale and their intention to leave: A multilevel explanation [J]. The Journal of Higher Education, 2002(4): 518 - 542.

⑦ MEARA K. Believing is seeing: the influence of beliefs and expectations on posttenure review in one state system [J]. The Review of Higher Education, 2003(1): 17 - 43.

　　关于评价结果反馈形式化的问题,王向红和谢志钊认为,"评价重视对大学教师过去的研究情况进行总结性判断,难以反映教师发展的状况,教师通常只知道评价结果是什么,不知道评价结果为什么是这样,难以明白将来究竟该怎么进一步改进研究"①。李陈锋也认为,"多数高校考核结果止于续签合同、增长薪级工资、晋升专业技术职务等人事管理等功能,考核结果流于形式,每年'优秀'轮流坐庄,考核结果反馈环节的缺失使得考核过程有始无终,学校从考核过程中发现的问题也未能及时与教师进行沟通"②。

　　还有学者指出,科研评价制度单纯地与利益挂钩,会抑制大学教师科研创新的质量。如杨忠泰认为,"我国高校当前的评价和利益导向机制,将精神创新活动简单化为将教师发表的论文及获得的项目、奖项等按数量、级别、层次等进行加减乘除运算,而且赋予其过多、过高的功能,与各种职位或荣誉挂钩,催生了广大教师的浮躁心态,促使他们选择一些风险小的'短、平、快'项目和跟踪性甚至重复性研究"③。

　　在评价目的、评价方法、评价标准、评价周期、评价程序、评价主客体关系、评价结果应用等要素之外,还有学者从整体层面上,探究了科研评价制度对大学教师创新行为的影响,研究发现,当科研评价制度给教师带来的压力较大,或教师对评价制度保障的感知水平较弱时,教师的科研创新行为将受到抑制。在科研评价制度整体上给大学教师带来的较大压力方面,阎光才通过对我国 35 所原"985"和"211"大学教师进行问卷调查发现,年度考核与聘期考核是我国高水平大学教师学术职业压力的重要来源,受考核压力影响同时出于规避颠覆性原创研究风险的考虑,教师往往会理性地选择风险小、周期短但可能是低层次甚至重复性的研究,以提高产出效率④。曾晓娟和齐芳通过对我国不同层次大学教师进行问卷调查发现,绩效考核和评聘制度给教师带来了较大压力,尤其是对于研究型大学的教师;教师的心理和行为反应整体较低,其原因可能是教师具有良好的应对资源和应对能力,教师承受的长期性和慢性的压力容易被忽略;老教师面对压力的行为反应较轻,其原因是老教师心理稳定成熟,知识积累、工作能力等都已达到较高的水准和境界,具有较强的独立解决问题的能力和应对压力的充

①　王向红,谢志钊.大学教师评价:从"鉴定与分等"到"改进与发展"[J].江苏高教,2009(6):121-122.
②　李陈锋.高校教师考核的问题与对策研究[J].现代管理科学,2015(9):112-114.
③　杨忠泰.高校科研分类评价探析[J].中国科技论坛,2011(12):9-14.
④　阎光才.学术职业压力与教师行动取向的制度效应[J].高等教育研究,2018(11):45-55.

足资源;文科教师的心理反应比理工科教师更大,其原因是文科教师很难在高水平刊物上发表论文或通过创新突破困难,很难获得纵向或横向课题[①]。

在大学教师整体上对评价制度保障较弱的感知水平方面,宁甜甜和宋至刚通过对我国大学 337 名科技工作者进行问卷调查发现,当大学科技工作者对制度、政策等外部环境保障具有良好的感知水平时,其科研创新行为将会受到积极影响[②]。刘轩通过对苏南五市 236 名科技工作者进行问卷调查发现,当科技工作者对宏观科技人才的政策内容、政策实施效果及政策环境具有良好的主观感知水平时,其科研创新行为将会受到积极影响[③]。还有学者进一步研究发现,科研评价制度对大学教师创新行为的影响会随着教师资历的增加发生变化。如 Shagrir 通过对美国一所研究型大学 5 名教师进行访谈发现,评价制度并不能有效促进新手教师学术专业的发展,因为新手教师专注于教学活动,但随着教师资历的增加和对教学能力信心的增强,评价制度会逐渐对新手教师学术专业的发展产生促进作用[④]。

第二节 关于个体内部因素对大学教师创新行为的影响

关于个体内部因素对大学教师科研创新行为的影响,已有研究主要探讨了创新动机和创新能力对大学教师科研创新行为的影响。

一、动机对大学教师科研创新行为的影响

与创新活动相关的动机可分为内部动机和外部动机:内部动机指个体内在的兴趣、愉悦感、自我决定感以及活动的挑战性和意义,是其从事某一特定活动的驱动力;外部动机指个体获得物质报酬、得到他人认可、在竞争中获胜、服从外

---

① 曾晓娟,齐芳.高校教师工作压力现状调查及其管理对策——基于河北省高校教师样本的研究[J].现代教育管理,2013(8):72-77.
② 宁甜甜,宋至刚.高校科技工作者政策感知水平对创新行为的影响研究——基于创新自我效能感与工作认同度的调节效应[J].天津大学学报(社会科学版),2017(5):450-456.
③ 刘轩.科技人才政策与创新绩效关系的实证研究——一个被中介的调节模型[J].技术经济,2018(11):65-71.
④ SHAGRIR L. How evaluation processes affect the professional development of five teachers in higher education [J]. Journal of the Scholarship of Teaching and Learning, 2012: 23-35.

部要求或规划,是其从事某一特定活动的驱动力①。已有研究证实了内部动机会促进大学教师发自内心、积极主动地去开展有价值和高质量的研究,而外部动机推动的行为往往是为了获得物质奖励或其他外在需要,如开展低风险、周期短和易出成果的研究。王忠军和刘丽丹通过对我国 287 名大学教师进行问卷调查发现,内部动机对教师渐进性学术创新行为和突破性学术创新行为均有促进作用,受控动机只对渐进性学术创新行为具有促进作用②。Nasir 等通过对印度尼西亚赛亚瓜拉大学(Syiah Kuala University)230 名教师进行问卷调查发现,内部动机会对教师的创新行为产生积极影响③。郭利伟通过对西安科技大学的科研人员进行问卷调查发现,创新动机对科研人员的创新行为有较大促进作用,排在首位的是内部创新动机,即为了培养创新意识与能力、加强专业学习;其次是为了评职称和完成考核④。

二、能力对大学教师科研创新行为的影响

个体对自身能力的认知主要有两种观点:一种是增量理论,认为能力是可塑的、动态的和可改进的;另一种是实体理论,认为能力是天生的、固定的、不可改变的⑤。已有研究论证了增量论能力观对大学教师创新行为产生的正向影响,以及实体论能力观对大学教师创新行为产生的负向影响。如 Aldahdouh 等通过对芬兰 3 所大学 315 名教师进行问卷调查发现,实体理论的能力认知会对教师的创新行为产生负向影响,掌握目标取向(个体通过参与任务以学习和掌握新技能)在影响过程中起到了中介作用⑥。赵伟等通过对我国中青年科技领军

① AMABILE T M, HILL K G, HENNESSEY B A, et al. The work preference inventory: assessing intrinsic and extrinsic motivational orientations [J]. Journal of Personality and Social Psychology, 1994(5): 950 - 967.
② 王忠军,刘丽丹.绩效考核能否促进高校教师突破性学术创新行为[J].高等教育研究,2017(4): 52 - 60.
③ NASIR N, HALIMATUSSAKDIAH H, SURYANI I, et al. How intrinsic motivation and innovative work behavior affect job performance [J]. Advances in social science, education and humanities research, 2019(1): 606 - 612.
④ 郭利伟.普通工科院校科研人员创新行为调查研究——以西安科技大学为例[J].情报探索,2015(11): 38 - 41.
⑤ ELLIOTT E S, DWECK C S. Goals: an approach to motivation and achievement[J]. Journal of personality and social psychology, 1988, 54(1): 5 - 12.
⑥ ALDAHDOUH T Z, NOKELAINEN P, KORHONEN V. Innovativeness of staff in higher education: do implicit theories and goal orientations matter [J]. International Journal of Higher Education, 2018(2): 43 - 57.

人才进行问卷调查发现,中青年科技领军人才的创新技能和潜在创新能力会对其创新行为产生积极影响,创新动机在影响过程中起到了中介作用[①]。贾建锋等通过对我国"985"大学141名教师进行问卷调查发现,教师科研创新能力对其创新行为会产生积极影响,感知创新战略在创新能力与创新行为之间具有调节效应[②]。

科研创新自我效能感是个体对自身科研创新能力的一种信念,从主观上反映了个体科研创新能力。创新工作极富冒险性,大学教师不仅需要极大的创新热情,更需要持之以恒的努力,而创新自我效能感为个体创新提供了坚定的信念和克服困难、坚持到底的勇气。Ghani等通过对马来西亚25所私立大学312名讲师进行问卷调查发现,自我效能感会对讲师的创新行为产生积极影响[③]。Rahman等通过对马来西亚5所研究型大学393名讲师进行问卷调查[④],胡刚通过对国内5所大学教师进行问卷调查[⑤],宁甜甜和宋至刚通过对我国大学337名科技工作者进行问卷调查[⑥],Zahra等通过对巴基斯坦5所公立大学113名教师进行问卷调查[⑦],也得出了类似的结论。陈威燕通过对我国366名大学教师进行问卷调查进一步发现,组织创新氛围正向调节了自我效能感对教师创新行为产生的积极影响[⑧]。

此外,还有学者从团队成员角色认知、创新精神、工作幸福感、心理资本、心理授权、职业认同等方面,分析了个体内部因素对大学教师科研创新行为的影响。"高校科技创新团队成员根据自身专业、能力和特点,在团队中都会有

① 赵伟,张亚征,彭洁.中青年科技领军人才创新素质与创新行为关系研究[J].中国科技论坛,2013(12):97-103.
② 贾建锋,王文娟,段锦云.研究型大学教师胜任特征与创新绩效[J].东北大学学报(哲学社会科学版),2015(6):579-586.
③ GHANI N A A, BIN RAJA T A B S, JUSOFF K. The impact of psychological empowerment on lecturer' innovative behaviour in Malaysian private higher education institutions [J]. Canadian Social Science,2009(4):54-62.
④ RAHMAN A A A, PANATIK S A, ALIAS R A. The influence of psychological empowerment on innovative work behavior among academia in Malaysian research universities [J]. International Proceedings of Economics Development and Research,2014:108-112.
⑤ 胡刚.高校教师心理资本对科研创新行为的影响研究[D].南昌:南昌大学,2018:101.
⑥ 宁甜甜,宋至刚.高校科技工作者政策感知水平对创新行为的影响研究——基于创新自我效能感与工作认同度的调节效应[J].天津大学学报(社会科学版),2017(5):450-456.
⑦ ZAHRA T T, AHMAD H M, WAHEED A. Impact of ethical leadership on innovative work behavior: mediating role of self-efficacy [J]. Journal of Behavioural Sciences,2017(1):93-107.
⑧ 陈威燕.基于心理资本视角的高校教师工作绩效影响机制研究[J].徐州:中国矿业大学,2016:95.

一个自我角色形成的过程,这一角色认同会成为成员自觉自愿选择创新行为的基础"[1]。康力和程峰通过对华东某大学 279 名团队创新成员进行问卷调查发现,个体感知到的作为团队成员的责任或义务的水平会对其创新行为产生积极影响[2]。张相林通过对我国 941 名青年科技人才进行问卷调查发现,青年科技人才的创新意识和兴趣、工作主动性、敢于尝试挑战性课题、学术严谨性、时间投入、抵制外部诱惑等 6 个方面的科学精神,会对其创新行为产生积极影响[3]。郑楠和周恩毅通过对我国 8 所大学 463 名青年教师进行问卷调查发现,工作幸福感能够促进青年教师创新行为的产生,内部人身份感知在影响过程中起到了间接作用,差错反感文化负向调节了内部人身份感知的间接作用[4]。

　　心理资本是一种积极的心理状态,包括自我效能、乐观、希望和韧性四个方面[5]。方阳春等通过对浙江省 263 名大学教师进行问卷调查发现,心理资本会对教师的创新行为产生积极影响[6]。心理授权是个体体验到被授权的心理状态,包括意义、自我效能、自我决定和工作影响[7]。姜农娟和刘娜通过对我国大学 123 名教师进行问卷调查发现,心理授权会对教师的创新行为产生积极影响[8]。职业认同是指"教师个体在特定的社会情境下,在工作过程中逐渐形成的,认可自己所从事的教师职业的概念和意义,并且自觉自愿采取教师职业所需要的特定行为的动态过程"[9]。潘杨通过对我国 37 所大学 418 名教师进行问卷调查发现,职业认同会对大学教师的创新行为产生积极影响,组织认同在影响过程中起到了部分中介作用,组织创新氛围在影响过程中起到了调节作用[10]。

① 康力,程峰.高校科技创新团队成员创新意愿的影响机制研究——基于公平敏感性的视角[J].上海管理科学,2018(6):111-116.
② 康力,程峰.高校科技创新团队成员创新意愿的影响机制研究——基于公平敏感性的视角[J].上海管理科学,2018(6):111-116.
③ 张相林.我国青年科技人才科学精神与创新行为关系研究[J].中国软科学,2011(9):100-107.
④ 郑楠,周恩毅.高校青年教师的工作幸福感对其创新行为的影响研究[J].国家教育行政学院学报,2017(10):58-64.
⑤ LUTHANS F, AVOLIO B J, AVEY J B, et al. Positive psychological capital:measurement and relationship with performance and satisfaction [J]. Personnel Psychology,2007(3):541-572.
⑥ 方阳春,贾丹,方邵旭辉.包容型人才开发模式对高校教师创新行为的影响研究[J].科研管理,2015(5):72-79.
⑦ THOMAS K W, VELTHOUSE B A. Cognitive elements of empowerment:an "interpretive" model of intrinsic task motivation [J]. Academy of Management Review,1990(4):666-681.
⑧ 姜农娟,刘娜.高校绩效评价取向对科研人才创新行为的影响[J].科技管理研究,2018(6):118-123.
⑨ 潘杨.高校教师职业认同、组织认同与创新行为研究[D].成都:西南财经大学,2014:80.
⑩ 潘杨.高校教师职业认同、组织认同与创新行为研究[D].成都:西南财经大学,2014:146-150.

第三节　关于科研评价制度通过内部 因素对创新行为的影响

关于科研评价制度通过个体内部因素的中介作用对大学教师创新行为的影响，已有研究主要探讨了科研评价制度通过创新动机和创新自我效能感的中介作用对大学教师创新行为的影响。

一、动机的中介作用

在科研评价制度通过创新动机对大学教师创新行为的影响方面，已有研究主要探讨了评价方法通过创新动机对大学教师科研创新行为的影响。已有研究证实了同行评价方法通过激发内部动机促进大学教师的科研创新行为，而量化评价方法通过强化外部动机阻碍教师的科研创新行为。Kallio 等通过对芬兰 3 所大学经济学、数学、人类学及教育学领域教师进行问卷调查发现，量化考核会减弱教师科研工作的内部动机，把研究质量放在次要位置[①]。卢晓中和陈先哲通过对我国 G 省大学青年教师进行访谈发现，受学术锦标赛制的影响，多数人的学术行动并非发自内心的学术追求，而是为了获得制度利益或防止被淘汰，这对青年教师长远的学术发展会产生极为不利的影响[②]。Smith 通过对英国大学社会科学领域 6 名刚入职的教师进行访谈发现，大学对教师设定严格的量化考核目标，使教师开展"最好研究"的雄心壮志被抑制，转而开展一些安全的研究以满足所在大学的考核要求[③]。沈文钦等通过对我国 8 所大学 36 位教师进行访谈发现，量化评价的方式引发了"形式化科研"的意外后果，科研人员不是为了解决重要的理论或实践问题，而是为了发表论文、申请课题及获得体制的奖励[④]。Sutton 和 Brown 通过对澳大利亚一所大学科研绩效表现较为突出的信息系统

---

① KALLIO K M，KALLIO T J. Management-by-results and performance measurement in universities-implications for work motivation [J]. Studies in Higher Education，2014(4)：574－589.

② 卢晓中，陈先哲.学术锦标赛制下的制度认同与行动逻辑——基于 G 省大学青年教师的考察[J].高等教育研究，2014(7)：34－40.

③ SMITH J. Target-setting，early-career academic identities and the measurement culture of UK higher education [J]. Higher Education Research & Development，2017(3)：597－611.

④ 沈文钦，毛丹，蔺亚琼.科研量化评估的历史建构及其对大学教师学术工作的影响[J].南京师大学报（社会科学版），2018(5)：33－42.

领域和社会科学领域的教师进行访谈发现,同行评价可以使研究成果的构成具有更大的可变性,使教师可以更自主地尝试开展高质量研究[①]。

还有学者研究了评价目的、评价程序和评价周期通过创新动机对大学教师科研创新行为的影响,发现形成性评价、评价程序民主和较长的评价周期均会通过激发内部创新动机促进教师的科研创新行为。王忠军和刘丽丹通过对我国287名大学教师进行问卷调查发现,发展性绩效考核不仅通过激发受控动机促进教师的渐进性学术创新行为,还通过激发自主动机促进教师的突破性学术创新行为[②]。O'Connel等通过对英国教育学和经济学领域233名大学教师进行问卷调查发现,绩效考核目标的硬性规定使教师的学术自由丧失,教师不得不迎合某些指定期刊的研究方向,而不是基于自身的兴趣[③]。周玉容和沈红通过对我国88所四年制本科院校5 186名教师进行问卷调查发现,受特定评价周期的影响,部分教师不得不牺牲自己的兴趣,转而开展不喜欢的研究,生产价值低下的研究成果[④]。

二、自我效能感的中介作用

已有研究主要探讨了大学管理者的信任和包容对教师科研创新行为的积极影响及创新自我效能感在影响过程中的中介作用,在一定程度上从侧面支持了评价过程中管理者和教师之间良好的人际关系,提高了教师在研究工作中的自我效能感,从而对其科研创新行为产生积极影响。Ghani等通过对马来西亚25所私立大学312名讲师进行问卷调查发现,组织给予的支持、信任、学习和发展机会通过自我效能感的中介作用对教师的创新行为产生积极影响[⑤];张阳通过对陕西省9所大学158名教师进行问卷调查,也得出了类似的结论[⑥]。Zahra等

① SUTTON N C, BROWN D A. The illusion of no control: management control systems facilitating autonomous motivation in university research [J]. Accounting & Finance, 2016(2): 577 – 604.
② 王忠军,刘丽丹.绩效考核能否促进高校教师突破性学术创新行为[J].高等教育研究,2017(4): 52 – 60.
③ CONNELL C, SIOCHRU C, RAO N. Academic perspectives on metrics: procedural justice as a key factor in evaluations of fairness [J]. Studies in Higher Education, 2021(3): 548 – 562.
④ 周玉容,沈红.现行教师评价对大学教师发展的效应分析——驱动力的视角[J].清华大学教育研究,2016(5): 54 – 61.
⑤ GHANI N A A, HUSSIN T A B S R. The Relationship between antecedents of psychological empowerment and innovative behavior: testing the mediating role of psychological empowerment [C]//Kelantan: ECER Regional Conference, 2008: 471 – 485.
⑥ 张阳.知识组织、"职涯高原"与创新力——以高校教师为例[D].西安:陕西师范大学,2013: 40.

通过对巴基斯坦 5 所公立大学 113 名教师进行问卷调查发现,伦理型领导通过自我效能感的中介作用对教师的创新行为产生积极影响[①]。方阳春等通过对浙江省 263 名大学教师进行问卷调查发现,包容性人才开发模式通过心理资本的中介作用对教师的创新行为产生积极影响[②]。还有学者研究了评价目的通过创新自我效能感对大学教师科研创新行为的影响。如姜农娟和刘娜通过对我国大学 123 名教师进行问卷调查发现,绩效评价的融合取向通过心理授权的中介作用对教师的创新行为产生积极影响[③]。

第四节 文 献 述 评

通过对国内外相关文献进行系统归纳和分析发现,已有研究围绕科研评价制度对大学教师创新行为的影响开展了诸多有价值的探索,这些研究中涉及的理论基础和研究方法为本研究的顺利开展提供了很好的借鉴,同时,这些研究对于解决本研究的关键问题作出了两方面贡献:

第一,分析了科研评价目的对大学教师创新行为的影响程度。在科研评价制度各要素对大学教师创新行为的影响程度方面,已有研究运用定量研究方法,分析了科研评价目的对大学教师创新行为的影响程度;部分研究运用质性研究方法,分析了评价标准、评价方法、评价周期、评价程序、评价结果应用等对大学教师科研创新行为的影响,可以在一定程度上反映出这些评价要素对大学教师科研创新行为的影响程度;部分研究运用定量研究方法,基于包容型领导、伦理型领导、真诚领导、领导情感支持的视角,分析了管理者的尊重、包容、信任、关心和鼓励对大学教师科研创新行为的影响程度,为本研究探索科研评价主客体互动公平对大学教师创新行为的影响程度提供了参考。

第二,论证了科研评价制度通过创新动机的中介作用对大学教师创新行为的影响。在个体内部因素对大学教师科研创新行为的影响方面,已有研究分析了创新动机(内部创新动机和外部创新动机)和创新能力(创新能力认知、创新自

① ZAHRA T T, AHMAD H M, WAHEED A. Impact of ethical leadership on innovative work behavior: mediating role of self-efficacy [J]. Journal of Behavioural Sciences, 2017(1), 93 – 107.
② 方阳春,贾丹,方邵旭辉.包容型人才开发模式对高校教师创新行为的影响研究[J].科研管理,2015(5):72 – 79.
③ 姜农娟,刘娜.高校绩效评价取向对科研人才创新行为的影响[J].科技管理研究,2018(6):118 – 123.

我效能感等)对大学教师科研创新行为的影响,还有个别研究分析了团队成员角色认知、创新精神、工作幸福感、心理资本、心理授权、职业认同等对大学教师科研创新行为的影响。在科研评价制度各要素通过个体内部因素的中介作用对大学教师创新行为产生的影响方面,部分研究基于自我决定理论,论证了评价目的、评价方法、评价程序和评价周期通过科研创新动机的中介作用对大学教师科研创新行为产生的影响。

已有研究存在两方面不足,有待进一步改进与完善:

第一,科研评价制度整体和评价目的之外的其他评价要素对大学教师创新行为的影响程度及差异,有待更深入的实证研究。在科研评价制度各要素对大学教师创新行为的影响程度方面,部分研究运用质性研究方法,分析了评价目的之外的评价要素对大学教师科研创新行为的影响,但受限于质性研究方法的固有缺陷和样本较少,难以准确地测量影响程度及揭示其普遍规律,并且这些研究还只是停留在对行为意图的分析阶段,尚未对创新行为进行更深入的解构,而创新行为是由一系列要素构成的相互融合、不可分割的整体;部分研究运用定量研究方法,分析了管理者的尊重、包容、信任、关心和鼓励对大学教师科研创新行为的影响程度,但这些研究主要是从大学整体层面的管理者与教师关系出发,而科研评价过程中管理者与教师关系对教师科研创新行为的影响程度,需要进一步研究。在科研评价制度对大学教师创新行为的整体影响程度方面,科研评价制度各要素产生的合力究竟多大程度上影响了大学教师创新行为,哪些评价要素对大学教师科研创新行为发挥了更为关键的作用,需要进一步构建涵盖各评价要素的回归模型。在科研评价制度对大学不同特征教师创新行为影响程度的差异方面,已有研究多是以某一单一学科领域的教师为样本或是从大学教师的整体层面上进行分析,尚未充分关注到科研评价制度对不同学科、年龄、学校层次教师创新行为影响程度的差异;尽管有研究分析了评价指标对大学教师科研创新行为影响程度的学科差异,但这些研究尚处于理论探讨阶段,评价目的、评价标准、评价方法、评价周期、评价主客体关系、评价程序、评价结果应用对教师科研创新行为的影响程度是否存在学科差异,均需要更深入地实证研究。

第二,创新自我效能感和创新角色认同在科研评价制度对大学教师创新行为的影响机制中所起的作用及差异,有待更深入的实证研究。在个体内部因素对大学教师科研创新行为的影响方面,已有研究忽视了科研创新角色认同这一重要的个体内部因素。角色认同提供了角色的相关意义和信息,代表着角色的行为标准,因此,角色认同和相应的角色行为之间存在较高的一致性,人们会根据对角色认同理解的深入,不断调整自己的行为。大学教师是具有强烈自我实现感与科学研究热情的学者,他们对科研创新角色有自我的认同标准,即自己取得的科研成果是否真正推动了本领域的科学进步及国家或经济社会的发展,他们会据此不断调整自己的科研创新行为。在科研评价制度各要素通过个体内部因素的中介作用对大学教师创新行为产生的影响方面,科研创新动机在评价标准、评价主客体关系、评价指标、评价结果应用对大学教师科研创新行为的影响机制中起到了怎样的作用,有待更深入地探索;部分研究论证了评价目的通过科研创新自我效能感的中介作用对大学教师创新行为产生的影响,但科研创新自我效能感在评价标准、评价方法、评价程序、评价主客体关系、评价周期、评价指标、评价结果应用对大学教师科研创新行为的影响机制中起到了怎样的作用,仍较为缺乏;科研创新角色认同、团队成员角色认知、创新精神、工作幸福感、职业认同等个体内部因素在科研评价制度对大学教师创新行为的影响机制中起到了怎样的作用,需要更深入地研究;科研评价制度通过个体内部因素的中介作用对大学教师创新行为产生影响的原因,有待质性研究进行揭示。在科研评价制度对大学教师创新行为影响机制的差异方面,评价目的、评价标准、评价方法、评价指标、评价周期、评价主客体关系、评价程序、评价结果应用对大学教师科研创新行为的影响机制是否存在学科、年龄和学校层次差异,均需要更深入地实证研究。

因此,本研究拟从以下三方面开展研究:

第一,深入探究科研评价制度整体及各要素对大学教师创新行为的影响程度。除科研评价目的之外,从科研评价周期、科研评价方法、科研评价标准、科研评价指标、科研评价主体、科研评价客体、科研评价程序、科研评价结果应用等要素着手,分别探究这些评价要素对大学教师科研创新行为的影响程度,以及这些评价要素整体上对大学教师科研创新行为的影响程度。

第二,将更多元的个体内部因素纳入科研评价制度对大学教师创新行为的影响机制。探究科研创新动机、科研创新自我效能感、科研创新角色认同这些内部因素在科研评价制度对大学教师创新行为的影响机制中起到了怎样的作用。

　　第三,全面对比分析科研评价制度对不同学科、年龄、学校层次教师创新行为的影响。在整体层面上分析科研评价制度对大学教师创新行为影响的基础上,进一步分析科研评价制度对大学教师创新行为的影响程度和影响机制在自然科学、工程科学、社会科学和人文学科领域之间,在职业生涯早期、职业生涯中期和职业生涯晚期之间,在中国顶尖大学和中国一流大学之间,是否存在明显的差异。

第三章
理论基础与研究假设

本章以 MARS 模型、自我决定理论、自我效能理论和角色认同理论为理论基础,解释科研评价制度对大学教师创新行为影响过程中各变量间的关系。在明确了变量间的关系后,依据相关文献,提出了研究假设。

第一节 理论基础

以 MARS 模型为指导,明确了在科研评价制度对大学教师创新行为的影响机制中可能发挥中介作用的三个关键的个体内部因素,在此基础上,以自我决定理论、自我效能理论和角色认同理论为指导,进一步论证了科研评价制度通过这三个个体内部因素的中介作用对大学教师创新行为的影响。

一、MARS 模型

在选择哪些个体内部因素作为中介变量分析科研评价制度对大学教师创新行为的影响机制之前,需要先明确哪些个体内部因素会对大学教师创新行为产生影响,组织行为学领域的核心理论——MARS 模型,为解决该问题提供了系统的指导。澳大利亚西澳大学(University of Western Australia)商学院麦克沙恩(S.L. McShane)和美国佛罗里达大学(University of Florida)商学院格利诺(V. Glinow)提出的关于个体行为影响因素的 MARS 模型,是动机(Motivation)、能力(Ability)、角色认知(Role Perceptions)和环境(Situational Factors)四个因素的首字母缩写。该模型指出,环境、动机、能力和角色认知是影响所有个体行为不可或缺的四个因素,如果其中任何一个因素处于较低水平,个体就会表现得不尽如人意①。动机是指"影响个体自发行为的目标、强度和坚毅程度的内在力量";"能力包括成功完成任务必须具备的先天禀赋和习得的才能";"角色认知是人们对布置给他们或对他们要求的工作职责的了解程度";环境因素是约束或者促进个体行为与结果的外部条件②。作为组织行为学领域的核心理论,MARS模型对解决组织行为学领域的核心问题——个体在工作场所中所展现出来的行为(好行为或坏行为)的原因,提供了一个研究起点③。

以 MARS 模型为指导可发现,在科研评价制度对大学教师创新行为的影响机制方面,可能存在三个起重要中介作用的个体内部因素:一是科研创新动机,与模型中的动机相对应,包括科研创新内部动机和科研创新外部动机;二是科研创新自我效能感,与模型中的能力相对应,因为科研创新自我效能感是个体对自己创新能力的一种信念,从主观上反映了个体的科研创新能力;三是科研创新角色认同,与模型中的角色认知相对应,因为科研创新角色认同是个体对组织创新要求的内化,是在科研创新角色认知基础上的认可和同化。

二、自我决定理论

美国罗切斯特大学(University of Rochester)心理学系德西(E.L. Deci)和莱恩(R.M. Ryan)在 20 世纪 70 年代提出了自我决定理论(Self-Determination Theory),该理论着重阐释了外部环境对个体行为影响的路径机制,对于引导和激励个体行为具有非常重要的价值。根据自我决定理论的观点,不同类型的动机会导致不同的行为结果,外部动机驱动的行为往往是为了获得后续相应的物质或自我参与的结果,如获得报酬和价值感,避免惩罚、内疚、羞耻;内部动机驱动的行为通常是为了实现对个体来说非常重要和有意义的结果,如社会的价值或存在的意义,当个体开展内部动机驱动的活动时,会表现出更多的毅力、创造力和思维灵活力④。经过近 40 年的努力和发展,该理论逐渐成为具有五个子理

---

① 麦克沙恩,S L,格利诺,M A V. 组织行为学(第 7 版)[M].吴培冠,译.北京:机械工业出版社,2018:29.

② 麦克沙恩,S L,格利诺,M A V. 组织行为学(第 7 版)[M].吴培冠,译.北京:机械工业出版社,2018:30 - 31.

③ 傅子维.影响使用者在资讯系统开发中进行价值共创的能力与动机之研究[D].高雄:台湾中山大学,2012:23.

④ DECI E L, RYAN R M. The empirical exploration of intrinsic motivational processes [J]. Advances in Experimental Social Psychology, 1980(2): 39 - 80.

论的完整理论体系,包括基本需要理论、认知评价理论、有机整合理论、因果定向理论和目标内容理论。本研究主要以基本需要理论为指导。

基本需要理论是自我决定理论的核心,该理论认为胜任、自主与关系需要的满足是促进个体的人格及认知结构成长与完善的条件,所有个体都为了满足这些需要而努力,并且趋向于寻找满足这些需要的环境①。"基本心理需要理论阐述了环境因素通过内在心理需要的中介对个体行为产生影响的作用机制,这一因果模型的构建为自我决定理论的实证研究提供了逻辑基础"②。自主需要是指个人将自己视为行为的起源,即自我决定或自我管理的需要,是个体在充分认识环境信息和个人需要的基础上,当外部事件对目标行为产生压力时,进行自由选择的程度;胜任需要是指个体对参与行为的效能感知或对环境的控制需要,在某项活动中个人越能感知自己,内在动机就越强烈;关系需要是指个体与他人的联系程度与归属感③。当三种基本需要在特定环境中得到满足后,个体内在动机就会增强,外部动机也会得到更加顺畅的内化,可以有效促进个体更长时间坚持一项活动或任务,从而产生良好的绩效结果,而妨碍满足这些需要,会降低人们的动机水平和主观幸福感④。

以自我决定理论为指导,科研评价制度通过创新动机的中介作用对大学教师创新行为产生影响。当科研评价制度能够满足教师自主、胜任和关系三种基本心理需要时,在一定程度上会促进大学教师科研创新内部动机的增强,进而促进其主动性科研创新行为。然而,当科研评价制度使大学教师感到束缚,或为教师营造了归属感弱的环境,则会减弱教师的自我决定感,在一定程度上会激发教师的科研创新外部动机,进而促进其被动性科研创新行为。

三、自我效能理论

自我效能理论(Self-Efficacy Theory)是"当代心理学用于探究和解释人对

---

① DECI E L, RYAN R M. The "what" and "why" of goal pursuits: human needs and the self-determination of behavior [J]. Psychological Inquiry, 2000(4): 227 - 268.
② 张剑,张微,宋亚辉.自我决定理论的发展及研究进展评述[J].北京科技大学学报(社会科学版),2011(4):131 - 137.
③ RYAN R M, DECI E L. Self-regulation and the problem of human autonomy: does psychology need choice, self-determination, and will [J]. Journal of Personality, 2006(6): 1557 - 1586.
④ DECI E L, RYAN R M. The "what" and "why" of goal pursuits: human needs and the self-determination of behavior [J]. Psychological Inquiry, 2000(4): 227 - 268.

其能力的知觉或信念的最重要理论"[①],20 世纪 70 年代由美国斯坦福大学(Stanford University)心理学系班杜拉(A. Bandura)提出。自我效能感主要有四个信息来源:一是亲历掌握性经验,即个体通过亲历行为表现所获得的关于自身能力水平的直接经验,"成功使人建立起对个人效能的健康信念,失败,特别是在效能感尚未树立之前发生的失败,则会削弱它",这是最有影响力的信息源;二是替代性经验,"个体常常在同一条件下将自己与特定他人,如同学、同事、对手或其他环境中从事相同努力的人们,进行比较,自己胜出则效能信念提高,反则亦反",同时,与自己相似的他人的成就也可用于判断个体自身能力,"目睹或想象相似他人的成功行为表现,往往能提高观察者的效能信念,使其相信自己拥有掌握相应行为的能力";三是言语说服,在与困难抗争时,被重要他人劝说有能力掌握特定任务的个体,会比在困难面前对自己心存疑虑、固执于个人不足的个体,更可能调动热情,从而坚持不懈地努力克服困难;四是良好的生理和情绪状态,个体在不受消极唤起困扰的情况下,比紧张不安、内心焦躁、恐惧和身体疲劳的时候,更倾向于期望成功[②]。自我效能感对个体的行为选择起着调节作用,自我效能感越强的人会把当前情境视为提供实现成功的机会,他们想象成功的场景,给行为表现提供积极指导,他们往往也会为自己设定更具挑战性的目标,承担更艰巨的任务,即使面对不确定或反复出现的消极结果,仍能在很长一段时间内继续努力,并坚持不懈直至成功[③]。

以自我效能理论为指导,科研评价制度通过创新自我效能感的中介作用对大学教师创新行为产生影响。作为激励和指引大学教师学术职业行为及未来发展方向的科研评价制度,与自我效能感四个方面的主要信息来源密切相关。以言语说服为例,当大学教师在评价过程中遇到困难,并对自己的创新能力产生怀疑时,院系领导或其他一些重要人物给予他们信任、鼓励和建议,能够在一定程度上增强其科研创新自我效能感,进而促进其主动性科研创新行为。

四、角色认同理论

角色认同理论(Role Identity Theory)将认同视为个人自我概念的重要来源,

---

① 郭本禹,姜飞月.自我效能感理论及其应用[M].上海:上海教育出版社,2007:29.
② 班杜拉.自我效能:控制的实施[M].缪小春,译.上海:华东师范大学出版社,2013:114-152.
③ 班杜拉.自我效能:控制的实施[M].缪小春,译.上海:华东师范大学出版社,2013:166-174.

因为这些认同包含了人们在不同社会中扮演不同角色时,赋予这些角色的典型意义①。角色认同理论的代表性观点主要有三种,分别是斯特赖克(S. Stryker)对结构的强调、麦考尔(G.P. McCall)和西蒙斯(J.L. Simmons)对互动的强调以及伯克(P.J. Burke)对认知控制的强调。

美国印第安纳大学(Indiana University)社会学系斯特赖克认为,文化和社会结构指定了个体的角色认同,人类社会行为是由其周围环境的象征性标定所组织起来的,其中最重要的标定是人们在社会结构中所占位置的象征符号和其所联系的意义,与他们所占位置紧密相连的是如何充当角色,以及如何处理好自己与他人关系的预期,个体标定了自身位置后,他们就会产生关于如何行动的预期②。美国伊利诺伊大学厄巴纳-香槟分校(University of Illinois at Urbana-Champaign)社会学系麦考尔和加州大学-圣塔芭芭拉(University of California-Santa Barbara)社会学系西蒙斯认为角色认同是个体对自己在社会中的位置和角色的意识和接受。为提升角色认同感,个体依据一种关于自身的理想化信念来估量他的活动,同时,个体需要从利益相关者那里寻求角色支持,这种角色支持包括利益相关者认同个体占据某一社会位置的权利以及在此位置上实施的活动③。美国华盛顿州立大学社会学系伯克从认同控制过程的角度阐明了从角色认同到角色行为的动态影响过程,认同控制系统由四个要素构成:一是认同标准(Identity Standard),即为评价和引导某个角色初始行为提供一个内在的参考或标准;二是输入(Input),即某一个情境中与自我相关的意义的知觉输入,包括个体依据他人的评价结果来看待自己;三是比较器(Comparator),即将知觉输入与标准进行比较的过程,以此来决定其他人的反应是否与引导角色行为的认同标准一致;四是输出(Output),即知觉输入与认同标准相比较的程度,个体选择一套行为输出,以使知觉输入与认同标准的意义一致,这是一个自我调节的过程,认同标准倾向于抵制变化实现自我验证④。

综上所述,与麦考尔和西蒙斯注重个体内部理想的角色认同不同,斯特赖克和伯克更强调外部环境和自我的互动。但斯特赖克和伯克的侧重点又有所不

① 严鸣,涂红伟,李骥.认同理论视角下新员工组织社会化的定义及结构维度[J].心理科学进展,2011(5):624-632.
② 乔纳森·特纳.社会学理论的结构(下)[M].邱泽奇,译.北京:华夏出版社,2001:39.
③ 乔纳森·特纳.社会学理论的结构(下)[M].邱泽奇,译.北京:华夏出版社,2001:42.
④ 梁樱.反射性评价 VS.自我评价?——对认同分裂理论潜在逻辑的澄清[J].社会科学,2016(6):81-92.

同,斯特赖克关注的是社会结构如何影响自我以及自我的意义如何影响社会行为,伯克更关注的是与自我过程相关的内部动力以及它们如何影响行为。科研作为大学教师的一项重要职责,他们内心更认同的是以发现新知识为旨趣的科研创新角色,他们对科研创新角色有自我的认同标准,即自己取得的科研成果是否真正推动了本领域的科学进步及国家或经济社会的发展;但他们也同时在行政上从属于"大学"这一有形组织,在学术上从属于"学科"这一无形组织,他们期望大学和学科能够给予他们与科研创新角色相一致的外部环境支持,大学教师通过将内部认同标准与外部环境输入进行持续比较,进而对自身的科研创新行为产生影响。

以角色认同理论为指导,科研评价制度通过创新角色认同的中介作用对大学教师创新行为产生影响。科研评价制度作为规范、激励和引导大学教师科研行为的一种规则和要求,当其与大学教师内部的科研创新角色认同标准的一致性程度较高时,教师会表现出与科研创新角色认同相一致的主动性科研创新行为;当其背离大学教师内部的科研创新角色认同标准时,教师可能会屈服于科研评价制度支持的角色,如将教师视为"工具人"或"打工者",进而表现出与科研创新角色认同不一致的被动性科研创新行为。

第二节　研究假设

一、科研评价制度对大学教师创新行为的影响

德国社会学家韦伯(M. Weber)认为任何社会行动都会有工具理性取向和价值理性取向:"工具理性取向决定于客体在环境中的表现和他人的表现的预期,行动者把这些预期用作'条件'或'手段',以实现自身的理性追求和特定目标;价值理性取向取决于某种包含在特定行为方式中的无条件的内在价值的自觉信仰,无论该价值是伦理的、美学的、宗教的,都只追求行为本身,而不管其成败"[1]。大学教师作为学术职业人,开展科学研究以价值取向为主导。他们"不在意职称高低、薪水多少、待遇多高,但特别在意经过艰难奋斗得到的创新发现是否会被同行所认可并推动科学进步;经过了解社会、分析真相得出来的发现是

---

① 马克思・韦伯.经济与社会[M].阎克文,译.上海:上海人民出版社,2009:114.

否被社会所接受并促进社会前进;经过学术论战、实践考察提出的政策建议是否被政府所采纳并有助于国家发展"①。科研评价制度的本质在于通过对科研成果进行价值评价,进而对大学教师进行精神激励和物质奖励,激发他们的科研热情,匡正他们的科研精神,其本质体现了价值理性的诉求②。对于价值理性的诉求,需要借助工具理性来选择具体的手段和工具才能得以达成。但价值理性和工具理性往往处于失衡状态,以工具理性为主导的科研评价制度会忽视大学教师的能动性,甚至抑制教师的原发性科研动机,容易误导部分教师的科学研究目的,产生为利益而科研的现象③。因此,只有当科研评价制度以价值理性为主导时,才能真正提高大学教师开展科学研究的主观能动性;而当科研评价制度以工具理性为主导时,大学教师为了达到管理者的预期不得不陷入"被动科研"的境地。

1. 科研评价目的对大学教师创新行为的影响

科研评价的目的在于促进教师、学科和大学的发展,其中教师个人的发展是第一位的④。基于"工具人"假设而设计的科研评价制度,"将人假设为以一种绝对理性方式的存在,试图通过将周围事物进行抽象化、规范化、数量化处理,并以此对人的活动作出要求,实现高效地达成某种结果的目的"⑤。因此,基于"工具人"假设的终结性评价会使得科研评价目的的重心发生偏移,将学科和大学的发展放在第一位,行政管理者把针对机构的大学排名指标变相"嵌入"针对个人的教师评价指标中,将行政意愿强加于科研追求之上,并使教师成为大学排名位次上升的工具⑥。行政管理者对排名的追求,使得他们更强调教师科研产出的效率,在这种终结性评价的压力下,大学教师更希望行为结果具有确定性,更注重短期目标。大学教师职业的特殊性在于其扮演的"理念人"角色,科研不仅仅是教师赖以谋生的手段,更是一种"天职"或"召唤"⑦。作为"理念人"的大学教师,"他们有同质的追向,具有永不停息的批判、反思和怀疑等同样的元方法律令;简单的完美是他们同质的评价准绳"⑧。大学对教师考评的内容与方式只有契合

①　沈红.论大学教师评价的目的[J].高等教育研究,2012(11):43-48.
②　李广海.理性的平衡:高校学术评价制度变革的逻辑及操作指向[J].教育研究,2017(8):85-90.
③　李广海.理性的平衡:高校学术评价制度变革的逻辑及操作指向[J].教育研究,2017(8):85-90.
④　沈红.论大学教师评价的目的[J].高等教育研究,2012(11):43-48.
⑤　李广海.理性的平衡:高校学术评价制度变革的逻辑及操作指向[J].教育研究,2017(8):85-90.
⑥　沈红.论大学教师评价的目的[J].高等教育研究,2012(11):43-48.
⑦　吴鹏.高校教师聘任制改革的探索与有效性审查[J].高等教育研究,2003(5):43-45.
⑧　方文.社会心理学的演化:一种学科制度视角[J].中国社会科学,2001(6):126-136.

大学教师的职业发展需要,才能更好地激励其在创造性的科研工作上的主观能动性①。基于"学术人"假设的形成性评价关注的是大学教师个人的发展,将评价信息和结果作为反馈优势和不足,为教师营造了支持性和包容性的创新氛围。因此,形成性评价更契合大学教师职业发展的需要,会使教师更主动地从事一些高风险和长周期的研究。基于上述分析,提出如下假设:

H_{1a}:形成性科研评价对大学教师主动性创新行为产生积极影响

H_{1b}:终结性科研评价对大学教师被动性创新行为产生积极影响

2. 科研评价程序民主对大学教师创新行为的影响

由于科层化的行政治理理念与工具理性的效率崇拜特征具有较高的契合度,因此,作为大学内部行政管理规则的科研评价制度,必然会被打上工具理性的烙印②。在工具理性主导的科研评价制度下,管理者更多时候扮演的是科研评价制度维护者和协从者的角色。"教师与管理者之间缺乏应有的对话与交流,教师对考评程序也缺乏应有的知情权、参与权和监督权,虽然少数教师有参与考评活动的机会,但他们行使的仍是行政意志而非真正代表教师意愿的民主意志,考评不仅没有起到激励、诱导的作用,反而抑制了教师的积极性和主动性"③。价值理性主导的科研评价制度更加尊重大学教师的主体地位,管理者更多时候扮演的是科研评价制度解释者的角色,他们为教师提供了多元化的参与科研评价制度制定和实施的途径。美国印第安纳大学教育学院古贝(E.G. Guba)和美国范德比尔特大学(Vanderbilt University)高等教育中心林肯(Y.S. Lincoln)提出的第四代评价理论(Fourth Generation Evaluation Theory)也认为,"由于评价是牵涉许多人的活动",因此,"它提倡一种全面的积极参与,要求利益相关者在评价当中处于平等地位,无论是评价方案的设计、实施、解释还是最后的结论阶段,都要求以政治上完全的平等来对待他们","这意味着所有评价参与人都有权分享彼此的理解,并努力形成一种公认的、符合常理的、信息量更大的、成熟的共同建构"④。大学教师作为科研评价制度的核心利益相关者之一,只有"赋予教师充分的知情权、参与权、话语权",才能"保证教师的合理诉求和利益关切

① 沈红,李玉栋.大学理工科教师的职业发展需要——基于"2014 中国大学教师调查"开放题的分析[J].高等工程教育研究,2012(6):126-132.
② 李广海.理性的平衡:高校学术评价制度变革的逻辑及操作指向[J].教育研究,2017(8):85-90.
③ 胡小桃.从高校教师发展状况看我国教师考评制度存在的问题[J].黑龙江高教研究,2014(11):95-98.
④ 埃贡·G.古贝,伊冯娜·S.林肯.第四代评估[M].秦霖,蒋燕玲,译.北京:中国人民大学出版社,2008:4.

在评价制度中得到充分体现,保证评价制度获得教师内心认同和自觉遵循,按照认同-内化-遵守的路径转化为教师的实际行动"①。基于上述分析,提出如下假设:

H₁c:科研评价程序民主对大学教师主动性创新行为产生积极影响

3. 科研评价主客体互动公平对大学教师创新行为的影响

美国哈佛大学(Harvard University)社会学系霍曼斯(G.C. Homans)提出的社会交换理论(Social Exchange Theory)认为,所有社会行为都是交换的结果,既包括物质资料的交换,也包括非物质资料的交换,当组织给予个体充分的认可和尊重时,个体往往会表现出对工作更强的责任感以作为对组织的回报,有时这种回报甚至会超越组织对个体的角色规定和期望②。"教师群体是大学作为学术组织的核心构成要素,是大学实现人才培养、科学研究、社会服务和文化传承的直接主体"③。当大学对教师的主体地位予以充分尊重,并以教师发展作为首要目标时,能够换回教师更多的工作投入。互动公平指领导尊重员工并照顾其主观感受,并对决策过程或分配结果作出清晰和准确的解释④,体现了领导对员工的充分尊重。因此,当大学管理者就评价过程或评价结果向教师作出准确和充分的解释,并给予教师充分的关心、认可和尊重时,作为交换,教师通过积极地投入与工作相关的行为,以达成甚至超出学校对其角色期望的要求,主动性科研创新行为正是这种积极角色行为的一种表现形式。基于上述分析,提出如下假设:

H₁d:科研评价主客体互动公平对大学教师主动性创新行为产生积极影响

4. 科研评价方法对大学教师创新行为的影响

工具理性的技术依赖特征决定了科研评价制度对量化评价方法的推崇,力图通过对文献计量学的使用,将教师的科研成果质量用数量、出版社层次、引用率等直观数字标识出来⑤。严格的量化评价方法,违背了科学计量学研究"追求

---

① 杜健.高校教师考评制度异化:现状、根源、出路[J].黑龙江高教研究,2007(10):104-107.

② HOMANS G C. Social behavior as exchange [J]. American Journal of Sociology,1958(6):597-606.

③ 杨超."双一流"建设背景下大学教师参与学科治理的困境与路径[J].学位与研究生教育,2018(9):39-45.

④ GREENBERG J. The social side of fairness:interpersonal and informational classes of organizational justice [M]//CROPANZANO. Justice in the workplace:approaching fairness in human resource management. Hillsdale, NJ:Erlbaum, 1993:79-103.

⑤ 李广海.理性的平衡:高校学术评价制度变革的逻辑及操作指向[J].教育研究,2017(8):85-90.

对于学术研究成果的客观化价值评价"的初衷,对大学教师的行为产生误导,影响教师开展长期科技攻关项目的积极性[1];同时,使教师不再将精力倾注于科学问题和方法的探索,避免承担存在太多风险的研究,分解研究发现等[2]。与定量评价不同,同行评价一直是学术界公认的最主要和最好的评价方法,学术界的金科玉律是"同行承认是硬通货"[3]。"同行评价能够激励引导被评价对象科研创新与职业发展,是调动被评价对象工作积极性、主动性的'指挥棒'"[4]。因此,尽管同行评价方法可能产生主观偏见,但其更多地体现了价值理性的诉求。基于上述分析,提出如下假设:

H$_{1e}$:同行评价方法对大学教师主动性创新行为产生积极影响

H$_{1f}$:量化评价方法对大学教师被动性创新行为产生积极影响

5. 科研评价标准和科研评价周期对大学教师创新行为的影响

工具理性的效率崇拜特征决定了科研评价制度对效率的追逐,对大学教师在一定时期内需要完成学术论文和科研项目数量的规定,都反映了评价主体对评价客体生产效率的要求[5]。数量为主的评价标准会导致学术浮躁和急功近利,许多大学教师为了数量达标,不得不"为发表而科研",为凑数而粗制滥造,致使许多堂而皇之的科学研究实质不过是低水平重复的学术垃圾[6]。科研评价周期越短,大学教师感知的时间压力越大,在考核达标的目标下,教师少有闲暇,其想象力和创新能力的生发受到抑制,他们会倾向于选择那些"短平快"式的渐进性创新行为,而不愿意进行突破性创新的尝试[7][8],以至于"速度"成为教师的最高追求,"数量"成为科研的终极目标[9]。价值理性主导的科研评价制度对科研成果的质量有较高要求,并给予大学教师充裕的时间进行突破性创新的

---

① 牛风蕊.大学教师评价的制度同形:现状、根源及其消解——基于新制度主义的分析视角[J].现代教育管理,2014(6):85-89.

② LAWRENCE P A. The mismeasurement of science [J]. Current Biology, 2007(15):583-585.

③ 刘益东.外行评价何以可能——基于开放式评价的分析[J].河南大学学报(社会科学版),2016(5):145-150.

④ 童锋,夏泉."双一流"评价视阈下我国同行评价体系的建构[J].中国高校科技,2020(Z1):48-52.

⑤ 李广海.理性的平衡:高校学术评价制度变革的逻辑及操作指向[J].教育研究,2017(8):85-90.

⑥ 刘恩允.高校科研评价的问题与对策[J].高等工程教育研究,2004(1):39-42.

⑦ 龙立荣,王海庭,朱颖俊.研究型高校科研考核模式与创新的关系[J].高等工程教育研究,2012(1):145-150.

⑧ 陈静,杨丽.怀特海的大学教育思想对我国大学教师评价改革的启示[J].中国劳动关系学院学报,2016(6):109-114.

⑨ 白强.大学科研评价旨意:悖离与回归[J].大学教育科学,2018(6):67-73.

尝试。科研成果质量是那些蕴含于科研成果数量和形式之中的属于发现新事物或新规律、增进人类认知的内容，只有以科研成果质量为评价标准，把是否促进了科学发展进步作为评价大学教师学术贡献的标尺，才能真正营造出优良的大学科研生态，进而引领教师在探索未知、追求真理的道路上久久为功，出精品、上水平、成大器[1]。当放宽对大学教师的科研评价周期后，教师在基本科研任务达标的前提下，会进行突破性创新的尝试[2]。基于上述分析，提出如下假设：

H_{1i}：质量或创新标准对大学教师主动性创新行为产生积极影响

H_{1j}：数量标准对大学教师被动性创新行为产生积极影响

H_{1g}：较长的科研评价周期对大学教师主动性创新行为产生积极影响

H_{1h}：较短的科研评价周期对大学教师被动性创新行为产生积极影响

6. 科研评价指标难度对大学教师创新行为的影响

工具理性主导的科研评价制度把教师的人性普遍地假设为"经济人"，在此基础上实施"交易式"管理，即以经济利益为行为驱动，实行严格的奖惩[3]。因此，基于"经济人"假设设置的评价指标往往难度较高，以丰厚的报酬作为回报，从而促进大学教师产出高水平成果。如国内部分大学对于在《自然》(Nature)、《科学》(Science)等顶尖期刊上发表论文的教师，会给予高额的经济奖励或破格晋升高级职称。不可否认的是，物质利益确实有利于刺激大学教师的进取欲望和激励教师的竞争意识，但却忽视了教师内在的、超越于物质利益之上的自我价值实现的精神层面，异化和抑制了教师的内在精神需求与专业发展的内部动机[4]。价值理性主导的科研评价制度把"学术人"作为最高理念，从大学教师个体及群体的需要和职业特点出发，通过制度与教师个体行为的有效契合，满足其自我实现的需求[5]。因此，基于"学术人"假设设置的评价指标难度较为适中，能够有效契合大学教师的能力和行为，激发教师科研创新的内部动力。此外，美国马里兰大学(University of Maryland)工商管理学院洛克(E. A. Locke)提出的目

---

① 白强.大学科研评价旨意：悖离与回归[J].大学教育科学,2018(6)：67-73.
② 龙立荣,王海庭,朱颖俊.研究型高校科研考核模式与创新的关系[J].高等工程教育研究,2012(1)：145-150.
③ 赵书山.教师发展：从"交易型"管理走向"转化型"管理[J].高等教育研究,2003(5)：52-56.
④ 赵书山.教师发展：从"交易型"管理走向"转化型"管理[J].高等教育研究,2003(5)：52-56.
⑤ 庞岚,沈红."学术人"视角下的大学教师管理制度建设[J].高等理科教育,2012(4)：59-63.

标设置理论(Goal Setting Theory)认为,目标导向是所有生物体的行为特征,明确性和挑战性是目标内容的两个基本属性[①]。目标的困难程度与个人的努力程度呈对数关系,即目标难度对个人的正向激励作用具有边际递减性[②]。根据目标设置理论,难度太低的科研评价指标不具有挑战性,难以对大学教师的科研创新行为起到激励作用,只有难度适中的科研评价指标才能对教师的科研创新行为起到正向激励作用,当科研评价指标难度进一步提高时,其对教师科研创新行为的正向激励作用会逐步减弱。基于上述分析,提出如下假设:

H_{1k}:科研评价指标难度对大学教师主动性创新行为产生"倒 U 型"影响

7. 科研评价结果应用对创新行为的影响

从工具理性的内涵来看,工具理性重视目标的达成,将科研评价结果与职称评定、岗位聘任、绩效考核、学术成果奖励等紧密联系起来[③]。科研评价结果单纯地与大学教师个人利益挂钩的背后隐藏着利益争夺,教师"多快好省"地开展研究,那些需要长时间投入、短时间里难以出成果的研究项目被教师放弃,如自然科学中的基础研究,人文学科中的史料研究[④]。价值理性主导的科研评价制度更重视大学教师的发展,评价者将"以人为本"作为最终立足点,以诚恳、坦诚、能让教师乐于接受的方式,向教师反馈评价的结果,并根据科研评价结果为教师提供适当的进修或培训机会[⑤]。基于上述分析,提出如下假设:

H_{1l}:科研评价结果应用于教师发展对大学教师主动性创新行为产生积极影响

H_{1m}:科研评价结果应用于人事决策对大学教师被动性创新行为产生积极影响

二、科研创新动机的中介作用

根据自我决定理论,不同的动机水平会产生不同的行为结果,外部动机推动的行为常常是为了获取报酬和价值感,逃避惩罚,避免内疚、羞耻;内部动机推动的行为是为了达到对个体而言非常重要的、有意义的结果,如社会的价值或存在的意义,当个体从事内在动机驱动的任务时,会表现出更多的持久性、创造性和

① LATHAM G P, LOCKE E A. Self-regulation through goal setting [J]. Organizational Behavior and Human Decision Processes, 1991(2): 212-247.
② 龙立荣,王海庭,朱颖俊.研究型高校科研考核模式与创新的关系[J].高等工程教育研究,2012(1): 145-150.
③ 李广海.理性的平衡:高校学术评价制度变革的逻辑及操作指向[J].教育研究,2017(8): 85-90.
④ 彭立静.高校科研考核制度的伦理反思[J].高等教育研究学报,2006(4): 12-14.
⑤ 李正,李菊琪.我国高校教师绩效评价结果应用的若干问题[J].黑龙江高教研究,2007(3): 119-122.

认知灵活性[①]。内部动机的形成与自主、胜任、关系三种基本需要的满足程度密切相关。

1. 创新动机在评价目的与创新行为之间的中介作用

形成性科研评价关注大学教师的发展过程,通过提供多元化的平台和机会以促进教师知识结构的完善和科研能力的提升,使教师能力能够匹配科学发展的要求。而终结性科研评价为大学教师营造了高威胁性和高压力性的外部环境,多数教师的学术行动是受外部压力驱动而在制度认同度较低的基础上采取的应激行动,并非发自内心的学术追求,而仅可能是为了获得制度利益或防止被淘汰[②]。因此,形成性科研评价能够满足大学教师的胜任需要和关系需要,而终结性科研评价削弱了教师的自我决定感。基于上述分析,提出如下假设:

H_{2a}:形成性科研评价通过内部创新动机促进大学教师主动性创新行为

H_{2i}:终结性科研评价通过外部创新动机促进大学教师被动性创新行为

2. 创新动机在评价程序民主与创新行为之间的中介作用

大学教师真正参与评价制度的制定与执行过程,在一定程度上保障了教师的学术自由,使教师能够基于兴趣开展研究,而不是为了迎合特定评价标准[③]。因此,科研评价程序民主能够满足大学教师的自主需要。基于上述分析,提出如下假设:

H_{2b}:科研评价程序民主通过内部创新动机促进大学教师主动性创新行为

3. 创新动机在主客体互动公平与创新行为之间的中介作用

大学教师与管理部门的沟通和交流,能使科研评价制度得到教师的真正认同,增进组织内的了解和共识[④]。因此,科研评价主客体互动公平能够满足大学教师的关系需要。基于上述分析,提出如下假设:

H_{2c}:主客体互动公平通过内部创新动机促进大学教师主动性创新行为

---

① DECI E L, RYAN R M. The empirical exploration of intrinsic motivational processes [J]. Advances in Experimental Social Psychology,1980(2):39 - 80.
② 卢晓中,陈先哲.学术锦标赛制下的制度认同与行动逻辑——基于 G 省大学青年教师的考察[J].高等教育研究,2014(7):34 - 40.
③ CONNELL C, SIOCHRU C, RAO N. Academic perspectives on metrics: procedural justice as a key factor in evaluations of fairness [J]. Studies in Higher Education,2021(3):548 - 562.
④ 贾永堂.大学教师考评制度对教师角色行为的影响[J].高等教育研究,2012(12):57 - 62.

4. 创新动机在评价方法与创新行为之间的中介作用

同行评价可以使研究成果的构成具有更大可变性,使大学教师可以更自主地尝试开展研究[①]。严格的量化评价方法会使大学教师开展"最好研究"的雄心壮志被抑制,转而开展一些安全的研究以满足考核要求[②]。因此,同行评价方法能够满足大学教师的自主需要,而量化评价方法削弱了教师的自我决定感。基于上述分析,提出如下假设:

H_{2d}:同行评价方法通过内部创新动机促进大学教师主动性创新行为

H_{2k}:量化评价方法通过外部创新动机促进大学教师被动性创新行为

5. 创新动机在评价周期与创新行为之间的中介作用

当放宽对大学教师的评价周期后,教师会受内部动机的影响,进行突破性创新的尝试[③]。受较短评价周期的影响,部分大学教师不得不牺牲自己的兴趣,开展不喜欢的研究,或生产价值低下的研究成果[④]。因此,较长的评价周期能够满足大学教师的自主需要,而较短的评价周期削弱了教师的自我决定感。基于上述分析,提出如下假设:

H_{2e}:较长的科研评价周期通过内部创新动机促进大学教师主动性创新行为

H_{2l}:较短的科研评价周期通过外部创新动机促进大学教师被动性创新行为

6. 创新动机在评价标准与创新行为之间的中介作用

淡化数量要求,突出质量和贡献,能够引导大学教师克服浮躁心理、从事自由选题的探索性研究[⑤]。而对数量的严格要求,会使大学教师为了确保职位不受威胁,倾向于牺牲质量以在较短的时间内产出更多成果[⑥]。因此,质量或创新标准能够满足大学教师的自主需要,而数量标准削弱了教师的自我决定感。基

① SUTTON N C, BROWN D A. The illusion of no control: management control systems facilitating autonomous motivation in university research [J]. Accounting & Finance, 2016(2): 577 - 604.

② SMITH J. Target-setting, early-career academic identities and the measurement culture of UK higher education [J]. Higher Education Research & Development, 2017(3): 597 - 611.

③ 龙立荣,王海庭,朱颖俊.研究型高校科研考核模式与创新的关系[J].高等工程教育研究,2012(1): 145 - 150.

④ 周玉容,沈红.现行教师评价对大学教师发展的效应分析——驱动力的视角[J].清华大学教育研究, 2016(5): 54 - 61.

⑤ 刘恩允.高校科研评价的问题与对策[J].高等工程教育研究,2004(1): 39 - 42.

⑥ KHOSHMARAM N, KHODAYARI-ZARNAQ R, GAVGANI V Z. Discovering the perception and approach of researchers and professors of the university of medical sciences in biased and unbiased publication of scientific outputs: a qualitative study [J]. Publishing Research Quarterly, 2019(3): 436 - 444.

于上述分析,提出如下假设:

H_{2f}:质量或创新标准通过内部创新动机促进大学教师主动性创新行为

H_{2m}:数量标准通过外部创新动机促进大学教师被动性创新行为

7.创新动机在评价指标难度与创新行为之间的中介作用

当个体认为任务处于最佳挑战领域,而不是简单到缺乏挑战或超过个人能力所能完成时,能力需求被满足[①]。因此,只有难度适中的科研评价指标,才能满足大学教师的胜任需要。基于上述分析,提出如下假设:

H_{2g}:科研评价指标难度通过内部创新动机对大学教师主动性创新行为产生"倒 U 型"影响

8.创新动机在评价结果应用与创新行为之间的中介作用

当科研评价结果主要应用于大学教师发展时,能够满足教师对未来研究工作的胜任需要,而当评价结果主要应用于人事决策时,则会导致教师不是为了学术而学术,而是为了职称晋升、提高薪酬等,削弱了教师的自我决定感。基于上述分析,提出如下假设:

H_{2h}:科研评价结果应用于教师发展的过程中,通过内部创新动机促进大学教师主动性创新行为

H_{2n}:科研评价结果应用于人事决策的过程中,通过外部创新动机促进大学教师被动性创新行为

三、科研创新自我效能感的中介作用

根据自我效能理论,个体对于自身能力的判断是影响其行为的最为关键的因素,自我效能感越高,选择的活动的挑战性越高[②]。当科研评价制度能够帮助大学教师获得用于判断自身创新能力的亲历掌握性经验、替代性经验、言语说服和鼓励以及良好的生理和情绪状态等信息时,教师科研创新的自我效能感会随之增强。

1.创新自我效能在评价目的与创新行为之间的中介作用

当科研评价制度以促进教师未来发展为主要目的时,评价被看作是帮助大

---

① 暴占光,张向葵.自我决定认知动机理论研究概述[J].东北师大学报(哲学社会科学版),2005(6):141-146.
② 郭本禹,姜飞月.自我效能感理论及其应用[M].上海:上海教育出版社,2007:82.

学教师个人发展的工具。通过收集能够反映教师个人优势和劣势的数据对教师的表现以及未来的发展进行形成性评价,以增强教师从事学术职业的能力[①],进而使其不断取得高水平的研究成果。因此,形成性科研评价有利于大学教师获得关于自身科研创新能力增强的亲历的掌握性经验。基于上述分析,提出如下假设:

H[3a]:形成性科研评价通过创新自我效能感促进大学教师主动性创新行为

2. 创新自我效能在评价程序民主与创新行为之间的中介作用

大学教师参与评价制度的制定和实施,可以使其了解学校开展教师评价工作的目的和意图,消除对评价工作的顾虑和抵触情绪,同时使教师们感到自己对评价过程是部分可控的,缓解评价工作给自身带来的巨大心理压力[②]。因此,科研评价程序民主能够为大学教师科研创新自我效能感增强提供积极的生理和情绪状态。基于上述分析,提出如下假设:

H[3b]:科研评价程序民主通过创新自我效能感促进大学教师主动性创新行为

3. 创新自我效能在主客体互动公平与创新行为之间的中介作用

当大学教师面对负面评价结果时,管理者与他们的交流可以提高他们对评价结果的积极认知,帮助他们发现和解决问题,把失败当作一种学习的过程[③]。因此,管理者针对大学教师在评价过程中遇到的问题给予建议和鼓励,在一定程度上能够使教师相信自己的创新能力会不断提升。基于上述分析,提出如下假设:

H[3c]:主客体互动公平通过创新自我效能感促进大学教师主动性创新行为

4. 创新自我效能在评价方法与创新行为之间的中介作用

同行评价以研究本身的价值为依据,大学教师可以从同行专家反馈的真知灼见中受益[④]。因此,同行专家对研究本身的认可以及对研究中存在的问题给予有针对性的建议和意见,在一定程度上能够使大学教师相信自己的科研创新能力会不断获得提升。基于上述分析,提出如下假设:

H[3d]:同行评价方法通过创新自我效能感促进大学教师主动性创新行为

---

① 顾剑秀,裴蓓,罗英姿.研究型大学职称晋升评价制度对教师行为选择的影响——兼论大学教师发展模型的构建[J].中国高教研究,2020(7):66-71.
② 陈中润.美国高校教师评价工作中的教师参与研究[J].高教探索,2017(9):72-78.
③ CHAN H, MAZZUCCHELLI T G, REES C S. The battle-hardened academic: an exploration of the resilience of university academics in the face of ongoing criticism and rejection of their research [J]. Higher Education Research & Development,2021(3):446-460.
④ 张彦.论同行评议的改进[J].社会科学研究,2008(3):86-91.

5. 创新自我效能在评价周期与创新行为之间的中介作用

科研成果的研究与发表周期相对较长,而突破性创新成果的孕育周期则更长[①]。因此,较长的评价周期使大学教师有机会取得突破性创新成果,进而有利于其获得关于自身创新能力增强的亲历掌握性经验。基于上述分析,提出如下假设:

H[3e]:较长的科研评价周期通过创新自我效能感促进大学教师主动性创新行为

6. 创新自我效能在评价标准与创新行为之间的中介作用

以质量或创新性作为评价标准,能够使大学教师淡化"学术 GDP"的观念,抑制功利性和短视性的科研行为,真正激发研究活力[②],进而取得高水平的研究成果。因此,质量或创新标准有利于大学教师获得关于自身科研创新能力增强的亲历的掌握性经验。基于上述分析,提出如下假设:

H[3f]:质量或创新标准通过创新自我效能感促进大学教师主动性创新行为

7. 创新自我效能在评价指标难度与创新行为之间的中介作用

对任务难度的知觉影响着个体行为操作的成功和失败在效能判断中的价值,在容易的任务上获得成功是个体意料之中,不会引起效能知觉的改变,而在困难的任务上获得成功则会为个体提供新的提高能力的信息[③],但当个体因任务难度过高而无法完成时,其会倍感焦虑[④]。因此,只有当科研评价指标难度适中时,才有利于大学教师获得关于自身科研创新能力增强的亲历掌握性经验。基于上述分析,提出如下假设:

H[3g]:科研评价指标难度通过创新自我效能感对大学教师主动性创新行为产生"倒 U 型"影响

8. 创新自我效能在评价结果应用与创新行为之间的中介作用

评价者向大学教师反馈评价结果,提供他们已达到或未达到预定目标的反馈信息,可以使教师了解到自己的成绩与不足,更加清楚努力方向和改进工作的具体做法[⑤]。因此,评价者根据评价结果给予大学教师的改进意见和建议,在一

① 龙立荣,王海庭,朱颖俊.研究型高校科研考核模式与创新的关系[J].高等工程教育研究,2012(1):145-150.
② 谭春辉.人文社会科学研究的创新论与质量观及其评价机制[J].重庆大学学报(社会科学版),2017(3):63-69.
③ 郭本禹,姜飞月.自我效能感理论及其应用[M].上海:上海教育出版社,2007:71.
④ ACKER S,WEBBER M. Made to measure:early career academics in the Canadian university workplace [J]. Higher Education Research & Development,2017(3):541-554.
⑤ 李正,李菊琪.我国高校教师绩效评价结果应用的若干问题[J].黑龙江高教研究,2007(3):119-122.

定程度上能够使教师相信自己的科研创新能力会不断获得提升。基于上述分析,提出如下假设:

H₃ₕ：科研评价结果用于教师发展的过程中,通过创新自我效能感促进大学教师主动性创新行为

四、科研创新角色认同的中介作用

角色认同提供了角色的相关意义和信息,代表着角色的行为标准,因此,角色认同和相应的角色行为之间存在较高的一致性,人们会根据对角色认同理解的深入,不断调整自己的行为[①]。从产生过程上看,角色认同是外部环境和自我互动的结果。当科研评价制度与大学教师内部的科研创新角色认同标准一致时,教师会表现出与科研创新角色认同相一致的主动性科研创新行为。

1. 创新角色认同在评价目的与创新行为之间的中介作用

在管理主义的评价制度下,大学教师更像在企业进行专门知识生产的"员工",其适合于组织外部竞争的外显性功能被过度强调,个人的内在禀赋和特性被抛诸脑后。而在遵循发展主义的教师评价制度下,教师可以体会到更强烈的自由和自主,重新回归"理念人"的身份[②],这与教师内心更认同的以追求高深学问为旨趣的科研创新角色较为一致。基于上述分析,提出如下假设:

H₄ₐ：形成性科研评价通过创新角色认同促进大学教师主动性创新行为

2. 创新角色认同在评价方法与创新行为之间的中介作用

在严格的量化考核方式下,大学教师对自己的身份认同更多是源于在那些顶尖期刊上发表了多少篇论文[③]。而在以研究本身的价值为依据的同行评价中,大学教师对自己的身份认同似乎更多源于对知识的原创性贡献,这与教师内心更认同的以追求高深学问为旨趣的科研创新角色较为一致。基于上述分析,提出如下假设:

H₄ᵦ：同行评价方法通过创新角色认同促进大学教师主动性创新行为

---

① 严鸣,涂红伟,李骥.认同理论视角下新员工组织社会化的定义及结构维度[J].心理科学进展,2011(5)：624-632.

② 顾剑秀,裴蓓,罗英姿.研究型大学职称晋升评价制度对教师行为选择的影响——兼论大学教师发展模型的构建[J].中国高教研究,2020(7)：66-71.

③ ALVESSON M, SANDBERG J. Has management studies lost its way? Ideas for more imaginative and innovative research [J]. Journal of Management Studies,2013(1)：128-152.

3. 创新角色认同在评价标准与创新行为之间的中介作用

评聘制度如果完全遵从市场逻辑、仅以"数量"作为主要目标,那么大学似乎成了"工厂",教师误认为自己只是大学的"打工者"和实现大学发展的"工具",从而被动地接受管理者的指令和要求。然而,只有遵守学术逻辑,以"质量"或"创新"作为主要目标,才能发挥教师作为学者的主动进取和探索精神[1]。因此,质量或创新标准与大学教师内心更认同的以追求高深学问为旨趣的创新角色较为一致。基于上述分析,提出如下假设:

H_{4c}:质量或创新标准通过创新角色认同促进大学教师主动性创新行为

为更直观地呈现变量间关系,本研究绘制了研究假设汇总图,见图 3-1。

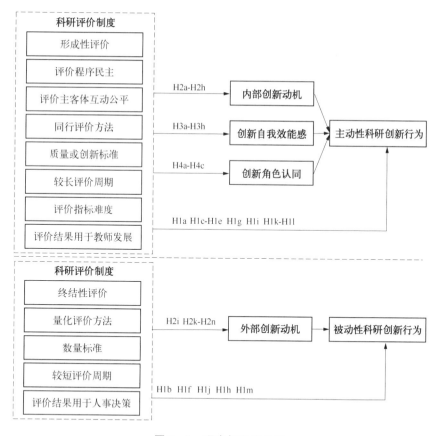

图 3-1 研究假设汇总图

---

① 王向东.大学教师评聘制度过度功利导向的负面影响及其控制——基于社会学制度主义的视角[J]. 现代大学教育,2015(2):88-94.

本 章 小 结

    本章以 MARS 模型、自我决定理论、自我效能理论和角色认同理论为理论基础,解释了科研评价制度通过个体内部因素的中介作用对大学教师创新行为产生的影响。以 MARS 模型为指导,明确了在科研评价制度对大学教师创新行为的影响机制中可能发挥中介作用的三个关键的个体内部因素,即科研创新动机、科研创新自我效能感和科研创新角色认同。在此基础上,以自我决定理论、自我效能理论和角色认同理论为指导,进一步论证了科研评价制度通过这三个关键的个体内部因素的中介作用对大学教师创新行为的影响。在明确了变量间的关系后,依据相关文献,提出了四个方面的研究假设,分别是科研评价制度对大学教师创新行为的影响、科研创新动机的中介作用、科研创新自我效能感的中介作用和科研创新角色认同的中介作用。

第四章

研究设计

研究假设提出后,围绕研究问题,本章采用解释性时序设计的混合研究方法,设计并实施了两个阶段的研究:第一阶段的定量研究检验了研究假设,第二阶段的质性研究揭示了研究假设成立或不成立的原因。定量研究部分主要通过问卷调查法收集数据,分三个步骤:首先,根据变量定义选取或设计测量题项;其次,开展预调查,发现问题并修正问题,确保问卷具有较高的可靠性和稳定性;最后,开展正式调查,收集能够支撑统计分析的数据。质性研究部分主要通过访谈法收集数据,分三个步骤:首先,围绕科研评价制度对大学教师创新行为产生影响的原因设计访谈提纲;其次,从参与问卷调查的样本中选取典型个案和关键个案进行半结构式访谈;最后,对访谈文本进行编码并构建类目表。

第一节 研 究 方 法

混合研究方法通过在单个或系列研究中综合使用定性和定量数据,用以回答一个研究问题或一系列相关问题,该方法可以弥补单独使用定性或定量方法时存在的不足[①]。解释性时序设计作为一种混合研究方法,旨在先用定量研究来收集和分析数据,然后通过定性研究来解释定量研究结果,因为当得到定量研究结果时,研究者常常对于结果产生的脉络情境并不知晓,需要定性数据来解释定量的显著结果、不显著结果、在不同组有差异的结果等[②]。本研究采用解释性

① 约翰·W.克雷斯维尔,薇姬·L.查克.混合方法研究:设计与实施(原书第2版)[M].游宇,陈福平,译.重庆:重庆大学出版社,2017:4.
② 约翰·W.克雷斯威尔.混合方法研究导论[M].李敏谊,译.上海:格致出版社,2015:42.

时序设计来深入探究科研评价制度对大学教师创新行为的影响,定量研究部分旨在构建科研评价制度对大学教师创新行为的影响模型,探究科研评价制度对大学教师创新行为的影响程度、影响机制和影响差异;质性研究部分旨在更深入地解释定量研究结果,揭示科研评价制度对大学教师创新行为产生影响的原因。

一、定量研究方法

1. 数据收集方法

问卷通过自陈式量表或非量表的方式收集被调查者的态度、价值观、认知、行为倾向等信息,本研究使用问卷以获得大学教师在科研创新动机、科研创新自我效能感、科研创新角色认同及科研评价制度认知等方面的信息。问卷设计主要包括文献研究、专家修正、预调查修正三个环节。文献研究是为确保问卷的科学性,对部分自变量(科研评价目的、科研评价主客体互动公平、科研评价程序民主)、中介变量(科研创新动机、科研创新自我效能感和科研创新角色认同)和因变量(主动性科研创新行为和被动性科研创新行为)进行测量,均使用国内外经典文献中的成熟量表,且对国外量表进行标准的翻译—回译程序处理;对部分自变量(科研评价周期、科研评价方法、科研评价标准、科研评价指标、科研评价结果应用)的测量,结合样本大学的科研评价制度文本自行编制。专家修正的目的是避免被调查教师对题项的理解存在偏差,确保题项能准确反映变量的内涵。本研究将问卷发给样本高校的11名专任教师(自然科学领域1名、工程科学领域2名、社会科学领域6名、人文学科领域2名),并在专家意见的基础上对题项进行修正。为保证大样本测试的效度和信度,通过预调查对未通过效度和信度检验的题项进行删减。

在问卷调查样本的选取方面,预调查样本的选取主要包括两个步骤:首先,通过目的性随机抽样方法,选取2019年世界大学学术排名(Academic Ranking of World Universities,ARWU)中前200的中国一流大学建设高校,共16所;其次,通过分层随机抽样方法,从样本大学的自然科学和工程科学领域分别抽取2个院系,其中,自然科学领域涵盖数学、物理学、化学、生物学等4个一级学科,工程科学领域涵盖机械工程、材料科学与工程、电气工程、控制科学与工程、计算机科学与技术、船舶与海洋工程等6个一级学科。通过学校官网搜集院系专职科研和教学科研并重岗位(不含教学为主型、行政管理、实验仪器管理等岗位的教师,这些岗位的教师较少开展科研工作)的教师的姓名、邮箱等基本信息之后,共获取 4 885 个专任教师样本。

正式调查进一步扩大了预调查的选样范围:首先,通过目的性随机抽样方法,选取 2020 年世界大学学术排名中前 300 的中国一流大学建设高校,共 29 所;其次,通过分层随机抽样方法,从样本大学的自然科学、工程科学、社会科学和人文学科领域分别抽取 3 个院系,其中,自然科学领域涵盖数学、物理学、化学、生物学、天文学、地理学、大气科学、海洋科学 8 个一级学科,工程科学领域涵盖机械工程、光学工程、仪器科学与技术、材料科学与工程、电气工程、电子科学与技术、信息与通信工程、控制科学与工程、计算机科学与技术、建筑学、土木工程、化学工程与技术、船舶与海洋工程、环境科学与工程 14 个一级学科,社会科学领域涵盖理论经济学、应用经济学、法学、政治学、社会学、管理科学与工程、工商管理 7 个一级学科,人文学科领域涵盖哲学、中国语言文学、外国语言文学、历史学 5 个一级学科。通过学校官网搜集院系专职科研和教学科研并重的教师的姓名、邮箱等基本信息之后,共获取 20 780 个专任教师样本。

2. 数据分析方法

对于回收的问卷数据,借助 IBM SPSS Statistic 26.0 软件、IBM SPSS Amos 26.0 软件和 PROCESS V3.3 插件,运用多元线性回归分析法分析科研评价制度对大学教师创新行为的影响程度;运用逐步法验证科研创新动机、科研创新自我效能感和科研创新角色认同的中介作用;运用层次检验法分析科研评价制度对大学教师创新行为影响的学科、年龄和学校层次差异。

二、质性研究方法

1. 数据收集方法

访谈是通过口头或书面谈话的方式了解受访者行为背后隐含意义的一种调查方式,由于质性部分需要研究大学教师在开展科学研究的过程中内心真实感受到的来自科研评价制度方面的促进或阻碍作用,因此,本研究通过访谈来收集资料。"根据访谈结构的控制程度,访谈分为结构型访谈、无结构型访谈和半结构型访谈。量的研究往往采用结构型访谈,以便对统一收集的数据进行统计分析。质的研究一般在开始阶段采用无结构型访谈,以了解被访者关心的问题,随着访谈的深入,会逐步转为半结构型访谈,重点就前面访谈中出现的重要问题以及尚存的疑问进行追问。"①质性阶段的问题较为明确,即对量化阶段研究结果产生的原因进行解释,因此,本研究采用半结构型访谈的形式,通过事先准备一个围绕具体问题的粗线条的访谈提纲,对受访者进行提问。

在访谈样本的选取方面,为展示和说明量化研究结果产生的脉络情境,本研究先后通过典型个案抽样和关键个案抽样选取两类样本。典型个案抽样选择的是具有一定代表性的个案,目的是了解研究现象的一般情况,展示和说明在此类现象中一个典型个案的具体表现形式②。依据量化研究结果,从参与问卷调查的样本中,抽取与量化结果一致或不一致的典型个案,旨在揭示一般情况下科研评价制度对大学教师创新行为产生影响的原因。关键个案抽样选择那些可以对事情产生决定性影响的个案进行研究,目的是将从这些个案中获得的逻辑推断推广至其他个案③。从典型个案中进一步选取取得原创性成果的教师进行关键个案研究,旨在从原创研究的探索过程中揭示科研评价制度对大学教师创新行为的影响原因。

2. 数据分析方法

根据库卡茨(U. Kuckartz)提出的质性文本主题分析框架,对访谈文本进行分析,主要有八个步骤:① 初步分析文本;② 创建主类目;③ 使用主类目编码所有数据;④ 编辑归属于同一主类目的所有文本段;⑤ 归纳式地创建子类目;⑥ 重新分析所有文本段,标记结构化的子类目;⑦ 案例的主题总结;⑧ 对主类目之间的关系进行深度诠释④。

第二节 变 量 测 量

本研究对变量的测量均严格遵循变量的定义,主要由量表和非量表两种类型的题项构成。量表题项采用李克特五级量表的形式,由多个题项构成,测量被调查者对事物的态度或者看法,数值越高,代表被调查者越满意,或者越认可、同意、喜欢的态度偏好。量表题项包括对评价目的、评价程序民主、评价主客体互

---

①   陈向明.质的研究方法与社会科学研究[M].北京:教育科学出版社,2000:171.

②   陈向明.质的研究方法与社会科学研究[M].北京:教育科学出版社,2000:107.

③   陈向明.质的研究方法与社会科学研究[M].北京:教育科学出版社,2000:108.

④   伍多·库卡茨.质性文本分析:方法、实践与软件使用指南[M].朱志勇,范晓慧,译.重庆:重庆大学出版社,2017:70-87.

动公平、创新动机、创新自我效能感、创新角色认同、主动性创新行为和被动性创新行为的测量,均借鉴的是国内外经典文献中的成熟量表,以确保量表具有良好的信度和效度。非量表题项采用单选题项或多选题项的形式,包括对评价方法、评价标准、评价周期、评价指标难度和评价结果应用的测量,这些题项均根据样本大学的科研评价制度文本自行编制,旨在了解变量所反映的基本现状。

1. 科研评价目的的测量

克里夫兰(J.N. Cleveland)等将组织对个体进行评价的目的分为两类:一种是为满足个体的需要,这一目的又可分为个体间比较和个体内部比较两小类,前者是评价者通过对不同个体的整体成绩进行比较,做出职务晋升和薪酬调整的决定,后者是评价者通过识别和使用个体优势和劣势的信息,确定个体培训和发展的需求;另一种是为了满足组织的需要,这一目的又可分为系统维护和记录两小类,前者是组织和实施评价的人力资源系统,后者是记录或解释人事决定的信息[1]。个体需要与组织需要存在一定的关联性,通过对不同个体进行比较,作出职务晋升和薪酬调整的决定,可以服务于组织的人力资源管理。因此,博斯韦尔(W.R. Boswell)和布德罗(J.W. Boudreau)在克里夫兰的基础上,将评价目的分为总结性评价和发展性评价,总结性评价与个体间比较类似,即评价者依据评价结果作出薪酬调整、职务聘任、职称晋升以及区分成绩优劣的决定;发展性评价与个体内部比较类似,即为了识别个体的优势和劣势、提供适当的反馈、明确个体培训的需求及确定岗位调整和任务安排[2]。

王斌华将上述两种评价目的应用到教师评价领域,区分了两种教师评价制度:一种是以奖惩为目的的教师评价制度,也称作终结性评价制度,通过对教师表现的评价结果,作出解聘、降级、晋级、加薪、增加奖金等决定;另一种是以促进教师发展为目的的教师评价制度,也称作形成性评价制度,在没有奖惩的条件下,促进教师的专业发展,它为教师相互评价优点和缺点提供了机会,为评价者与评价对象共同制定未来发展目标提供了机会[3]。因此,参考王斌华的定义,本研究将终结性科研评价定义为:通过对教师过去取得的科研成绩的评价,做出

① CLEVELAND J N, MURPHY K R, WILLIAMS R E. Multiple uses of performance appraisal: prevalence and correlates [J]. Journal of Applied Psychology, 1989(1): 130-135.
② BOSWELL W R, BOUDREAU J W. Employee satisfaction with performance appraisals and appraisers: the role of perceived appraisal use [J]. Human Resource Development Quarterly, 2000(3): 283-299.
③ 王斌华.发展性教师评价制度[M].上海:华东师范大学出版社,2000:114-116.

职务职级晋升、薪酬调整、奖励等决定；将形成性科研评价定义为：在不考虑奖惩的条件下，通过识别教师的优势和劣势，明确其培训需求和未来发展目标，进而促进其科研水平的提升。

对评价目的的测量，使用较为广泛的是克里夫兰编制的量表，其中形成性评价维度包含 4 个题项，终结性评价维度包含 6 个题项①。文鹏和廖建桥结合中国语境对该量表进行了小幅修改，最终形成的量表中，形成性评价维度包含 4 个题项，终结性评价维度包含 5 个题项②。本研究在文鹏和廖建桥修订的量表的基础上，结合大学教师科研的具体情境，编制了包含 6 个题项的科研评价目的量表，其中形成性科研评价维度和终结性科研评价维度各包含 3 个题项，为方便对各题项进行编号，科研评价目的以英文字母 P 来表征，见表 4 - 1。

表 4 - 1　科研评价目的的测量题项

维　度	编号	测　量　题　项
形成性科研评价	P1	为教师的进修或培训提供参考
	P2	帮助教师识别自身的优势和劣势
	P3	为教师确立清晰的发展目标
终结性科研评价	P4	为教师的职称晋升、薪酬调整、科研奖励等提供决策依据
	P5	为判断教师的科研水平提供依据
	P6	对教师过去取得的科研成绩的评价

2. 科研评价方法的测量

"评价方法是指评价中使用的工具或手段，包括定量评价法和定性评价法。定性评价法是评价专家通过观察、阅读、讨论等对评价对象用文字语言进行相关描述的方法；定量评价法是在定性分析的基础上最终用数学语言进行描述的方法。"③科研评价方法是评价方法在大学教师科研评价领域的具体化，其中定量

---

① CLEVELAND J N，MURPHY K R，WILLIAMS R E. Multiple uses of performance appraisal：prevalence and correlates [J]. Journal of Applied Psychology，1989(1)：130 - 135.

② 文鹏，廖建桥.不同类型绩效考核对员工考核反应的差异性影响——考核目的视角下的研究[J].南开管理评论，2010(2)：142 - 150.

③ 叶继元.人文社会科学评价体系探讨[J].南京大学学报(哲学·人文科学·社会科学版)，2010(1)：97 - 110.

评价法是指"对被评价对象的科研成果的数量和等级进行评价的一种方法"[①]；定性评价法是指"同行专家对被评价对象的'学术代表作'的质量和水平进行评价的一种方法"[②]。根据样本大学科研评价制度文本对评价方法的描述,本研究将科研评价方法划分为 4 种不同类型,分别是以成果数量和等级为基础的定量评价为主,同行专家评价为辅；以代表性成果为基础的同行专家评价为主,定量评价为辅；只使用定量评价；只使用同行专家评价。

3. 科研评价标准的测量

"评价标准是指人们在评价活动中应用于对象的价值尺度和界限"[③]。科研评价标准是评价标准在大学教师科研评价领域的具体化,即一种应用于衡量教师科研成果价值或科研水平高低的价值尺度和界限。根据样本大学科研评价制度文本对评价标准的描述,本研究将社会科学和人文学科领域的科研评价标准划分为 7 种类型,分别是科研成果的数量、科研成果的质量、科研成果的创新性、科研成果的学术影响力、科研成果对文明传承的实质贡献、科研成果对服务党政决策的实质贡献和科研成果对解决经济社会发展问题的实质贡献；将自然科学和工程科学领域的科研评价标准划分为 6 种类型,分别是科研成果的数量、科研成果的质量、科研成果的创新性、科研成果的学术影响力、科研成果对服务国家重大需求的实质贡献和科研成果对解决经济社会发展问题的实质贡献。

"质量包含两方面的内容:一方面是本质质量,即被评价对象的内在特性或特征,另一方面是评价质量,即评价主体对被评价对象满足明确或隐含需求能力的评价"[④]。在本研究划分的评价标准中,科研成果的质量反映的是本质质量,科研成果的学术影响力、对文明传承的实质贡献、对服务党政决策的实质贡献、对服务国家重大需求的实质贡献、对解决经济社会发展问题的实质贡献,满足了学术共同体、社会公众、党政团体、国家、社会等不同利益相关者的需求,反映的是评价质量。因此,科研评价标准可以进一步概括为 3 类,分别是数量标准、质量标准和创新标准。

---

① 蒋洪池,李文燕.基于学科文化的大学教师学术评价制度构建策略探究[J].高教探索,2015(11)：26－31.
② 高军.研究型大学教师同行评议中的三对关系[J].现代教育管理,2013(1)：80－84.
③ 叶继元.人文社会科学评价体系探讨[J].南京大学学报(哲学·人文科学·社会科学版),2010(1)：97－110.
④ 杨建林,朱惠,潘雪莲,等.以质量和创新为导向的人文社会科学学术评价研究[J].情报理论与实践,2012(5)：25－27.

4. 科研评价周期的测量

科研评价周期是指开展科研评价活动的时间间隔。根据样本大学科研评价制度文本对评价周期的描述,本研究将聘期考核(期满)的周期划分 3 个时间段,分别是 1～3 年、4～6 年、7 年及以上;将晋升的周期划分为 3 个时间段,分别是 1～2 年、3～4 年、5 年及以上;年度考核和科研奖励的周期均为 1 年。

5. 科研评价指标难度的测量

科研评价指标是科研评价标准的具体化,即"把评价对象的各个方面或各个要素具体为可测量的因素"①。根据样本大学科研评价制度文本对评价指标的描述,常见的科研评价指标主要包括论文、专著、专利、项目、奖项等。本研究将科研评价指标划分为 3 种类型,分别是成果、项目、奖项,其中成果包括论文、专著和专利。大学对各项评价指标的数量要求是科研评价指标难度的直观体现,根据样本大学科研评价制度文本中对不同评价指标的重视程度,对不同评价指标赋予不同的权重。

在人文社会科学领域,折算的公式为指标数量要求＝成果数量要求×40％＋项目数量要求×40％＋奖项数量要求×20％,其中,成果数量要求＝非权威期刊的中文社会科学引文索引(Chinese Social Science Citation Index,CSSCI)论文＋2×国内权威中文期刊(国内顶尖中文期刊除外)论文＋3×《中国社会科学》等国内顶尖中文期刊论文＋3×SSCI/艺术和人文科学引文索引(Arts & Humanities Citation Index,A&HCI)论文＋2×学术专著＋0.5×学术译著＋省部级以上党政部门采纳的决策咨询报告,项目数量要求＝省部级科研项目＋2×国家社会科学基金一般项目或青年项目＋3×国家社会科学重大项目(或重点项目)或教育部人文社会科学重大课题攻关项目＋年均到账 10 万及以上科研经费,奖项数量要求＝省部级科研成果奖＋2×高等学校科学研究优秀成果奖或入选国家哲学社会科学成果文库。在自然工程科学领域,折算的公式为指标数量要求＝成果数量要求×40％＋项目数量要求×40％＋奖项数量要求×20％,其中,成果数量要求＝科学引文索引(Science Citation Index,SCI)三区或四区的论文＋2×SCI一区或二区(世界顶尖期刊除外)的论文＋3×*Nature*、*Science* 等世界顶尖期刊论文＋0.5×EI论文＋国家授权发明专利＋行业标准＋2×国家标准＋省部级以

---

① 韩明.高校管理与党建工作(笔谈)[J].华南师范大学学报(社会科学版),2009(4):133－135.

上新技术或新工艺或新产品,项目数量要求＝省部级科研项目＋2×国家自然科学基金面上项目或青年项目＋3×国家自然科学重大项目或重点项目＋4×国家重点研发计划项目＋年均到账 60 万及以上科研经费,奖项数量要求＝省部级科研成果奖＋2×国家级科研成果奖。需要指出的是,以上科研业绩并非同时需要满足,教师在填写问卷时只选择需要满足的一项或多项作答;上述折算公式是为方便量化评价指标的难度而主观设置的比例,不具有普遍性,不可对其过度解释或简单迁移。

6. 科研评价程序民主的测量

民主可以从广义和狭义两个层面上来理解,"广义上的民主泛指在社会生活的各个领域中实行按照多数人的意志进行决定的社会活动机制,狭义民主即民主政治,主要表现为国家政治制度层面的民主,即在公民能够自由平等地发表意见的基础上,根据多数人的意愿进行决定的国家政治制度及运行机制"①。"程序民主也称民主程序,是与实体民主相对而言的,关心的是民主的步骤与进程,指的是在实现民主过程中的先后顺序及其有关制度性规定"②。综合广义上的民主和程序民主的概念,本研究将科研评价程序民主定义为:多数大学教师参与科研评价制度的制定和执行过程。但在科研评价程序民主的测量方面,并没有与程序民主直接相关的量表可以借鉴。

鉴于参与式决策与程序民主的概念较为接近,是指个体参与组织的决策过程,因此,本研究借鉴的是阿利格(J. Alege)和基瓦(R. Chiva)编制的包含 3 个题项的参与式决策量表③。在该量表的基础上,结合大学教师科研的具体情境,编制了包含 2 个题项的科研评价程序民主量表,为方便对各题项进行编号,科研评价程序民主以英文字母 D 来表征,见表 4-2。

表 4-2　科研评价程序民主的测量题项

维　度	编号	测　量　题　项
科研评价程序民主	D1	学校人事部门经常邀请我参与科研评价制度的制定与实施
	D2	我的参与对科研评价制度的制定与实施能够产生影响

① 李良栋.论民主共性与个性的统一[J].中共中央党校学报,2004(4):114-116.
② 韩强.程序民主论[M].北京:群众出版社,2002:40.
③ ALEGRE J, CHIVA R. Assessing the impact of organizational learning capability on product innovation performance: an empirical test [J]. Technovation, 2008(6):315-326.

7. 科研评价主客体互动公平的测量

比斯(R.J. Bies)和莫格(J.F. Moag)首次提出了"互动公平(Interactional Justice)"的概念,强调了个体对在制定或实施决策程序中领导人所表现出的人际交往质量的关注[1]。泰勒(T.R. Tyler)和比斯认为,互动公平包括两方面的内容:一方面是为分配决定提供明确和充分的解释或理由;另一方面是在执行程序的过程中尊重每位受众的尊严[2]。格林伯格(J. Greenberg)进一步将互动公平划分为"人际公平(Interpersonal Justice)"和"信息公平(Informational Justice)"两个维度。人际公平指领导尊重员工并照顾其主观感受,信息公平指对决策过程或分配结果作出清晰和准确的解释[3]。本研究参考泰勒和格林伯格对互动公平的定义,将科研评价主客体互动公平定义为:在科研评价制度的制定和执行过程中,管理者对教师给予充分的尊重,并就评价过程或评价结果向教师作出准确和充分的解释。

对于互动公平的测量,目前较为广泛使用的有两个量表:一个是穆尔曼(R.H. Moorman)根据比斯和莫格对互动公平的定义编制的包含 6 个题项的量表[4];另一个是科尔基特(J.A. Colquitt)根据格林伯格对互动公平的定义编制的包含 9 个题项的量表,其中人际公平维度和信息公平维度分别包含 4 个和 5 个题项[5]。由于穆尔曼的量表在信息公平的测量方面,只涉及对分配结果的解释,没有关注对决策过程的解释,而科尔基特的量表兼顾了对分配结果和决策过程的解释。因此,本研究对科研评价主客体互动公平的测量,主要参考的是科尔基特的量表。考虑到原量表中人际公平维度的题项间的相似度较高,根据大学教师科研评价的具体情境,将这 4 个题项合并为 1 个题项,并将此题项与信息公平

① BIES R J, MOAG J F. Interactional justice: communication criteria of fairness [M]//LEWICKI R J, SHEPPARD B H, BAZERMAN M H. Research on negotiations in organizations. Greenwich, CT: JAI Press, 1986: 43 - 55.

② TYLER T R, BIES R J. Beyond formal procedures: the interpersonal context of procedural justice [M]//CARROLL J. Applied social psychology and organizational settings. Hillsdale, NJ: Erlbaum, 1990: 77 - 98.

③ GREENBERG J. The social side of fairness: interpersonal and informational classes of organizational justice [M]//CROPANZANO. Justice in the workplace: approaching fairness in human resource management. Hillsdale, NJ: Erlbaum, 1993: 79 - 103.

④ MOORMAN R H. Relationship between organizational justice and organizational citizenship behaviors: do fairness perceptions influence employee citizenship [J]. Journal of Applied Psychology(6), 845 - 855.

⑤ COLQUITT J A. On the dimensionality of organizational justice: a construct validation of a measure [J]. Journal of Applied Psychology, 2001(3): 386.

维度的题项合并,最终形成的量表将人际公平和信息公平两个维度合并为互动公平一个维度,包含 3 个题项,为方便对各题项进行编号,科研评价主客体互动公平以英文字母 J 来表征,见表 4‒3。

表 4‒3 科研评价主客体互动公平的测量题项

维 度	编号	测 量 题 项
	J1	院系管理者会在评价过程中表现出对我的尊重
主客体互动公平	J2	当我在评价过程中遇到问题时,院系管理者会与我进行交流
	J2	院系管理者会就我个人的评价结果与我进行沟通

8. 科研评价结果应用的测量

评价结果应用是指"将评价结果与薪酬制度、任免制度、培训制度、教育资金的分配制度紧密结合起来,以评价结果为依据和准绳,实施相应的激励和约束"①。大学教师评价结果应用的途径主要包括三个方面:依据评价结果实行薪酬制度、人事任免与晋升以及开展有针对性的培训②。由于科研是大学教师评价的主要内容之一,科研评价结果应用也相应地与教师的薪酬、晋升、培训等密切相关。在样本大学的科研评价制度文本中,对评价结果应用有明确规定的主要是年度考核和聘期考核,参考制度文本中的相关表述,本研究将年度考核和聘期考核结果应用的途径划分为 5 种类型,分别是职务职级评定、薪资和福利调整、岗位聘任、奖励和惩罚、进修和培训。由于职务职级评定、薪资和福利调整、岗位聘任、奖励和惩罚均与大学人事决策相关,而进修和培训则与教师发展相关,因此,科研评价结果应用可概括为应用于人事决策和应用于教师发展两类。

9. 科研创新自我效能感的测量

班杜拉在社会认知理论的基础上,首次提出了"自我效能感(Self-Efficacy)"的概念,即个体对自己成功执行产生某种成果所需行为的能力信念③。蒂尔尼

---

① 李正,李菊琪.我国高校教师绩效评价结果应用的若干问题[J].黑龙江高教研究,2007(3):119‒122.
② 李正,李菊琪.我国高校教师绩效评价结果应用的若干问题[J].黑龙江高教研究,2007(3):119‒122.
③ BANDURA A. Self-efficacy: toward a unifying theory of behavioral change [J]. Psychological Review, 1977(2): 191‒215.

(P. Tierney)和法梅尔(S.M. Farmer)将自我效能理论与阿玛比尔(T.M. Amabile)的创造力理论相结合,进一步提出了"创新自我效能感(Creative Self-Efficacy)"的概念,即个体对自己取得创新成果能力的信念①。与班杜拉只注重取得创新成果不同的是,蒂尔尼和法梅尔还注重个体在工作过程中产生的解决问题的新方法。因此,"创新自我效能感实质上不仅是指对于获取创新成果的信念,还包括对工作过程中采取创造性方法的信念"②。根据蒂尔尼和法梅尔对创新自我效能感的定义,本研究将科研创新自我效能感定义为:大学教师对自己在研究过程中提出和应用创新方法以及取得创新成果的信念。

在创新自我效能感的测量方面,目前使用较为广泛的有两个量表:一个是蒂尔尼和法梅尔开发的包含 3 个题项的创新自我效能感量表③,另一个是卡梅尔(A. Carmeli)和索布洛克(J. Schaubroeck)④在陈(G. Chen)等⑤开发的一般效能感量表的基础上,改编的包含 8 个题项的创新自我效能感量表。当参考卡梅尔和索布洛克的量表编制科研创新自我效能感量表时,发现部分题项的措辞较为模糊,可能导致被调查者对其含义有不同理解,如"与其他人相比,我可以创造性地完成多数任务"中的"其他人","我能够创造性地应对许多挑战"中的"许多挑战",指代内容均不清晰;同时,部分题项之间彼此重复,如"即使任务很难,我依旧可以创造性地完成"和"当面对艰巨的任务时,我相信我可以创造性地完成"的意思较为接近。因此,本研究主要参考蒂尔尼和法梅尔的创新自我效能感量表,并结合大学教师科研的具体情境,编制了包含 3 个题项的科研创新自我效能感量表,为方便对各题项进行编号,科研创新自我效能感以英文字母 E 来表征,见表 4 - 4。

① TIERNEY P, FARMER S M. Creative self-efficacy: its potential antecedents and relationship to creative performance [J]. Academy of Management Journal, 2002(6): 1137 - 1148.
② 顾远东,彭纪生. 组织创新氛围对员工创新行为的影响:创新自我效能感的中介作用[J]. 南开管理评论,2010(1): 30 - 41.
③ TIERNEY P, FARMER S M. Creative self-efficacy: its potential antecedents and relationship to creative performance [J]. Academy of Management Journal, 2002(6): 1137 - 1148.
④ CARMELI A, SCHAUBROECK J. The influence of leaders' and other referents' normative expectations on individual involvement in creative work [J]. The Leadership Quarterly, 2007(1): 35 - 48.
⑤ CHEN G, GULLY S M, EDEN D. Validation of a new general self-efficacy scale [J]. Organizational Research Methods, 2001(1): 62 - 83.

表4-4　科研创新自我效能感的测量题项

维　度	编号	测　量　题　项
科研创新自我效能感	E1	我能够找到解决研究问题的新方法
	E2	我对自己创新性解决研究问题的能力有信心
	E3	我相信自己取得的研究成果具有创新性

10. 科研创新动机的测量

阿玛比尔等将与创新活动相关的动机分为内部动机和外部动机,内部动机是指个体活动主要受兴趣、愉悦感、自我决定感以及活动的挑战性和意义等内部因素驱动;外部动机是指个体活动主要受获得物质报酬、得到他人认可、在竞争中获胜、服从外部要求等外部因素驱动[①]。德西和莱恩提出的有机整合理论,根据自我决定的程度将动机划分为四种类型:一是外部调节,指依赖于外部条件,为获得行为所能带来的工具性结果而从事活动的动机;二是摄入调节,指个体吸收但并没有完全同化外部规范或价值,为避免焦虑、愧疚或为提高自尊而从事活动的动机;三是认同调节,指个体认同所从事活动的价值,感觉到活动对自身是重要的而从事活动的动机;四是整合调节,指个体认同活动的价值并整合为自我价值而从事活动的动机[②]。尽管德西和莱恩将动机划分为四种类型,但认同调节和整合调节的自我决定程度较高,与内部动机的作用效果较为接近,可以将其划入内部动机的范畴,而外部调节和摄入调节的自我决定程度较低,与外部动机的作用效果较为接近,可以将其划入外部动机的范畴。因此,动机主要包括内部动机和外部动机两种类型。本研究借鉴阿玛比尔等对创新动机的定义,将科研创新内部动机定义为:大学教师从事科研创新活动的动力来源于他们对创新活动的兴趣、在从事创新活动的过程中体会到的愉悦感及创新活动本身的挑战性和意义。将科研创新外部动机定义为:大学教师从事科研创新活动的动力来源于薪酬、奖励、职称晋升及他人认可。

① AMABILE T M, HILL K G, HENNESSEY B A, et al. The work preference inventory: assessing intrinsic and extrinsic motivational orientations [J]. Journal of Personality and Social Psychology, 1994(5): 950-967.
② RYAN R M, DECI E L. Self-determination theory and the facilitation of intrinsic motivation, social development, and well-Being [J]. American Psychologist, 2000(1): 68-78.

在创新动机的测量方面，目前使用较为广泛的是阿玛比尔等开发的包含 30 个题项的工作倾向量表①。本研究在该量表的基础上，结合大学教师科研创新的具体情境，编制了包含 30 个题项的科研创新动机量表，其中挑战性科研创新动机维度包含 7 个题项，热衷性科研创新动机维度包含 8 个题项，补偿性科研创新动机维度包含 5 个题项，认可性科研创新动机维度包含 10 个题项，为方便对各测量题项进行编号，科研创新动机以英文字母 M 来表征，见表 4-5。

表 4-5　科研创新动机的测量题项

维度	编号	测量题项
挑战性科研创新动机	M1	我乐于尝试探索全新的研究问题
	M2	我乐于尝试解决复杂的研究问题
	M3	研究问题越困难，我越想尝试解决它
	M4	我希望在研究过程中能够不断积累知识和提高技能
	M5	好奇心推动我努力从事研究工作
	M6	我更倾向于从事有把握的研究，而不是挑战自己能力的研究（反向题）
	M7	我比较喜欢简单明了的研究工作（反向题）
热衷性科研创新动机	M8	我想知道自己在研究工作方面能够做到多好
	M9	兴趣吸引我努力开展研究工作
	M10	享受研究的过程
	M11	有一个展现自己研究才能的平台非常重要
	M12	无论研究结果如何，只要有所收获，我就很满意了
	M13	如果可以自行设定研究目标，我会感到更自在
	M14	我常沉浸在研究过程中，以至于忘掉了周围人、事、物的存在
	M15	能够做让我乐在其中的研究工作是非常重要的
补偿性科研创新动机	M16	实现职称晋升激励我努力从事研究工作
	M17	获得学术奖励和荣誉激励我努力从事研究工作

① AMABILE T M, HILL K G, HENNESSEY B A, et al. The work preference inventory: assessing intrinsic and extrinsic motivational orientations [J]. Journal of Personality and Social Psychology, 1994(5): 950-967.

维 度	编号	测 量 题 项
补偿性科研创新动机	M18	我很少考虑奖励和晋升(反向题)
	M19	获得经济回报激励我努力从事研究工作
	M20	只要能够做自己喜欢的研究,我不在乎奖酬和晋升(反向题)
认可性科研创新动机	M21	我渴望得到其他人对自己研究工作的认可
	M22	我希望其他人知道我在研究工作方面做得多好
	M23	成功的研究意味着比其他人做得更好
	M24	我只有清楚研究工作带来的回报,才能够做好研究工作
	M25	我认为如果没有人知道的话,研究做得再好也没有意义
	M26	我很关注其他人对我的研究结果的反应
	M27	外部要求和规划越明确,我越喜欢
	M28	我不太关心我从事什么研究工作,而关心我能够得到什么
	M29	我并不在乎其他人如何看待我的研究工作(反向题)
	M30	我更希望组织或团队领导人能够为我的研究工作制定明确的要求和规划

11. 科研创新角色认同的测量

麦考尔和西蒙斯在符号互动理论的基础上,首次提出了"角色认同(Role-Identity)"的概念,即个体作为某一特定社会位置的占有者为自己设计的性格和角色①。与麦考尔和西蒙斯不同的是,斯特赖克和伯克强调环境和自我的互动对角色认同形成的影响②。斯特赖克将角色认同定义为,当个体被任命为某一特定社会位置的占有者时,其行为会被社会赋予一定期望,而人们反思性地将期望内化于自身③。伯克将角色认同定义为,个体根据其被某一特定社会位置赋予的自我概念和自我认知,将自己定义为某一特定社会范畴的成员④。法梅

---

① MCCALL G J, SIMMONS J L. Identities and interactions: an examination of human associations in everyday life [M]. New York: Free Press, 1978: 67 - 68.

② STRYKER S, BURKE P. The past, present, and future of an identity theory [J]. Social Psychology Quarterly, 2000(4): 284 - 297.

③ STRYKER S. Identity salience and role performance: the relevance of symbolic interaction theory for family research [J]. Journal of Marriage and the Family, 1968(4): 558 - 564.

④ BURKE P. The self: measurement requirements from an interactionist perspective [J]. Social Psychology Quarterly, 1980(1): 18 - 29.

尔等将斯特赖克和伯克的角色认同理论应用到创新领域,进一步提出了"创新角色认同(Creative Role Identity)"的概念,即个体将自己定义为具有创造性的主体[①]。根据伯克对角色认同的定义和法梅尔等对创新角色认同的定义,本研究将科研创新角色认同定义为:大学教师根据外部要求和自我认知,将自己定义为具有创造性的科研从业者。

在创新角色认同的测量方面,法梅尔等[②]在卡莱罗(P.L. Callero)[③]开发的角色认同量表的基础上,编制了5个题项的量表,但经因素分析后,发现2个题项与量表的关联度较低,最终形成了3个题项的量表。本研究在法梅尔等改编的量表基础上,结合大学教师科研的具体情境,编制了包含3个题项的科研创新角色认同量表,为方便对各题项进行编号,科研创新角色认同以英文字母I来表征,见表4-6。

表4-6 科研创新角色认同的测量题项

维 度	编号	测 量 题 项
	I1	我认为自己是有创造性的
创新角色认同	I2	我不清楚自己是否是一个具有创造性的科研工作者(反向题)
	I3	做一名创造性的科研工作者是我教师角色的重要组成部分

12. 主动性科研创新行为的测量

本研究对大学教师主动性科研创新行为的定义是:大学教师自发地开展科研创新,为未来科研创新进行充分的资源与思维准备,努力克服科研创新过程中出现的各种困难,在失败中吸取教训并不断尝试新方法的行为。

对于大学教师主动性科研创新行为的测量,参考的是赵斌等编制的科技人员主动创新行为量表,该量表共6个维度,分别是渴望创新、思维准备、资源准备、不畏困难、克服困难、坚韧性,包含27个题项[④]。考虑到原量表中每个维度

① FARMER S M, TIERNEY P, KUNG-MCINTYRE K. Employee creativity in Taiwan: an application of role identity theory [J]. Academy of Management Journal, 2003(5): 618-630.
② FARMER S M, TIERNEY P, KUNG-MCINTYRE K. Employee creativity in Taiwan: an application of role identity theory [J]. Academy of Management Journal, 2003(5): 618-630.
③ CALLERO P L. Role-identity salience [J]. Social Psychology Quarterly, 1985, 48: 203-215.
④ 赵斌,栾虹,李新建,等.科技人员主动创新行为:概念界定与量表开发[J].科学学研究,2014(1): 148-157.

内部题项间的相似度较高,根据大学教师科研的具体情境,删除了部分重复的题项,并将 6 个维度合并成 1 个维度,最终形成的量表共有 11 个题项,为方便对各题项进行编号,主动性科研创新行为以英文字母 Z 来表征,见表 4-7。

表 4-7　主动性科研创新行为的测量题项

维　度	编号	测　量　题　项
主动性创新行为	Z1	敏锐地发现专业领域中有价值的研究问题
	Z2	主动寻求解决研究问题的更好的新方法
	Z3	经常与本专业或其他专业领域的专家交流
	Z4	想办法寻找相关的资源(技术、资金、人员、信息)支持
	Z5	预估可能遇到的问题,并探寻解决的路径
	Z6	充分分析各种方案的可行性
	Z7	勇于承担创新失败的责任
	Z8	想方设法克服研究过程中遇到的各种困难
	Z9	耐心地重复试验
	Z10	努力尝试多种方案
	Z11	屡次失败后,也不会轻言放弃

13. 被动性科研创新行为的测量

本研究对被动性科研创新行为的定义是:在科研评价制度压力下,大学教师被动地寻求能够在短期内出成果的研究问题,并主要凭借过去的经验,通过调整方式方法、分解研究、降低自我要求等方式达到考核评价要求的行为。

对于大学教师被动性科研创新行为的测量,参考的是赵斌等编制的被动创新行为量表,该量表共 3 个维度,分别是应付性创新、权益性创新、服从性创新,包含 18 个题项[①]。鉴于应付性创新与大学教师被动从事科研的具体情境较为接近,本研究在该维度基础上编制的量表共 1 个维度,包含 4 个题项,为方便对各题项进行编号,被动性科研创新行为以英文字母 B 来表征,见表 4-8。

---

① 赵斌,刘开会,李新建,等.员工被动创新行为构念界定与量表开发[J].科学学研究,2015(12):1909-1919.

表 4 - 8   被动性科研创新行为的测量题项

维　度	编号	测　量　题　项
	B1	倾向于寻求难度较小的、能够在短时间内出成果的研究问题
被动性创新行为	B3	通过小幅调整已有研究的内容或方法进行创新
	B4	将研究发现分割成若干小的研究结果去发表
	B7	通过降低自我要求的方式避开研究过程中遇到的困难

第三节   预调查数据收集与量表质量检验

一、数据收集

"预测试是指使用小量数据对问卷质量进行判断,发现问题并修正问题,以减少正式分析问卷时可能出现的问题,如果量表是由英文直接翻译过来的,则应该使用预测试"[①]。由于本研究使用的部分量表是由国外文献中的量表直接翻译而来,为保证量表的有效性和可靠性,有必要在正式调查之前选择小样本进行预试。

研究通过问卷星平台向 2019 年世界大学学术排名中前 200 的 16 所中国一流大学建设高校自然和工程科学领域的 4 885 位专任教师发放问卷,发放时间是 2019 年 9 月 10 日至 2019 年 10 月 31 日。以问卷星平台的 3 种邮件发送状态,即"打开未访问""访问未填写"和"有效问卷",作为邮件发送成功标准。共发放问卷 3 609 份,回收有效问卷 153 份,有效样本回收率为 4.2%。在样本容量方面,吴明隆认为,预试样本数最好为量表(题项数最多的一份量表)题项数的 5 倍[②]。题项数最多的科研创新动机量表共 30 个题项,回收的有效样本数是该量表题项数的 5 倍以上,满足了因素分析的样本量要求。预调查样本的基本特征见表 4 - 9。

①   周俊.问卷数据分析:破解 SPSS 的六类分析思路[M].北京:电子工业出版社,2017:216.
②   吴明隆.问卷统计分析实务[M].重庆:重庆大学出版社,2010:207.

表 4 - 9 预调查样本的人口统计学特征($N = 153$)

样本特征	分类标准	数量	百分比	样本特征	分类标准	数量	百分比
研究类型	基础研究	71	46.67%	科研工作年限	5 年及以下	7	4.58%
	应用研究	75	49.02%		6～10 年	27	17.65%
	开发研究	2	1.31%		11～15 年	43	28.10%
年龄	35 岁及以下	22	14.38%		16～20 年	23	15.03%
	36～50 岁	104	67.97%		20 年以上	53	34.64%
	51 岁及以上	27	17.65%	学科	自然科学	64	41.83%
职称	中级	9	5.82%		工程科学	89	58.17%
	副高级	70	45.75%	岗位	研究为主型	40	26.14%
	正高级	74	48.37%		教学研究并重型	113	73.86%
人才计划	省部级以上	41	26.80%				
	无	112	73.20%	科研奖励	省部级以上	84	54.90%
					无	69	45.10%

二、量表的质量检验

预试问卷施测完后,为检验问卷的质量,要进行项目分析、效度检验和信度检验。项目分析是探究高低分的受试者在每个题项的差异,效度是指能够测到该测验欲测心理或行为特质的程度,信度是经由多次复本测量所得结果的一致性或稳定性[①]。

1. 项目分析

"项目分析的判别指标中,最常用的是临界比值法(Critical Ration,CR),此法又称为极端值法,主要目的是求出问卷个别题项的决断值——CR 值,CR 值又称临界比。它是根据测验总分区分出高分组受试者与低分组受试者后,再求高、低两组在每个题项的平均数差异的显著性。进行项目分析后再将未达显著水平的题项删除。"[②]本研究首先通过临界比值法来检验测量题项是否具有较好的鉴别度。项目分析的结果表明,各测量题项的临界比值均达到显著,具有较好

---

① 吴明隆.问卷统计分析实务[M].重庆:重庆大学出版社,2010:158 - 238.
② 吴明隆.问卷统计分析实务[M].重庆:重庆大学出版社,2010:159.

的鉴别度。

　　2. 效度检验

　　效度分析常见的是结构效度,"结构效度指测量题项与测量变量之间的对应关系"[1]。结构效度检验的方法主要有两种:一种是探索性因素分析,另一种是验证性因素分析。"在量表或问卷编制的预试上,都会先进行探索性因素分析,不断尝试,以求得量表最佳结构,建立问卷的建构效度"[2]。因此,本研究先将题项纳入探索性因素分析的程序中,以检验预调查问卷的结构效度。探索性因素分析的过程中,需要先依据 KMO 和 Bartlett 检验判断量表是否适合进行因素分析。"当 0.6<KMO 值≤0.7 时,表示题项变量间的关系是普通的,题项变量间勉强可进行因素分析,当 0.7<KMO 值≤0.8 时,表示题项变量间的关系是适中的,题项变量间尚可进行因素分析,当 0.8<KMO 值≤0.9 时,表示题项变量间的关系是良好的,题项变量间适合进行因素分析,当 KMO 值>0.9 时,表示题项变量间的关系是极佳的,题项变量间极适合进行因素分析"[3]。"当 Bartlett 检验达到 0.05 显著水平时,变量的数据文件适合进行因素分析"[4]。在确定适合进行因素分析之后,需要检验共同因素的结构,一方面是从共同因素中剔除因素负荷相对较低的题项,"因素负荷量反映了题项变量对各共同因素的关联程度,其值愈大,题项变量能测量到的共同因素特质愈多"[5],因素负荷量大于 0.55 时的题项变量状况较为理想[6];另一方面是根据原先编制的理论架构,删除或增列题项。

　　科研评价目的量表的效度检验。科研评价目的量表的 KMO 值为 0.756,Bartlett 球形检验的显著性为 0.001,表明该量表尚可进行因素分析。科研评价目的量表的预期题项变量为 2 个因素,但经因素旋转之后获得的题项分布与预期表现并不一致,P6 和 P7 预期应归属于因素 2,但实际却归属于因素 1。根据吴明隆的建议,"在一个共同因素中若是包含不同向度的题项,使用者可保留题项较多的构面,而删除非归属于原构面中因素负荷量最大的题项"[7],应先删除

---

① 周俊.问卷数据分析:破解 SPSS 的六类分析思路[M].北京:电子工业出版社,2017:45.
② 吴明隆.结构方程模型(第 2 版)[M].重庆:重庆大学出版社,2010:212.
③ 吴明隆.问卷统计分析实务[M].重庆:重庆大学出版社,2010:208.
④ 吴明隆.问卷统计分析实务[M].重庆:重庆大学出版社,2010:217.
⑤ 吴明隆.问卷统计分析实务[M].重庆:重庆大学出版社,2010:200.
⑥ 吴明隆.问卷统计分析实务[M].重庆:重庆大学出版社,2010:201.
⑦ 吴明隆.问卷统计分析实务[M].重庆:重庆大学出版社,2010:484.

P5。但根据本研究对形成性科研评价和终结性科研评价的定义,"对教师过去取得的科研成绩的评价"除与终结性科研评价相关之外,还与形成性科研评价有某种程度的相关性,即根据对教师过去取得的科研成绩的评价,作为反馈优势和不足、培训需求识别的依据,而"为判断谁优谁劣提供依据"更偏重于终结性科研评价。因此,先删除的测量题项是因素归属不清晰的 P6,删除 P6 之后的因素分析结果,见表 4-10。由表 4-10 可知,在删除 P6 之后,科研评价目的量表经因素旋转之后获得的累积方差解释率为 86.697%,高于删除 P6 之前的累积方差解释率,题项与因素对应关系结构符合原先编制的概念测量架构,而且各个题项均可以有效地表达因素概念(因素负荷均大于 0.55)。因此,本研究使用的测量题项可以有效地表达科研评价目的的概念信息。

表 4-10　预调查"科研评价目的"量表的探索性因素分析结果

测 量 题 项	因 素 负 荷	
	1	2
P2	**0.963**	0.055
P1	**0.944**	0.103
P3	**0.928**	0.02
P4	0.007	**0.906**
P5	0.106	**0.899**
特征值	2.691	1.644
解释变异量(%)	53.82	32.877
累积解释变异量(%)	53.82	86.697

科研评价主客体互动公平量表的效度检验。科研评价主客体互动公平量表的 KMO 值为 0.738,Bartlett 检验的显著性为 0.001,表明该量表适合进行因素分析。科研评价主客体互动公平量表的探索性因素分析结果,见表 4-11。由表 4-11 可知,科研评价主客体互动公平量表旋转前的累积方差解释率为83.851%,各个题项均可以有效地表达因素概念(因素负荷均大于 0.55)。因此,本研究使用的测量题项可以有效地表达科研评价主客体互动公平的概念信息。

表 4－11 预调查"科研评价主客体互动公平"量表的探索性因素分析结果

测 量 题 项	因 素 负 荷
J1	0.891
J2	0.92
J3	0.935
特征值	2.516
解释变异量(%)	83.851
累积解释变异量(%)	83.851

科研评价程序民主量表的效度检验。科研评价程序民主量表的 KMO 值为 0.5，Bartlett 球形检验的显著性为 0.001，表明该量表不适合进行因素分析。尽管科研评价程序民主量表不适合进行因素分析，但该量表对科研评价程序民主的解释度较高且题项的因素负荷非常理想，由表 4－12 可知，该量表旋转前的累积方差解释率为 90.504%，题项的因素负荷均大于 0.55，这可能是由题项数量较少引起的。由于题项 D1 包含了参与制定与参与实施两方面的问题，因此，本研究将其拆分为两个题项，分别是"学校管理部门在科研评价制度的制定过程中会征求我的意见(D3)"和"在科研评价制度的实施过程中，我会作为评价主体参与到评价活动当中(D4)"。

表 4－12 预调查"科研评价程序民主"量表的探索性因素分析结果

测 量 题 项	因 素 负 荷
D1	0.951
D2	0.951
特征值	1.81
解释变异量(%)	90.504
累积解释变异量(%)	90.504

科研创新自我效能感量表的效度检验。科研创新自我效能感量表的 KMO 值为 0.731，Bartlett 球形检验的显著性为 0.001，表明该量表尚可进行因素分析。

科研创新自我效能感量表的探索性因素分析结果,见表 4-13。由表 4-13 可知,科研创新自我效能感量表旋转前的累积方差解释率为 80.613%,各个题项均可以有效地表达因素概念(因素负荷均大于 0.55)。因此,本研究使用的测量题项可以有效地表达科研创新自我效能感的概念信息。

表 4-13 预调查"科研创新自我效能感"量表的探索性因素分析结果

测 量 题 项	因 素 负 荷
E1	0.902
E2	0.918
E3	0.873
特征值	2.418
解释变异量(%)	80.613
累积解释变异量(%)	80.613

科研创新动机量表的效度检验。科研创新动机量表的 KMO 值为 0.793,Bartlett 球形检验的显著性为 0.001,表明该量表尚可进行因素分析。科研创新动机量表的预期题项变量为 4 个因素,但经因素旋转之后获得的题项分布与预期表现并不一致,本研究通过逐题删减的方式以获得最佳因素结构。首先删除 M4,该题项并非归属于因素 1 且因素负荷较大。接下来依次删除了 M23、M30、M15、M14、M27、M6、M7、M13、M18、M20 和 M28,这些题项均未归属于预期因素且因素负荷较大。在删除 M28 之后,发现 M22 在因素 2 和因素 4 上的因素负荷均大于 0.4,题项归属不清晰。在删除 M22 之后,发现 M21 在因素 2 和因素 4 上的因素负荷均大于 0.4,题项归属不清晰。在删除 M21 之后,发现 M25 在因素 2 和因素 4 上的因素负荷均大于 0.4,题项归属不清晰。在删除 M25 之后,发现 M26 在因素 2 和因素 4 上的因素负荷均大于 0.4,题项归属不清晰。在删除 M26 之后,发现因素 4 只包含了 M29,与预期因素结构仍不一致。这是由学术职业的特殊性引起的,"学术职业通过设置由低到高的发展路径,将教师的劳动价值纳入学术价值体系之中给予认定,意味着与职业晋升相伴的教师学术劳动的质量在更高层次上得到了认可"[1]。

---

① 别敦荣,陈艺波.论学术职业阶梯与大学教师发展[J].高等工程教育研究,2006(6):17-23.

晋升本身就包含了同行对其科研工作的认可,这也解释了因素 4 的部分题项在因素 2 上有较高负荷的原因。因此,本研究将补偿性创新动机和认可性创新动机合并成科研创新外部动机,并将 M29 删除,保留了 3 个因素,见表 4 - 14。

表 4 - 14　预调查"科研创新动机"量表的探索性因素分析结果

测 量 题 项	因 素 负 荷		
	1	2	3
M10	**0.908**	0.182	−0.191
M9	**−0.889**	−0.171	0.159
M11	**0.867**	0.032	−0.06
M8	**0.782**	0.231	−0.051
M12	**0.646**	−0.179	0.039
M2	0.087	**0.883**	0.01
M3	0.035	**0.858**	−0.043
M1	−0.007	**0.825**	0.018
M5	0.182	**0.75**	−0.066
M17	0.033	0.019	**0.883**
M19	−0.069	0.036	**0.84**
M24	−0.065	0.014	**0.802**
M16	−0.24	−0.183	**0.758**
特征值	3.506	2.942	2.781
解释变异量(%)	26.969	22.634	21.394
累积解释变异量(%)	26.969	49.603	70.997

由表 4 - 14 可知,在保留 3 个因素之后,科研创新动机量表经旋转后的累积方差解释率为 70.997%,高于删除题项之前的累积方差解释率。但因素 1 中的 M9 与其他题项的因素负荷符号相反,根据福勒(F.J. Fowler)的建议,"如果有些测量同一事物的问题没有呈高度相关,或答案很不一致,那么就表明这些问题测量了不同事物,这会导致研究者重新思考被测对象被概念化的方式"①。"解决

① 弗洛德・J.福勒.调查问卷的设计与评估[M].蒋逸民,田洪波,陆利均,等,译.重庆:重庆大学出版社,2018:134.

研究问题是出于我自身的需要而不是为了他人"的因素负荷为负,意味着教师从事科研不只是出于自身需要,可能还受社会责任感驱动,这与谢玉华等的研究结果一致,他们通过对我国 30 多所大学的教师进行调查发现,社会责任感在教师的内部创新动机中处于重要位置①。因此,本研究新增 1 个因素,即责任性科研创新动机,相应的 3 个题项分别是"致力于服务国家重大战略要求(M31)""致力于解决社会发展中的重要问题(M32)"和"致力于人类共同面临的全球性问题(M33)"。

科研创新角色认同量表的效度检验。量表的 KMO 值为 0.625,Bartlett 球形检验的显著性为 0.001,表明该量表勉强可进行因素分析。科研创新角色认同量表旋转前的累积方差解释率为 65.294%,各个题项均可以有效地表达因素概念(因素负荷均大于 0.55)。因此,测量题项可以有效地表达概念信息。由于在进行信度分析时发现,删除 I2 之后,量表的 α 系数上升了 0.1 左右,为检验删除该题项之后的量表的效度,又进行了探索性因素分析,删除 I2 之后的因素分析结果见表 4‑15。由表 4‑15 可知,该量表的累积方差解释率为 83.049%,明显高于删除 I2 之前的累积方差解释率,且题项的因素负荷均大于 0.55。但鉴于删除 I2 之后题项较少,难以有效地表达概念信息,参考卡莱罗②开发的角色认同量表,设计了 4 个题项,分别是"科研创新在我心目中的地位非常高(I4)""科研创新既是为了完成任务,也是实现自我价值的过程(I5)""如果我的研究取得了创新性成果,我会感到很兴奋(I6)"和"我经常思考怎样才能使自己的研究更有创新性(I7)"。

表 4‑15　预调查"科研创新角色认同"量表的探索性因素分析结果

测 量 题 项	因 素 负 荷
I1	0.911
I3	0.911
特征值	1.661
解释变异量(%)	83.049
累积解释变异量(%)	83.049

① 谢玉华,毛斑斑,张新燕.高校教师科研动机实证研究[J].高教探索,2014(4): 156‑159.
② CALLERO P L. Role-identity salience [J]. *Social psychology quarterly*, 1985, 48: 203‑215.

主动性科研创新行为量表的效度检验。主动性科研创新行为量表的 KMO
值为 0.825，Bartlett 球形检验的显著性为 0.001，表明该量表适合进行因素分析。
Z4 的因素负荷小于 0.55，表明该题项与共同因素的关联度较低，难以准确测量
出共同因素的特征，因此，将该题项删除。接下来依次删除了 Z1、Z11 和 Z6，这
些题项的因素负荷均小于 0.55。由于主动性科研创新行为量表探索性分析的步
骤较多，依次删除题项之后的结果不一一在文中呈现，只呈现出删除 Z6 之后的
结果，见表 4-16。由表 4-16 可知，在依次删除 Z4、Z1、Z11、Z6 之后，主动性科
研创新行为量表经因素旋转之后获得的累积方差解释率为 58.391%，高于删除
题项之前的累积方差解释率，题项与因素对应关系结构符合原先编制的概念测
量架构，而且各个题项均可以有效地表达因素概念（因素负荷均大于 0.55）。因
此，本研究使用的测量题项可以有效地表达主动性科研创新行为的概念信息。

表 4-16   预调查"主动性科研创新行为"量表的探索性因素分析结果

测 量 题 项	因 素 负 荷
Z2	0.657
Z3	0.669
Z5	0.824
Z7	0.781
Z8	0.796
Z9	0.789
Z10	0.805
特征值	4.087
解释变异量(%)	58.391
累积解释变异量(%)	58.391

被动性科研创新行为量表的效度检验。被动性科研创新行为量表的 KMO
值为 0.81，Bartlett 球形检验的显著性为 0.001，表明该量表适合进行因素分析。
被动性科研创新行为量表的探索性因素分析结果，见表 4-17。由表 4-17 可
知，被动性科研创新行为量表旋转前的累积方差解释率为 74.559%，各个题项均
可以有效地表达因素概念（因素负荷大于 0.55）。因此，本研究使用的测量题
项可以有效地表达被动性科研创新行为的概念信息。

表 4 - 17 预调查"被动性科研创新行为"量表的探索性因素分析结果

测 量 题 项	因 素 负 荷
B1	0.796
B2	0.883
B3	0.93
B4	0.84
特征值	2.982
解释变异量(%)	74.559
累积解释变异量(%)	74.559

3. 信度检验

在因素分析完成后,为进一步了解问卷的可靠性,还要进行信度检验,常用的信度检验方法是 Cronbach α 系数。根据吴明隆的建议,分层面内部一致性信度要在 0.5 以上,整份量表内部一致性信度要在 0.7 以上[①]。此外,在问卷试测中通常还会结合校正项的总计相关性(Corrected Item-Total Correlation, CITC)和删除某项后的 α 系数值判断是否修正或删除题项,当 CITC 值低于 0.4,或者删除某项后的 α 系数值反而上升 0.1 左右时,就应考虑修正或删除题项[②]。

预调查量表的信度检验结果,见表 4 - 18。由表 4 - 18 可知,科研评价目的总量表和分量表的内部一致性信度均高于 0.7,各题项的 CITC 值均大于 0.4,项已删除的 α 系数与删除题项之前的各分量表的 α 系数相比,总体上有所下降,尽管删除 P3 和 P6 之后的 α 系数有所上升,但差异不大;科研评价程序民主量表的内部一致性信度高于 0.8,各题项的 CITC 值均大于 0.4;科研评价主客体互动公平量表的内部一致性信度高于 0.8,各题项的 CITC 值均大于 0.4,项已删除的 α 系数与删除题项之前的量表的 α 系数相比,均有所下降;科研创新动机总量表的内部一致性信度为 0.652,尽管未达到检验标准,但与 0.7 较为接近,分量表的内部一致性信度均高于 0.7,各题项的 CITC 值均大于 0.4,项已删除的 α 系数与删除题项之前的各分量表的 α 系数相比,总体上有所下降,尽管删除 M5 和 M12

① 吴明隆.问卷统计分析实务[M].重庆:重庆大学出版社,2010:244.
② 周俊.问卷数据分析:破解 SPSS 的六类分析思路[M].北京:电子工业出版社,2017:44.

之后的 α 系数有所上升,但差异不大;科研创新自我效能感量表的内部一致性信度高于 0.8,各题项的 CITC 值均大于 0.4,项已删除的 α 系数与删除题项之前的量表的 α 系数相比,均有所下降;科研创新角色认同量表的内部一致性信度为 0.686,未达到检验标准,但与 0.7 较为接近,各题项的 CITC 值均大于 0.4,但删除 I2 之后,量表的 α 系数与删除该题项之前的量表的 α 系数相比,上升了 0.1 左右,表明该题项与其他题项之间的相关性较低,将该题项删除,并在删除 I2 之后,又进行了探索性因素分析,结果发现,删除 I2 之后的量表的累积方差解释率明显高于原量表,且各题项的因素负荷均大于 0.55(见表 4 - 15),因此,删除 I2 之后的量表可以更好地解释科研创新角色认同;主动性科研创新行为量表的内部一致性信度高于 0.8,各题项的 CITC 值均大于 0.4,项已删除的 α 系数与删除题项之前的量表的 α 系数相比,均有所下降;被动性科研创新行为量表的内部一致性信度高于 0.8,各题项的 CITC 值均大于 0.4,项已删除的 α 系数与删除题项之前的量表的 α 系数相比,总体上有所下降。因此,本研究预调查数据的可靠性较高。

表 4 - 18   预调查量表的信度检验结果

变　　量	测量题项	α 系数	CITC 值	项已删除的 α 系数
科研评价目的		0.803		
形成性科研评价	P1		0.882	0.915
	P2	0.943	0.919	0.886
	P3		0.841	0.946
终结性科研评价	P4		0.647	0.547
	P5	0.736	0.59	0.62
	P6		0.46	0.777
科研评价程序民主	D1	0.895	0.81	/
	D2		0.81	/
科研评价主客体互动公平	J1		0.764	0.898
	J2	0.903	0.818	0.854
	J3		0.846	0.829

续　表

变　　量	测量题项	α系数	CITC值	项已删除的α系数
科研创新动机		0.652		
挑战性科研创新动机	M1	0.853	0.675	0.82
	M2		0.79	0.777
	M3		0.734	0.795
	M5		0.597	0.857
热衷性科研创新动机	M10	0.836	0.782	0.738
	M11		0.765	0.748
	M8		0.666	0.793
	M12		0.473	0.872
科研创新外部动机	M16	0.846	0.631	0.827
	M17		0.756	0.771
	M19		0.698	0.798
	M24		0.65	0.819
科研创新自我效能感	E1	0.88	0.775	0.823
	E1		0.775	0.823
	E2		0.806	0.795
	E3		0.724	0.867
科研创新角色认同	I1	0.686	0.598	0.522
	I2		0.414	0.791
	I3		0.575	0.511
被动性科研创新行为	B1	0.886	0.657	0.887
	B2		0.778	0.842
	B3		0.858	0.81
	B4		0.714	0.866
主动性科研创新行为	Z2	0.878	0.547	0.875
	Z3		0.564	0.872
	Z5		0.738	0.851

续　表

变　量	测量题项	α系数	CITC值	项已删除的α系数
主动性科研创新行为	Z7	0.878	0.682	0.859
	Z8		0.702	0.855
	Z9		0.698	0.855
	Z10		0.721	0.853

为检验预调查问卷的质量,本研究先对问卷进行了项目分析,结果表明题项均具有较好的鉴别度,接下来对问卷进行了效度和信度检验,通过对部分因素归属不清晰、因素负荷较低以及与其他题项相关性较低的题项进行删减,最终形成的题项可以有效地表达变量的概念信息,且预调查数据具有较高的可靠性。因此,本研究使用的问卷的质量较高,可以用于正式调查。

然而,由于对题项的删减,导致了部分变量的题项不足。根据佩达泽和施梅尔金的建议,"当负荷满足'有意义'准则的题项数量不足时,会加入新的题项,需要对其再进行因素分析,这个过程或许会一直持续下去,直到研究者满意为止"[①]。因此,科研评价程序民主、科研创新动机、科研创新角色认同量表补充了新的题项。为保证新的题项能够更准确地测量变量的特质,需要对其再进行探索性因素分析,"有些研究者会将样本数一分为二,以一半的样本数来使用探索性因素分析产生因素结构,另一半样本采用验证性因素分析进行模型的正式比较"[②]。因此,本研究在对正式调查问卷量表质量的检验中,将样本一分为二,先将一半样本用于探索性因素分析,以产生包含新题项的因素结构,再将另外一半样本用于验证性因素分析,以验证因素结构。

第四节　正式调查数据收集与量表质量检验

一、数据收集

研究于2020年3月25日开始通过问卷星向2019年世界大学学术排名前

---

① 佩达泽,施梅尔金.定量研究基础:测量篇[M].夏传玲,译.重庆:重庆大学出版社,2013:84.
② 吴明隆.结构方程模型(第2版)[M].重庆:重庆大学出版社,2010:213.

300 的中国一流大学建设高校自然科学、工程科学、社会科学和人文学科领域的
20 780 位专任教师发放问卷,在第一轮邀请邮件发送完毕之后,对未填写问卷
的教师分别发送了第二轮和第三轮的邀请。截至 2020 年 7 月 28 日,共发放问
卷 8 793 份,回收 1 752 份,剔除教学为主型、行政管理、实验仪器管理等岗位的
问卷,共得到有效问卷 1 659 份,有效样本回收率为 18.87%。样本的基本特征
见表 4 - 19。

表 4 - 19 正式调查样本的人口统计学特征($N=1\ 659$)

样本特征	分类标准	数量	百分比	样本特征	分类标准	数量	百分比
研究类型	基础研究	936	56.42%	学科	自然科学	473	28.51%
	应用研究	700	42.19%		工程科学	512	30.86%
	开发研究	23	1.39%		社会科学	412	24.83%
年龄	35 岁及以下	341	20.55%		人文学科	262	15.79%
	36~50 岁	887	53.47%	学校层次	中国顶尖大学	648	39.06%
	51 岁及以上	431	25.98%		中国一流大学	1 011	60.94%
职称	中级	235	14.17%	岗位	研究为主型	200	12.06%
	副高级	665	40.08%		教学研究并重型	1 459	87.94%
	正高级	759	45.75%				
性别	男	1 146	69.38%	人才计划	省部级以上	714	43.04%
	女	508	30.62%		无	945	56.96%

注:根据 2020 年世界大学学术排名,中国顶尖大学和中国一流大学分别是排名前 100 和 100~300
的大学。

二、量表的质量检验

效度和信度是检验量表质量的较为常用的指标,因此,本研究对正式调查量
表的质量检验主要是通过效度检验和信度检验。

1. 效度检验

对预调查量表进行探索性因素分析之后,研究者需要进一步采取验证性
因素分析,探索量表的因素结构模型是否与实际搜集的数据契合[①]。验证性

---

① 吴明隆.结构方程模型(第 2 版)[M].重庆:重庆大学出版社,2010:212.

因素分析作为结构方程模型的一种次模型,需要对模型的适配度进行检验。基本适配度指标、整体模型适配度指标、模型内在结构适配度指标是评价模型适配度常用的三个指标。基本适配度和模型内在结构适配度检验依据的是吴明隆建议的标准,基本适配度的检验标准是:没有出现负的误差变异量,潜在变量与其测量指标间的因素负荷量值介于 0.5 到 0.95 之间,标准误值很小;模型内在结构适配度的检验标准是:所估计的参数均达到显著水平(t 绝对值$>$1.96),指标变量个别项目的信度 R^2 高于 0.5,潜在变量的平均方差抽取量 AVE 大于 0.5,潜在变量的组合信度 CR 大于 0.6[①]。在整体模型适配度检验方面,吴明隆认为,整体模型适配度指标会出现互有冲突、不一致的现象,研究者最好不要以"多数决定"方式来得出"假设模型是否与观察数据契合"的结论,最好能根据理论架构和假设模型挑选几项最有关联的指标[②]。因此,对于整体模型适配度的检验,采用的是侯杰泰等建议的在大多数模型中均较为常用的指标,这些指标的标准是:卡方值 χ^2 的显著性概率值大于0.05,卡方自由度比值χ^2/df 在 1 到 3 之间,近似误差均方根(Root Mean Square Error of Approximation,RMSEA)小于 0.1,标准化残差均方根(Standardized Root Mean Square Residual,SRMR)小于 0.08,非范拟合指数(Non-Normed Fit Index,NNFI)大于 0.9,比较拟合指数(Comparative Fit Index,CFI)大于 0.9[③]。

科研评价目的量表的效度检验。由表 4 - 20 可以看出,在基本适配度方面,误差变异量介于 0.082 到 0.314 之间,因素负荷量值介于 0.828 到 0.958 之间,标准误值介于 0.024 到 0.028 之间,均达到检验标准;在内在结构适配度方面,t 值介于 28.527 到 42.297 之间,R^2 值介于 0.686 到 0.918 之间,AVE 值介于 0.744 到 0.818 之间,CR 值介于 0.897 到 0.899 之间,均达到检验标准;在整体适配度方面,χ^2 显著性概率值为 0.071,χ^2/df 值为 2.161,RMSEA 值为 0.026,SRMR值为 0.011,NNFI 值为 0.998,CFI 值为 0.999,均达到检验标准。因此,测量题项与概念之间具有较高的契合度。

---

① 吴明隆.结构方程模型(第 2 版)[M].重庆:重庆大学出版社,2010:57.
② 吴明隆.问卷统计分析实务[M].重庆:重庆大学出版社,2010:57 - 58.
③ 侯杰泰,温忠麟,成子娟. 结构方程模型及其应用[M].北京:教育科学出版,2004:187 - 191.

表 4 - 20 正式调查"科研评价目的"量表的验证性因素分析结果

基本适配度和模型内在结构适配度参数								
因 素	题项	标准误	t 值	因素负荷量	R^2	测量误差	CR	AVE
形成性评价	P1	0.025	40.832***	0.861	0.741	0.259		
	P2	0.024	42.297***	0.897	0.805	0.195	0.897	0.744
	P3	/	/	0.828	0.686	0.314		
终结性评价	P4	0.028	28.527***	0.848	0.719	0.281	0.899	0.818
	P5	/	/	0.958	0.918	0.082		

整体模型适配度参数					
χ^2 显著性	χ^2/df	RMSEA	SRMR	NNFI	CFI
0.071	2.161	0.026	0.011	0.998	0.999

科研评价主客体互动公平量表的效度检验。由于该模型中所有待估计参数和协方差矩阵中元素的数量均为 9,因此该模型是饱和模型。在饱和模型状态下,"探究假设的因果模型与实际数据间是否匹配的问题,是没有必要的,要探究模型是否匹配,不应采取饱和模型,而应提出一个非饱和的假设模型图,才可以进行模型检验"[①]。"研究者可以减少自由参数的数目,将部分自由参数改为固定参数"[②]。因此,为让模型可以识别,增加了一个参数限制条件,即将题项 J2 和 J3 的路径系数限制为 1。由表 4 - 21 可以看出,在基本适配度方面,误差变异量介于 0.163 到 0.346 之间,因素负荷量值介于 0.809 到 0.915 之间,标准误值为 0.019,均达到检验标准;在内在结构适配度方面,R^2 值介于 0.654 到 0.837 之间,t 值为 45.807,CR 值为 0.899,AVE 值为 0.748,均达到检验标准;在整体适配度方面,χ^2 的显著性概率值为 0.003,χ^2/df 值为 8.821,RMSEA 值为 0.069,SRMR 值为 0.007,NNFI 值为 0.992,CFI 值为 0.997,除 χ^2 的显著性概率值和 χ^2/df 值可能受到样本大小的影响未达到检验标准外,其他指标均达到检验标准。因此,本研究使用的测量题项与科研评价主客体互动公平这一概念之间具有较高的契合度。

---

① 吴明隆.结构方程模型——AMOS 的操作与应用[M].重庆:重庆大学出版社,2010:286.
② 吴明隆.结构方程模型——AMOS 的操作与应用[M].重庆:重庆大学出版社,2010:62.

表 4 - 21　正式调查"科研评价主客体互动公平"量表的验证性因素分析结果

基本适配度和模型内在结构适配度参数								
因　素	题项	标准误	t 值	因素负荷量	R^2	测量误差	CR	AVE
主客体 互动公平	J1	0.019	45.807***	0.809	0.654	0.346		
	J2	/	/	0.915	0.837	0.163	0.899	0.748
	J3	/	/	0.867	0.752	0.248		

整体模型适配度参数					
χ^2 显著性	χ^2/df	RMSEA	SRMR	NNFI	CFI
0.003	8.821	0.069	0.007	0.992	0.997

科研评价程序民主量表的效度检验。由于科研评价程序民主量表补充了新的题项,为保证新增的题项能够更准确地反映变量的特质,需要对其再进行探索性因素分析。本研究将正式调查的样本一分为二,一半样本用以产生包含新增题项的因素结构,另一半样本用以验证因素结构。

科研评价程序民主量表的 KMO 值为 0.729,Bartlett 球形检验的显著性为 0.001,表明该量表题项间的关系是适中的,尚可进行因素分析。科研评价程序民主量表的探索性因素分析结果,见表 4 - 22。由表 4 - 22 可知,该量表旋转前的累积方差解释率为 76.595%,表明这一因素可以较好地解释科研评价程序民主;题项的因素负荷均大于 0.55,表明这些题项可以较为准确地反映出共同因素的特征。

表 4 - 22　正式调查"科研评价程序民主"量表的探索性因素分析结果

测 量 题 项	因 素 负 荷
D3	0.863
D4	0.879
D2	0.883
特征值	2.298
解释变异量(%)	76.595
累积解释变异量(%)	76.595

由表 4-23 可知,在基本适配度方面,误差变异量介于 0.276 到 0.331 之间,因素负荷量值介于 0.818 到 0.851 之间,标准误值为 0.032,均达到检验标准;在内在结构适配度方面,R^2 值介于 0.669 到 0.724 之间,t 值为 29.067,CR 值为 0.87,AVE 值为 0.691,均达到检验标准;在整体适配度方面,χ^2 的显著性概率值为 0.012,χ^2/df 值为 6.261,RMSEA 值为 0.08,SRMR 值为 0.011,NNFI 值为 0.987,CFI 值为 0.996,除 χ^2 的显著性概率值和 χ^2/df 值可能受到样本大小的影响未达到检验标准外,其他指标均达到检验标准。因此,量题项与概念之间具有较高的契合度。

表 4-23 正式调查"科研评价程序民主"量表的验证性因素分析结果

基本适配度和模型内在结构适配度参数								
因　素	题项	标准误	t 值	因素负荷量	R^2	测量误差	CR	AVE
	D3	/	/	0.818	0.669	0.331		
科研评价 程序民主	D4	/	/	0.851	0.724	0.276	0.87	0.691
	D2	0.032	29.067***	0.824	0.679	0.321		

整体模型适配度参数					
χ^2 显著性	χ^2/df	RMSEA	SRMR	NNFI	CFI
0.012	6.261	0.08	0.011	0.987	0.996

科研创新动机量表的效度检验。由于科研创新动机量表补充了新题项,本研究先后对该量表进行了探索性因素分析和验证性因素分析。此外,考虑到题项 M2 和 M3 较为相似且二者之间可能存在包含关系,因此,只保留了 M3,并对该题项进行了修正,新修正的题项是"研究问题越复杂、越困难,我越是愿意去研究"。

科研创新动机量表的 KMO 值为 0.857,Bartlett 球形检验的显著性为 0.001,表明该量表适合进行因素分析。科研创新动机量表的预期题项变量为 4 个因素,但经因素旋转之后获得的测量题项分布与预期表现并不一致,通过逐题删减的方式以获得最佳因素结构。首先删除 M5,该题出现了"张冠李戴"情况,预期应归属于因素 4,但实际却归属于因素 1。依据此方法,接下来依次删除了 M11、M12 和 M24。删除 M24 之后的探索性因素分析结果,见表 4 - 24。由表 4 - 24 可以看出,经因素旋转之后获得的测量题项分布与预期表现出了较高的一致性,旋转后的累积方差解释率为 74.317%,高于删除测量题项之前的累积方差解释率,表明这 4 个因素可以较好地解释科研创新动机;科研创新动机量表 4 个因素对应测量题项的因素负荷均大于 0.55,表明这些题项可以较为准确地反映出共同因素的特征。

表 4 - 24　正式调查"科研创新动机"量表的探索性因素分析结果

测量题项	因素负荷			
	1	2	3	4
M31	**0.885**	0.119	0.143	0.156
M32	**0.827**	0.09	0.207	0.172
M33	**0.809**	0.231	0.068	0.175
M16	−0.039	**0.827**	−0.052	0.003
M17	0.225	**0.805**	0.035	0.092
M19	0.231	**0.789**	0.015	−0.021
M8	0.101	−0.08	**0.848**	0.234
M9	0.242	−0.046	**0.815**	0.185
M10	0.062	0.243	**0.6**	0.469
M1	0.198	−0.006	0.273	**0.814**
M3	0.262	0.019	0.27	**0.798**
特征值	2.412	2.096	1.964	1.702
解释变异量(%)	21.924	19.059	17.857	15.477
累积解释变异量(%)	21.924	40.983	58.84	74.317

由表 4 - 25 可知,在基本适配度方面,误差变异量介于 0.24 到 0.577 之间,因素负荷量值介于 0.65 到 0.872 之间,标准误值介于 0.044 到 0.074 之间,均达到检验标准;在内在结构适配度方面,t 值介于 16.617 到 24.099 之间,除 M8 和 M16 之外,其余题项的 R^2 值均大于 0.5,AVE 值介于 0.549 到 0.658 之间,CR 值介于 0.744 到 0.852 之间,均达到检验标准。在整体适配度方面,χ^2 的显著性概率值为 0.001,χ^2/df 值为 4.438,未达到检验标准,这是由样本量较大造成的,

卡方的显著性概率值和卡方自由度比对受试样本的大小非常敏感,样本数愈大,卡方值愈容易达到显著,整体模型是否适配需再参考其他适配度指标[①]。在其他整体适配度指标方面,RMSEA 值为 0.064,SRMR 值为 0.047,NNFI 值为 0.949,CFI 值为 0.965,均达到检验标准。因此,测量题项与概念之间具有较高的契合度。

表 4-25 正式调查"科研创新动机"量表的验证性因素分析结果

基本适配度和模型内在结构适配度参数								
因 素	题项	标准误	t 值	因素负荷量	R^2	测量误差	CR	AVE
挑战性科研创新动机	M1	/	/	0.765	0.585	0.415	0.744	0.592
	M3	0.063	18.76***	0.774	0.599	0.401		
热衷性科研创新动机	M8	/	/	0.65	0.423	0.577	0.793	0.564
	M9	0.07	18.53***	0.84	0.706	0.294		
	M10	0.069	17.479***	0.751	0.564	0.436		
责任性科研创新动机	M31	/	/	0.78	0.608	0.392	0.852	0.658
	M32	0.044	24.099***	0.872	0.76	0.24		
	M33	0.045	22.373***	0.777	0.604	0.396		
科研创新外部动机	M16	/	/	0.681	0.464	0.536	0.784	0.549
	M17	0.074	16.643***	0.823	0.677	0.323		
	M19	0.062	16.617***	0.712	0.507	0.493		
整体模型适配度参数								
χ^2 显著性	χ^2/df		RMSEA	SRMR		NNFI		CFI
0.001	4.438		0.064	0.047		0.949		0.965

科研创新自我效能感量表的效度检验。 由表 4-26 可以看出,在基本适配度方面,误差变异量介于 0.113 到 0.419 之间,因素负荷量值介于 0.762 到 0.942 之间,标准误值为 0.029,均达到检验标准;在内在结构适配度方面,R^2 值介于

---

① 吴明隆.结构方程模型——AMOS 的操作与应用[M].重庆:重庆大学出版社,2010:41-42.

0.581 到 0.887 之间，t 值为 41.301，CR 值为 0.87，AVE 值为 0.693，均达到检验标准；在整体适配度方面，χ^2 的显著性概率值为 0.001，χ^2/df 值为 14.903，RMSEA 值为 0.092，SRMR 值为 0.012，NNFI 值为 0.983，CFI 值为 0.994，除 χ^2 的显著性概率值和 χ^2/df 值可能受到样本大小的影响未达到检验标准外，其他指标均达到检验标准。因此，测量题项与概念之间具有较高的契合度。

表 4－26　正式调查"科研创新自我效能感"量表的验证性因素分析结果

基本适配度和模型内在结构适配度参数								
因　素	题项	标准误	t 值	因素负荷量	R^2	测量误差	CR	AVE
科研创新自我效能感	E1	/	/	0.762	0.581	0.419		
	E2	0.029	41.301***	0.942	0.887	0.113	0.87	0.693
	E3	/	/	0.78	0.608	0.392		

整体模型适配度参数					
χ^2 显著性	χ^2/df	RMSEA	SRMR	NNFI	CFI
0.001	14.903	0.092	0.012	0.983	0.994

科研创新角色认同量表的效度检验。由于科研创新角色认同量表补充了新的题项，本研究先后对该量表进行了探索性因素分析和验证性因素分析。

科研创新角色认同量表的 KMO 值为 0.796，Bartlett 球形检验的显著性为 0.001，表明该量表可进行因素分析。由表 4－27 可知，该量表旋转前的累积方差解释率为 65.325%，表明这一因素可以较好地解释科研创新角色认同；测量题项的因素负荷均大于 0.55，表明这些题项可以较为准确地反映出共同因素的特征。

表 4－27　正式调查"科研创新角色认同"量表的探索性因素分析结果

测 量 题 项	因 素 负 荷
I4	0.807
I5	0.76
I6	0.819
I7	0.845

续 表

测 量 题 项	因 素 负 荷
特征值	2.613
解释变异量(%)	65.325
累积解释变异量(%)	65.325

由表 4-28 可以看出,在基本适配度方面,误差变异量介于 0.388 到 0.567 之间,因素负荷量值介于 0.658 到 0.782 之间,标准误值介于 0.041 到 0.051 之间,均达到检验标准;在内在结构适配度方面,个别题项(I4、I6 和 I7)的 R^2 值大于 0.5,t 值介于 17.502 到 20.407 之间,CR 值为 0.831,AVE 值为 0.553,均达到检验标准;在整体适配度方面,χ^2 的显著性概率值为 0.003,χ^2/df 值为 5.912,RMSEA 值为 0.077,SRMR 值为 0.018,NNFI 值为 0.976,CFI 值为 0.992,除 χ^2 的显著性概率值和 χ^2/df 值可能受到样本大小的影响未达到检验标准外,其他指标均达到检验标准。因此,测量题项与概念之间具有较高的契合度。

表 4-28 正式调查"科研创新角色认同"量表的验证性因素分析结果

基本适配度和模型内在结构适配度参数								
因 素	题项	标准误	t 值	因素负荷量	R^2	测量误差	CR	AVE
科研创新 角色认同	I4	/	/	0.759	0.576	0.424	0.831	0.553
	I5	0.051	17.502***	0.658	0.433	0.567		
	I6	0.041	20.407***	0.782	0.612	0.388		
	I7	0.049	20.161***	0.769	0.591	0.409		

整体模型适配度参数					
χ^2 显著性	χ^2/df	RMSEA	SRMR	NNFI	CFI
0.003	5.912	0.077	0.018	0.976	0.992

主动性科研创新行为量表的效度检验。 由表 4-29 可以看出,在基本适配度方面,误差变异量介于 0.382 到 0.703 之间,因素负荷量值介于 0.545 到 0.786 之间,标准误值介于 0.041 到 0.054 之间,均达到检验标准;在内在结构适配度方

面，t 值介于 19.383 到 26.096 之间，个别题项（Z8 和 Z10）的 R^2 值大于 0.5，CR 值为 0.856，AVE 值为 0.461，除 AVE 值外，其余指标均达到检验标准，但 AVE 值（0.461）与检验标准（0.5）较为接近，因此，可以认为模型的内在适配度尚可接受；在整体适配度方面，χ^2 的显著性概率值为 0.001，χ^2/df 值为 15.405，RMSEA 值为 0.093，SRMR 值为 0.041，NNFI 值为 0.928，CFI 值为 0.952，除 χ^2 的显著性概率值和 χ^2/df 值可能受到样本大小的影响未达到检验标准外，其他指标均达到检验标准。因此，本研究使用的测量题项与主动性科研创新行为这一概念之间具有较高的契合度。

表 4 - 29　正式调查"主动性科研创新行为"量表的验证性因素分析结果

基本适配度和模型内在结构适配度参数								
因　素	题项	标准误	t 值	因素负荷量	R^2	测量误差	CR	AVE
	Z2	/	/	0.652	0.425	0.575		
	Z3	0.045	19.383***	0.545	0.297	0.703		
	Z5	0.041	23.561***	0.687	0.472	0.528		
主动性科研创新行为	Z7	0.054	21.497***	0.615	0.378	0.622	0.856	0.461
	Z8	0.043	26.096***	0.786	0.618	0.382		
	Z9	0.051	23.659***	0.691	0.477	0.523		
	Z10	0.045	25.136***	0.746	0.557	0.443		

整体模型适配度参数					
χ^2 显著性	χ^2/df	RMSEA	SRMR	NNFI	CFI
0.001	15.405	0.093	0.041	0.928	0.952

被动性科研创新行为量表的效度检验。由表 4 - 30 可以看出，在基本适配度方面，误差变异量、因素负荷量值和标准误值，均达到检验标准；在内在结构适配度方面，除 R^2 值和 AVE 值外，t 值和 CR 值均达到检验标准，但个别题项（B1、B2 和 B4）的 R^2 值接近 0.5，AVE 值（0.431）与检验标准（0.5）较为接近，因此，可以认为模型的内在适配度尚可接受；在整体适配度方面，χ^2 的显著性概率值为 0.001，χ^2/df 值为 7.458，RMSEA 值为 0.062，SRMR 值为 0.017，NNFI 值为 0.973，CFI 值为 0.991，除 χ^2 的显著性概率值和 χ^2/df 值可能受到样本大小的

影响未达到检验标准外,其他指标均达到检验标准。因此,本研究使用的测量题项与被动性科研创新行为这一概念之间具有较高的契合度。

表 4 - 30 正式调查"被动性科研创新行为"量表的验证性因素分析结果

基本适度和模型内在结构适配度参数								
因　素	题项	标准误	t 值	因素负荷量	R^2	测量误差	CR	AVE
被动性科研创新行为	B1	/	/	0.662	0.438	0.562	0.752	0.431
	B2	0.053	20.004***	0.686	0.471	0.529		
	B3	0.051	18.868***	0.617	0.381	0.619		
	B4	0.048	19.634***	0.659	0.434	0.566		

整体模型适配度参数					
χ^2 显著性	χ^2/df	RMSEA	SRMR	NNFI	CFI
0.001	7.458	0.062	0.017	0.973	0.991

2. 信度检验

信度检验的方法是 Cronbach α 系数,由表 4 - 31 可知,各量表的内部一致性信度均高于 0.8,评价目的和创新动机分量表的内部一致性信度均高于 0.7,均达到吴明隆建议的信度检验标准[1]。因此,正式调查数据的可靠性较高。

表 4 - 31 正式调查量表的信度分析结果

变　　量	测量题项数	Cronbach α 系数
科研评价目的	5	0.844
形成性科研评价	3	0.896
终结性科研评价	2	0.885
科研评价主客体互动公平	3	0.896
科研评价程序民主	3	0.858
科研创新动机	11	0.813
挑战性科研创新动机	2	0.739

---

[1] 吴明隆.问卷统计分析实务[M].重庆:重庆大学出版社,2010:244.

变　　　量	测量题项数	Cronbach α 系数
热衷性科研创新动机	3	0.777
责任性科研创新动机	3	0.853
科研创新外部动机	3	0.773
科研创新角色认同	4	0.82
科研创新自我效能感	3	0.865
主动性科研创新行为	7	0.849
被动性科研创新行为	4	0.751

通过对正式调查问卷进行效度和信度检验得出,本研究使用的测量题项与变量之间的契合度较高,且调查数据具有较高的可靠性。因此,正式调查数据可以用于分析科研评价制度对大学教师创新行为的影响程度、影响机制和影响差异。

第五节　访谈样本选取与文本分析

一、访谈提纲的设计

为揭示一般情况下和原创研究的探索过程中科研评价制度对大学教师创新行为产生影响的原因,本研究对典型个案和关键个案分别设计了不同的访谈提纲。

在设计访谈提纲时,通常会将主要问题(Main Questions)、追踪问题(Follow-up Questions)和探测性问题(Probes)这三种类型的问题组合起来使用,"主要问题涵盖了研究问题的所有主要部分;追踪问题探究的是被访者对自己所提到的主题、概念和事件的解释;探测性问题能帮助我们向访谈对象暗示我们需要的深度,希望对方能举些例子或者进一步澄清"[①]。由于对典型个案的访谈,旨在揭示一般情况下科研评价制度对大学教师创新行为产生影响的原因,但这一研究问题太过宽泛和抽象,不适合被访谈者回答。为使研究问题能够和被访谈者发生关联,进而更有利于谈论他们的经验、认知及理解,将这一研究问题分解成7个主要问题,即评价目的、评价方法、评价标准、评价指标难度、评价周期、评价

---

① 赫伯特·J.鲁宾,艾琳·S.鲁宾.质性访谈方法:聆听与提问的艺术[M].重庆:重庆大学出版社,2013:114.

程序民主、评价主客体互动对大学教师科研创新行为产生影响的原因,并在与被访谈者进行交流时,参考了其在前期问卷中的具体作答情况;此外,设置 1 个开放性的主要问题,即其他与科研评价制度相关的因素对大学教师科研创新行为产生影响的原因。

关键个案访谈提纲的主要问题与典型个案有所不同,尽管通过对典型个案的访谈,可以一定程度上反映出在不同科研评价制度的影响下大学教师所表现出的创新行为差异的普遍特征,但在同等科研评价制度的影响下,大学教师的科研创新行为仍存在较大差异,只有少数大学教师愿意开展高风险和长周期研究,并取得了具有全球影响力的原创性成果。因此,为进一步完善典型个案的访谈研究结果,本研究对关键个案的访谈旨在解决"面对同样的科研评价制度,为什么有些大学教师能够取得原创性科研成果? 他们的创新行为受到了科研评价制度的哪些影响?"这一关键问题。访谈提纲的主要问题围绕影响大学教师开展原创研究的重要因素,及科研评价制度通过这些因素对大学教师创新行为产生的间接影响。根据卜晓勇[①]、王永芬[②]和路甬祥[③]对重大科学发现内外部影响因素的研究,选取了兴趣、科学精神、思维能力、科研合作、科研交流、基础设备及经费投入等因素。

主要问题只是作为访谈的"骨架",确保宽泛话题的每个部分都得到探讨,为保证访谈兼具深度、细节、生动性、丰富性,还需要将必要的追踪问题和探测性问题作为补充[④]。当被访谈者冒出一些值得进一步探讨的概述,提到一个意料之外的看法时,访谈者可以围绕它们进行追问[⑤]。例如,有个别教师认为定量评价方法对其主动性科研创新行为产生了促进作用,这与本研究的预期以及大多数被访教师的看法并不一致,访谈者会请这些教师分别解释同行评价方法与定量评价方法对其科研创新行为产生促进或阻碍作用的原因,以便找出这一意料之外看法产生的原因。当访谈者碰到一些不明白的关键概念、技术术语、缩写概念甚

① 卜晓勇,毛加兴.科学发现过程中的要素研究——从发现 DNA 分子结构谈起[J].安徽理工大学学报(社会科学版),2010(2):100-104.

② 王永芬.科学发现中的主客观因素——核物理中的三例发现剖析[J].松辽学刊(自然科学版),1989(4):68-72.

③ 路甬祥.从诺贝尔奖与 20 世纪重大科学成就看科技原始创新的规律[J].中国科学院院刊,2000(5):370-376.

④ 赫伯特·J.鲁宾,艾琳·S.鲁宾.质性访谈方法:聆听与提问的艺术[M].重庆:重庆大学出版社,2013:114.

⑤ 赫伯特·J.鲁宾,艾琳·S.鲁宾.质性访谈方法:聆听与提问的艺术[M].重庆:重庆大学出版社,2013:122.

至流程时,可以请被访者进行更深入细致的解释和阐述[1]。再如,有个别老师谈到科研评价制度不稳定对其主动性科研创新行为产生了阻碍作用,访谈者会请这些教师更深入细致地阐述和解释科研评价制度不稳定的具体表现形式和产生原因。

二、访谈样本的选取

在典型个案的选取方面,依据定量研究结果,从参与问卷调查的样本中,选取与定量研究结果一致或不一致的典型个案。在具体的操作方式上,首先,根据教师在科研创新行为(因变量)上的总分排序结果,找出高分组(前 27%)和低分组(后 27%)。27%分组法理念借鉴的是测验编制的鉴别度分析方法,即"在常模参照测验中,若测验分数值呈正态分布,那么以 27%作为分组时所得到的鉴别度的可靠性最大"[2]。其次,当评价要素(自变量)为连续变量时,根据教师的总分排序结果,找出高分组(前 27%)和低分组(后 27%);当评价要素为分类变量时,则根据研究中已有的自变量分类标准进行分类。再次,当某一评价要素对创新行为产生显著影响时,则对高自变量/高因变量组和低自变量/低因变量组进行整群抽样,或分类自变量/高因变量组进行整群抽样;当某一评价要素对创新行为的影响不显著时,则对高自变量/低因变量组和低自变量/高因变量组进行整群抽样,或分类自变量/低因变量组进行整群抽样。最后,当某一评价要素对创新行为的影响存在明显的学科、年龄和学校层次差异时,则根据不同学科领域、不同年龄阶段和不同学校层次的影响差异进行分层抽样。根据上述抽样方法,共抽取 777 个样本。本研究于 2020 年 7 月 29 日发送访谈邀请,截至 2020年 12 月 30 日,共访谈 30 名教师,访谈对象的基本信息见表 4 - 32。

表 4‑32　访谈对象的基本信息

编号	学校	学科领域	一级学科	研究类型	岗位类型	年龄	职称
N1	S 校	自然科学	海洋科学	基础研究	教学研究型	36~45	副高
N2	G 校	自然科学	化学	基础研究	教学研究型	36~45	正高
N3	W 校	自然科学	数学	基础研究	教学研究型	36~45	副高

[1]　赫伯特·J.鲁宾,艾琳·S.鲁宾.质性访谈方法:聆听与提问的艺术[M].重庆:重庆大学出版社,2013:123-124.
[2]　吴明隆.问卷统计分析实务[M].重庆:重庆大学出版社,2010:169.

续　表

编号	学校	学科领域	一级学科	研究类型	岗位类型	年龄	职称
N4	E校	自然科学	数学	应用研究	研究为主型	≤35	副高
N5	S校	自然科学	化学	基础研究	研究为主型	36~45	正高
N6	J校	自然科学	化学	基础研究	教学研究型	36~45	副高
N7	K校	自然科学	生物学	基础研究	教学研究型	≥56	正高
N8	P校	自然科学	物理学	基础研究	教学研究型	36~45	副高
N9	P校	自然科学	物理学	基础研究	教学研究型	36~45	正高
E1	H校	工程科学	材料科学与工程	应用研究	教学研究型	36~45	副高
E2	S校	工程科学	船舶与海洋工程	基础研究	研究为主型	36~45	中级
E3	H校	工程科学	电气工程	应用研究	教学研究型	36~45	正高
E4	L校	工程科学	控制科学与工程	基础研究	教学研究型	46~55	正高
E5	N校	工程科学	计算机科学与技术	应用研究	研究为主型	≤35	副高
E6	W校	工程科学	电气工程	应用研究	教学研究型	≥56	正高
E7	T校	工程科学	建筑学	应用研究	教学研究型	≥56	副高
E8	G校	工程科学	化学工程与技术	基础研究	教学研究型	36~45	正高
E9	T校	工程科学	环境科学与工程	应用研究	教学研究型	≥56	正高
S1	D校	社会科学	社会学	基础研究	教学研究型	≤35	中级
S2	M校	社会科学	应用经济学	应用研究	教学研究型	46~55	副高
S3	X校	社会科学	法学	基础研究	教学研究型	36~45	正高
S4	M校	社会科学	管理科学与工程	应用研究	教学研究型	≤35	中级
S5	F校	社会科学	管理科学与工程	基础研究	教学研究型	≤35	中级
S6	X校	社会科学	管理科学与工程	基础研究	教学研究型	≤35	副高
S7	N校	社会科学	社会学	基础研究	教学研究型	≤35	中级
S8	R校	社会科学	应用经济学	应用研究	教学研究型	≤35	副高
H1	M校	人文学科	中国语言文学	基础研究	教学研究型	46~55	正高
H2	X校	人文学科	中国语言文学	基础研究	教学研究型	46~55	副高
H3	Q校	人文学科	外国语言文学	基础研究	教学研究型	46~55	正高
H4	Z校	人文学科	中国语言文学	基础研究	教学研究型	46~55	副高

在关键个案的选取方面,从已经确定的典型个案中进一步选取具有原创性科研成果的大学教师开展案例研究。取得原创性科研成果以大学教师是否以第一作者或通讯作者身份在各学科顶尖期刊上发表论文为依据,各学科顶尖期刊

是由 2020 年软科"学术卓越调查"所得。软科通过邀请世界前 100 大学各个学科领域的领导者参与调查,要求他们列出所在学科的顶级期刊,最终共有 47 个学科的 151 本刊物入选①。本研究共遴选出 10 个备选案例,所选的案例均在近 3 年内取得过原创科研性成果,便于他们回忆探索的过程及影响因素,保证了数据的准确性。在向备选案例发送访谈邀请之后,最终共有 2 位大学教师同意并接受了访谈。

三、访谈文本的分析

本研究以 30 位大学教师作为典型个案,2 位大学教师作为关键个案,共获得 23 个小时的录音材料和 24.53 万字的文本材料。在此基础上,根据库卡茨提出的质性文本主题分析框架,借助 MAXQDA2019 软件,对访谈文本进行分析。主要有八个步骤:① 初步分析文本,在 MAXQDA 软件中标记重要文本段;② 创建主类目,主类目通常可以从与研究问题相关的理论框架和访谈提纲中直接建构②,围绕"科研评价制度对大学教师创新行为产生影响的原因是什么"这一关键问题,本研究先根据访谈提纲中的主要问题创建与影响程度的原因相关的主题类目,再根据理论基础进一步创建与影响机制的原因相关的主题类目:根据访谈提纲中的 7 个主要问题,创建了 10 个与科研评价制度各要素相关的主题类目和 2 个与大学教师科研创新行为相关的主题类目,根据自我决定理论、自我效能理论和角色认同理论,创建了 10 个与动机、自我效能和角色认同相关的主题类目,见附录 4;③ 使用主类目编码所有数据,并在 MAXQDA 软件中对文本段添加相应的主题类目标签;④ 编辑归属于同一主类目的所有文本段,使用 MAXQDA 软件的文本检索功能,将所有归类为相同主类目的文本段总结在一个列表中;⑤ 从已获取的文本段落中归纳式地创建子类目,当现存的同一主类目下的文本段落不一致时,就需要创建新的子类目,当不再有新的子类目出现时,则可以初步确定类目系统,最终创建了 35 个子类目,见附录 4;⑥ 重新分析所有文本段,标记结构化的子类目;⑦ 案例的主题总结;⑧ 对主类目之间的关系进行深度诠释。

① 软科.ShanghaiRanking academic excellence survey 2020 methodology[EB/OL]. [2021 - 08 - 17]. http://archive.shanghairanking.com/subject-survey/survey-methodology-2020.html.
② 伍多·库卡茨.质性文本分析:方法、实践与软件使用指南[M].朱志勇,范晓慧,译.重庆:重庆大学出版社,2017:70.

本 章 小 结

　　本章采用解释性时序设计的混合研究方法,设计并实施了先定量后质性的两个阶段的研究。在定量研究部分,设计了问卷并检验了问卷的质量。首先,根据变量的定义及借鉴国内外经典文献中的成熟量表,设计了适当的测量题项。其次,通过对预调查的 153 份问卷进行效度检验和信度检验得出问卷具有较高的有效性和可靠性,可以用于正式调查。最后,通过对正式调查的 1 659 份问卷进行效度检验和信度检验得出,问卷具有较高的质量。在质性研究部分,设计了访谈提纲并完成了对访谈文本的编码。首先,为揭示一般情况下和原创研究的探索过程中科研评价制度对大学教师创新行为产生影响的原因,针对典型个案和关键个案分别设计了不同的访谈提纲。其次,依据定量研究结果,从参与问卷调查的样本中,选取与定量研究结果一致或不一致的典型个案,并在此基础上,从已确定的典型个案中进一步选取取得原创性科研成果的大学教师作为关键个案,最终共完成了对 30 个典型个案和 2 个关键个案的访谈。最后,采用质性文本分析法对访谈文本进行编码并构建了包含 22 个主类目和 35 个子类目的类目表。

第五章
科研评价制度对一流大学建设高校教师
创新行为的影响程度

    本章采用多元线性回归分析法对科研评价制度对大学教师创新行为的影响程度及其差异进行分析：首先分析了科研评价制度对大学教师主动性创新行为和被动性创新行为的影响程度，其次分析了科研评价制度对大学教师创新行为影响程度的学科差异、年龄差异和学校层次差异。

    在科研评价制度对大学教师创新行为的整体影响程度方面，依据的是回归模型的拟合优度指标 R^2，该指标用于判断因变量的差异能够被回归模型解释的程度[1]；在科研评价制度各要素对大学教师创新行为的影响程度方面，采用的是标准化回归系数，该系数用于判断自变量对因变量的影响程度以及比较多个自变量对因变量的影响程度的大小[2]。相关研究表明，大学教师的性别、年龄、职称[3]，学校层次[4][5]以及人才头衔[6]，均与其科研创新行为密切相关。此外，不同学科领域教师的创新行为也存在明显差异，如在研究周期方面，理工领域的科研人员往往使用较短的时间研究范围较小的问题，而文科领域的科研人员则花较

---

[1] 谢宇.回归分析[M].北京：社会科学文献出版社,2010：58.
[2] 胡泽文,武夷山.科技产出影响因素分析与预测研究——基于多元回归和 BP 神经网络的途径[J].科学学研究,2012(7)：992 - 1004.
[3] 陈威燕.基于心理资本视角的高校教师工作绩效影响机制研究[D].徐州：中国矿业大学,2016：95.
[4] 章志敏,薛琪薪.高校类型、教师科研能力与学术产出关系的实证研究——基于全国社会学学科教师的抽样调查[J].河北科技大学学报(社会科学版),2019(1)：85 - 91.
[5] 刘莉,董彦邦,岳卫平,蓝晔.一流大学原创研究的评价与比较[J].上海交通大学学报(哲学社会科学版),2019(3)：38 - 50.
[6] 王立剑,代秀亮,金蕾,刘青.人才头衔能否提升科技人才职业成就动机——来自我国一流大学建设高校的证据[J].科技进步与对策,2019(4)：153 - 160.

长的时间研究一些耗费精力的问题[①]。因此,本研究将性别、年龄、职称、学校层次、人才头衔和学科作为控制变量纳入主效应的回归模型,以增强对大学教师科研创新行为的解释力。在年龄方面,借鉴李颖[②]和岳英[③]的划分方法,将大学教师的年龄划分为三个阶段:第一阶段是 35 岁及以下的职业生涯早期,第二阶段是 36~50 岁的职业生涯中期,第三阶段是 51 岁及以上的职业生涯晚期。在学校层次方面,根据 2020 年世界大学学术排名,将 29 所样本大学划分为两层:第一层是排名前 100 的中国顶尖大学,第二层是排名 100 到 300 之间的中国一流大学。

第一节　总体分析

本研究使用多元线性回归分析法对科研评价制度对大学教师创新行为的影响程度进行总体分析,包括科研评价制度对大学教师主动性创新行为和被动性创新行为的影响程度。描述性统计分析和相关分析需放在回归分析前。描述性统计分析通常对变量的平均值进行分析,目的在于整体上了解被调查者对变量的态度情况[④]。相关分析是回归分析的前提,只有当变量之间存在相关性时,才可能会存在回归关系。同时,为确保自变量彼此间没有多元线性关系,即自变量彼此间没有高度相关,自变量彼此间的相关系数应小于 0.7[⑤]。因此,在回归分析前先对变量进行了描述性统计分析和相关分析,各变量的平均值和彼此间的相关性见表 5-1。

由表 5-1 的变量平均值可知,在评价目的方面,形成性科研评价和终结性科研评价的平均得分分别为 2.72 和 3.84,表明当前的科研评价目的以人事决策为主,缺乏对教师科研能力发展的关注。在评价程序方面,科研评价程序民主的平均得分为 2.58,表明当前的科研评价程序缺乏民主性。在评价主客体关系方面,科研评价主客体互动公平的平均得分为 3.07,表明被调查者在科研评价的过程中体会到的行政管理者的关心、鼓励和支持较少。在评价方法方面,晋升评价方法(同行评价=1)的平均得分为 0.74,表明当前在职称晋升过程中采用的科研

① 托尼·比彻,保罗·特罗勒尔.学术部落及其领地:知识探索与学科文化[M].唐跃勤,蒲茂华,陈洪捷,译.北京:北京大学出版社,2015:124.
② 李颖.高校教师职业生涯发展及其管理激励创新研究[D].苏州:苏州大学,2004:26-33.
③ 岳英.大学教师学术活力的过程性特征及其影响机制研究[D].上海:华东师范大学,2017:67-107.
④ 周俊.问卷数据分析:破解 SPSS 的六类分析思路[M].北京:电子工业出版社,2017:216.
⑤ 吴明隆.问卷统计分析实务[M].重庆:重庆大学出版社,2010:377.

表 5 - 1　各变量的相关系数、均值及标准差 (N = 1 659)

变量	1	2	3	4	5	6	7	8	9	10	11	12	13	14	15	16
形成性评价																
终结性评价	0.42***															
评价程序民主	0.52***	0.33***														
主客体互动公平	0.55***	0.39***	0.61***													
晋升(同行评价=1)	0.01	−0.05⁺	0.07*	0.01												
评价标准(质量=1)	0.05⁺	0.01	0.17***	0.08**	0.16***											
聘期考核难度	−0.03	−0.03	0.01	−0.05*	0.01	0.07**										
晋升难度	−0.01	−0.01	−0.07*	−0.06*	−0.05*	−0.16***	0.4***									
聘期考核周期	−0.02	−0.01	0.01	−0.02	0.01	0.11***	0.05⁺	0.01								
晋升周期	0.04	0.04⁺	0.02	0.03	−0.02	−0.03	−0.02	0.03	−0.03							
内部创新动机	0.24***	0.18***	0.28***	0.2***	0.1***	0.2***	0.06*	−0.05*	0.04	0.03						
外部创新动机	0.28***	0.24***	0.2***	0.2***	0.03	0.01	0.03	0.08**	−0.01	−0.02	0.24***					
创新自我效能	0.15***	0.1***	0.2***	0.16***	0.24***	0.21***	0.02	−0.07**	−0.01	0.01	0.61***	0.08**				
创新角色认同	0.13***	0.16***	0.14***	0.13***	0.12***	0.16***	−0.02	−0.03	0.02	0.02	0.63***	0.16***	0.59***			
主动创新行为	0.25***	0.23***	0.29***	0.28***	0.1***	0.12***	−0.03	−0.05	0.01	0.04	0.58***	0.11***	0.59***	0.53***		
被动创新行为	0.06*	0.05*	−0.03	−0.01	−0.08*	−0.15*	0.07*	0.13***	−0.01	−0.02	−0.17***	0.28***	−0.24***	−0.16***	−0.2***	
均值	2.72	3.84	2.58	3.07	0.74	0.26	11.61	7.81	3.81	5.11	3.98	3.35	4.16	4.45	4.04	2.72
标准差	1.06	0.92	1.08	1.08	0.44	0.44	19.79	6.22	1.94	0.97	0.63	1.02	0.63	0.57	0.63	0.88

注：⁺为 p<0.1，*为 p<0.05，**为 p<0.01，***为 p<0.001，双侧检验。虚拟变量中"=1"是与参照组对比的变量。晋升评价方法和评价标准的参照组，分别是定量评价方法和数量标准。

评价方法是以代表性成果为基础的同行专家评价为主。在评价标准方面,评价标准(质量或创新标准＝1)的平均得分为 0.26,表明当前的科研评价标准是以成果数量为主。在评价周期方面,聘期考核周期和晋升周期的平均得分分别为 3.81 和 5.11,表明当前的科研评价周期较为适中。在评价指标难度方面,聘期考核难度和晋升难度的平均得分分别为 11.61 和 7.81,表明当前的聘期考核和晋升评价对论文、项目和奖项均有较高要求。在个体内部因素方面,科研创新内部动机、科研创新外部动机、科研创新自我效能感和科研创新角色认同的平均得分依次为 3.98、3.35、4.16 和 4.45,表明内部动力是被调查者开展科研创新活动的主要来源,包括兴趣、创新活动的意义和挑战性、对自身创新能力的判断、对自身创新角色的认知等,源于薪酬、奖励、职称晋升等方面的外部动力较小。在科研创新行为方面,主动性科研创新行为和被动性科研创新行为的平均得分分别为 4.04 和 2.72,表明被调查者开展科研创新活动的主动性较高,受外部压力影响被动开展的科研创新活动较少。

由表 5-1 的变量间相关系数可知,自变量彼此间的相关系数均小于 0.7,表明它们彼此之间没有多元线性关系。主动性科研创新行为与形成性科研评价、科研评价程序民主、科研评价主客体互动公平、晋升评价方法(同行评价＝1)、评价标准(质量或创新标准＝1)呈显著正相关,因此,将这些评价要素纳入以主动性科研创新行为为因变量的回归模型。主动性科研创新行为与晋升难度和聘期考核难度均不相关,但它们可能与主动性科研创新行为之间存在"倒 U 型"关系,因此,将晋升难度、聘期考核难度及它们的平方项同时纳入以主动性科研创新行为为因变量的回归模型。被动性科研创新行为与终结性科研评价呈显著正相关,与晋升评价方法(同行评价＝1)、评价标准(质量或创新标准＝1)呈显著负相关,因此,将这些评价要素纳入以被动性科研创新行为为因变量的回归模型。主动性科研创新行为和被动性科研创新行为均与聘期考核周期和职称晋升周期不相关,表明这些评价要素与主动性科研创新行为或被动性科研创新行为之间不存在回归关系,因此,假设 1g 和假设 1h 未得到支持,为避免这些与主动性创新行为或被动性创新行为不相关的评价要素干扰回归模型的解释力,将它们从回归模型中排除。

此外,在科研评价结果应用方面,年度考核和聘期考核结果应用于教师发展所占的比例分别只有 2.7％和 2.2％;在年度考核方法、聘期考核方法和科研奖励方法方面,同行评价所占的比例依次为 1.9％、6.2％和 5.1％,均不具备作为类别变量进行对比分析的价值。因此,本研究没有将科研评价结果应用、年度考核方法、聘期考核方法和科研奖励方法纳入研究结论,假设 1l 和假设 1m 未得到支持。

"线性回归分析广泛用于假设验证,即验证自变量对因变量的影响关系"[1]。拟合优度指标 R^2 的取值范围介于 0 到 1 之间,但 R^2 值究竟达到多少才能表明回归模型对因变量的解释程度较高,不同学科的判断标准并不一致。张文彤和董伟认为,"实验室研究有时认为 $R=0.9$ 仍嫌偏小,而社会科学研究中存在较多对因变量确有影响却无法进行测量的变量,也无法对其进行统计分析,社会科学研究者可能认为 $R>0.4$ 已经足够好了。"[2]因此,本研究认为,当 $R>0.4$ 时,表明科研评价制度整体上对大学教师创新行为产生了非常大的影响;当 $0.2<R\leqslant0.4$ 时,表明科研评价制度整体上对大学教师创新行为产生了较大的影响;当 $0\leqslant R\leqslant0.2$ 时,表明科研评价制度整体上对大学教师创新行为产生了较小的影响。R^2 作为 R 的平方,其相应的判断标准由高到低依次是:$R^2>0.16$、$0.04<R^2\leqslant0.16$ 和 $0\leqslant R^2\leqslant0.04$。

一、科研评价制度对大学教师主动性创新行为的影响程度

将形成性科研评价、科研评价程序民主、科研评价主客体互动公平、晋升评价方法、评价标准、聘期考核难度、晋升难度作为自变量,将性别、年龄、职称、学校层次、人才称号和学科作为控制变量,纳入以主动性科研创新行为为因变量的回归模型,回归分析结果见表 5-2。由表 5-2 可知,在科研评价制度对大学教师主动性科研创新行为的整体影响程度方面,回归模型的 F 值为 13.78($p<0.001$),表明该模型对主动性科研创新行为有显著的解释力,R^2 统计量为 0.14,表明科研评价制度整体上对大学教师主动性科研创新行为产生了较大的影响。

表 5-2　科研评价制度对大学教师主动性科研创新
行为影响的回归结果($N=1\,659$)

变　　量	主动创新行为
性别(男=1)	−0.02
年龄(35 岁以下=1)	0.04

---

① 周俊.问卷数据分析:破解 SPSS 的六类分析思路[M].北京:电子工业出版社,2017:46-47.
② 张文彤,董伟.SPSS 统计分析高级教程(第 2 版)[M].北京:高等教育出版社,2013:102.

续 表

变　　量	主动创新行为
年龄(36~50 岁＝1)	0.06$^+$
职称(副高＝1)	0.08*
职称(正高＝1)	0.09$^+$
称号(省级以上＝1)	0.02
学校(中国一流＝1)	−0.03
学科(自然科学＝1)	0.11**
学科(工程科学＝1)	0.1**
学科(社会科学＝1)	0.01
形成性评价	0.1**
评价程序民主	0.13***
主客体互动公平	0.12***
晋升(同行评价＝1)	0.06*
评价标准(质量＝1)	0.04$^+$
聘期难度	−0.05
聘期难度平方项	0.02
晋升难度	−0.09
晋升难度平方项	0.11
F	13.78***
R^2	0.14

注：$^+$为 $p<0.1$，*为 $p<0.05$，**为 $p<0.01$，*** 为 $p<0.001$，双侧检验。虚拟变量中"＝1"是与参照组对比的变量，虚拟变量中性别、年龄、职称、称号、学科、学校层次、晋升评价方法和评价标准的参照组，分别是女性、51 岁以上、中级、无省级以上称号、人文学科、中国顶尖大学、定量评价方法和数量标准。

由表 5－2 还可以发现，在科研评价制度各要素对大学教师主动性科研创新行为的影响程度方面，由大到小依次为科研评价程序民主($\beta=0.13$，$p<0.001$)、科研评价主客体互动公平($\beta=0.12$，$p<0.001$)、形成性科研评价($\beta=0.1$，$p<0.01$)、晋升评价方法(同行评价＝1)($\beta=0.06$，$p<0.05$)和评价标准(质量或创新标准＝1)($\beta=0.04$，$p<0.1$)，因此，假设 1a、假设 1c、假设 1d、假设 1e 和假设 1i 得到支持。此外，由表 5－2 还可以发现，聘期考核难度平方项和晋升难度平方项对大学教师主动性科研创新行为的影响均不显著，因此，假设 1k 未得到支持。

二、科研评价制度对大学教师被动性创新行为的影响程度

本研究使用多元线性回归分析法检验科研评价制度对大学教师被动性科研创新行为的影响程度,将终结性科研评价、晋升评价方法、评价标准作为自变量,将性别、年龄、职称、学校层次、人才称号和学科作为控制变量,纳入以被动性科研创新行为为因变量的回归模型,回归分析结果见表 5 - 3。由表 5 - 3 可知,在科研评价制度对大学教师被动性科研创新行为的整体影响程度方面,回归模型的 F 值为 8.73($p < 0.001$),表明该模型对被动性科研创新行为有显著的解释力,R^2 统计量为 0.07,表明该模型可以解释被动性科研创新行为 7% 的变异,科研评价制度整体上对大学教师被动性科研创新行为产生了较大的影响。

表 5 - 3　科研评价制度对大学教师被动性科研创新
行为影响的回归结果($N = 1\ 659$)

变　　量	主动创新行为
性别(男＝1)	0.03
年龄(35 岁以下＝1)	0.01
年龄(36～50 岁＝1)	−0.01
职称(副高＝1)	−0.09*
职称(正高＝1)	−0.19***
称号(省级以上＝1)	−0.08**
学校(中国一流＝1)	0.09**
学科(自然科学＝1)	−0.04
学科(工程科学＝1)	0.03
学科(社会科学＝1)	0.01
终结性评价	0.06*
晋升(同行评价＝1)	−0.04
评价标准(质量＝1)	−0.07*
F	8.73***
R^2	0.07

注:+为 $p < 0.1$,*为 $p < 0.05$,**为 $p < 0.01$,***为 $p < 0.001$,双侧检验。虚拟变量中"＝1"是与参照组对比的变量,虚拟变量中性别、年龄、职称、称号、学科、学校层次、晋升评价方法和评价标准的参照组,分别是女性、51 岁以上、中级、无省级以上称号、人文学科、中国顶尖大学、定量评价方法和数量标准。

　　由表 5-3 还可以发现,在科研评价制度各要素对大学教师被动性科研创新行为的影响程度方面,由大到小依次为评价标准(质量或创新标准＝1)($\beta=-0.07,p<0.05$)和终结性科研评价($\beta=0.06,p<0.05$),因此,假设 1b 和假设 1j 得到支持。由表 5-3 还可以发现,晋升评价方法(同行评价＝1)对大学教师被动性科研创新行为的影响并不显著,因此,假设 1f 未得到支持。

第二节　学科差异分析

一、科研评价制度对大学教师主动性创新行为影响程度的学科差异

　　如果自变量与因变量关系的方向和强弱受到第三个变量的影响,则存在调节效应[①]。因此,本研究采用调节效应的分析方法检验科研评价制度对大学教师主动性科研创新行为的影响是否存在学科差异。

　　当调节变量为类别变量时,可采用分组回归的方法,按类别变量的取值分组,做自变量对因变量的回归,若回归系数的差异显著,则调节效应显著[②]。本研究中四个学科领域的样本量差异较大,如果采用分组回归的方法,会导致显著性估计的结果不一致。"为了增加模型估计的准确性且使其对组间差异的检验更为准确,可以引入交互项,即将作为调节变量的类别变量虚拟化以后,构造其与解释变量的交互项并加入回归模型,对样本总体做回归,在对样本总体进行回归后可以给出不同人群所对应的系数估计结果"[③]。

　　在将虚拟化的分类变量作为调节变量纳入回归模型以后,采用温忠麟建议的检验方法,若自变量与调节变量的交互项回归系数显著,则调节效应显著[④]。因此,本研究先以人文学科为参照,将学科设置为学科(自然科学＝1)、学科(工程科学＝1)、学科(社会科学＝1)三个虚拟变量,再将其作为调节变量纳入回归模型,最后是检验学科与科研评价各要素的交互项回归系数是否显著。

　　为检验学科在科研评价制度各要素对大学教师主动性科研创新行为影响过程中的调节作用,分别构建了学科与形成性科研评价、科研评价程序民主、科研

①　温忠麟,侯杰泰,张雷.调节效应与中介效应的比较和应用[J].心理学报,2005(2):268-274.
②　温忠麟,侯杰泰,张雷.调节效应与中介效应的比较和应用[J].心理学报,2005(2):268-274.
③　谢宇.回归分析[M].北京:社会科学文献出版社,2010:240.
④　温忠麟,侯杰泰,张雷.调节效应与中介效应的比较和应用[J].心理学报,2005(2):268-274.

评价主客体互动公平、晋升评价方法、评价标准、聘期考核难度、晋升难度的乘积项，回归分析结果见表5-4。由模型1、模型2、模型4、模型5、模型6和模型7可知，学科与形成性科研评价、科研评价程序民主、晋升评价方法、评价标准、聘期考核难度、晋升难度的交互项回归系数均不显著，表明这些评价要素对大学教师主动性科研创新行为的影响并不存在明显的学科差异。由模型3可知，自然科学($\beta=-0.07,p<0.1$)和社会科学($\beta=-0.09,p<0.05$)与科研评价主客体互动公平的交互项回归系数显著，表明相比自然科学和社会科学领域，科研评价主客体互动公平会对人文学科领域教师的主动性科研创新行为产生更积极的影响。

表5-4　学科对主动性科研创新行为主效应调节的回归结果($N=1\,659$)

变　　量	主动创新行为						
	M1	M2	M3	M4	M5	M6	M7
（常数）	3.28***	3.15***	3.03***	3.22***	3.21***	3.19***	3.21***
性别(男=1)	−0.02	−0.02	−0.02	−0.02	−0.02	−0.02	−0.02
年龄(35岁以下=1)	0.06	0.06	0.06	0.06	0.06	0.06	0.07
年龄(36~50岁=1)	0.08+	0.08+	0.07+	0.08+	0.07+	0.07+	0.08*
职称(副高=1)	0.11*	0.11*	0.11*	0.11*	0.09*	0.09*	0.09*
职称(正高=1)	0.11+	0.11+	0.11*	0.11*	0.11+	0.11+	0.11+
称号(省级以上=1)	0.03	0.03	0.03	0.03	0.03	0.03	0.03
学校(中国一流=1)	−0.04	−0.04	−0.04	−0.04	−0.04	−0.04	−0.04
学科(自然科学=1)	0.16	0.26*	0.35**	0.18*	0.13*	0.17**	0.17**
学科(工程科学=1)	0.03	0.22*	0.32*	0.13	0.15**	0.16**	0.16**
学科(社会科学=1)	−0.12	0.02	0.29*	−0.02	0.02	0.01	0.02
形成性评价	0.03	0.06***	0.06***	0.06***	0.06***	0.06***	0.06***
评价程序民主	0.08***	0.09**	0.08***	0.08***	0.08***	0.08***	0.08***
主客体互动公平	0.07***	0.07***	0.13***	0.07***	0.07***	0.07***	0.07***
晋升(同行评价=1)	0.08*	0.08*	0.08*	0.07	0.08*	0.08*	0.08*
评价标准(质量=1)	0.06+	0.07*	0.07*	0.06+	0.06*	0.06*	0.06*
聘期难度	−0.01	−0.02	−0.01	−0.01	−0.01	−0.01	−0.01
聘期难度平方项	0.01	0.01	0.01	0.01	0.01	0.01	0.01
晋升难度	−0.01	−0.01	−0.01	−0.01	−0.01	−0.01	−0.01

变　量	主动创新行为						
	M1	M2	M3	M4	M5	M6	M7
晋升难度平方项	0.01	0.01	0.01	0.01	0.01	0.01	0.01
自然/工程/社会科学× 形成性评价	不显著						
自然/工程/社会科学× 程序民主		不显著					
自然科学×主客体互动			-0.07^+				
工程科学×主客体互动			-0.06				
社会科学×主客体互动			-0.09^*				
自然/工程/社会科学× 同行评价				不显著			
自然/工程/社会科学× 质量标准					不显著		
自然/工程/社会科学× 晋升难度						不显著	
自然/工程/社会科学× 聘期难度							不显著
F	12.1^{***}	12.1^{***}	12.2^{***}	12.1^{***}	12.1^{***}	12.4^{***}	12.2^{***}
R^2	0.14	0.14	0.14	0.14	0.14	0.14	0.14

注：为压缩表格长度以更清晰地呈现影响差异，表 5-4 重点展示了存在显著学科差异的交互项数值，对不存在显著学科差异的结果不再展示具体交互项数值。$+$ 为 $p<0.1$，$*$ 为 $p<0.05$，$**$ 为 $p<0.01$，$***$ 为 $p<0.001$，双侧检验。虚拟变量中"=1"是与参照组对比的变量，虚拟变量中性别、年龄、职称、称号、学科、学校层次、晋升评价方法和评价标准的参照组，分别是女性、51 岁以上、中级、无省级以上称号、人文学科、中国顶尖大学、定量评价方法和数量标准。

二、科研评价制度对大学教师被动性创新行为影响程度的学科差异

为检验学科的调节作用，分别构建了学科与终结性科研评价、晋升评价方法、评价标准的乘积项，回归分析结果见表 5-5。由模型 1、模型 2 和模型 3 可知，学科与终结性科研评价、晋升评价方法（同行评价=1）和评价标准（质量或创新标准=1）的交互项回归系数均不显著，表明这些评价要素对大学教师被动性科研创新行为的影响并不存在明显的学科差异。

表 5 - 5   学科对被动性科研创新行为主效应调节的回归结果($N = 1\,659$)

变 量	被动创新行为		
	M1	M2	M3
(常数)	2.53***	2.67***	2.72***
性别(男=1)	0.06	0.01	0.02
年龄(35 岁以下=1)	0.02	0.01	0.01
年龄(36~50 岁=1)	−0.01	0.01	0.01
职称(副高=1)	−0.15*	−0.15*	−0.15*
职称(正高=1)	−0.32***	−0.33***	−0.33***
称号(省级以上=1)	−0.13**	−0.14**	−0.14**
学校(中国一流=1)	0.15***	0.15***	0.15***
学科(自然科学=1)	0.25	−0.07	−0.06
学科(工程科学=1)	0.27	0.02	0.05
学科(社会科学=1)	0.14	0.15	0.01
终结性评价	0.11+	0.06*	0.06*
晋升(同行评价=1)	−0.07	−0.01	−0.07
评价标准(质量=1)	−0.12*	−0.14*	−0.13
自然/工程/社会科学×终结性评价	不显著		
自然/工程/社会科学×同行评价		不显著	
自然/工程/社会科学×质量标准			不显著
F	7.17***	7.37***	7.11***
R^2	0.07	0.07	0.06

注:为压缩表格长度以更清晰地呈现研究结果,表 5 - 5 对不存在显著学科差异的结果不再展示具体交互项数值。+ 为 $p < 0.1$,* 为 $p < 0.05$,** 为 $p < 0.01$,*** 为 $p < 0.001$,双侧检验。虚拟变量中"=1"是与参照组对比的变量,虚拟变量中性别、年龄、职称、称号、学科、学校层次、晋升评价方法和评价标准的参照组,分别是女性、51 岁以上、中级、无省级以上称号、人文学科、中国顶尖大学、定量评价方法和数量标准。

第三节   年龄差异分析

一、科研评价制度对大学教师主动性创新行为影响程度的年龄差异

为检验年龄在科研评价制度对大学教师主动性创新行为影响过程中的调节作用,本研究以 51 岁及以上为参照,设置年龄(35 岁以下=1)和年龄(36~50 岁=

1)两个虚拟变量,并在此基础上分别构建了年龄与形成性评价、评价程序民主、评价主客体互动公平、晋升评价方法、评价标准、聘期考核难度、晋升难度的乘积项,回归分析结果见表5-6。由模型1、模型3、模型4、模型5、模型6和模型7可知,年龄与形成性评价、评价主客体互动公平、晋升评价方法、评价标准、聘期考核难度、晋升难度的交互项回归系数均不显著,表明这些评价要素对大学教师主动性创新行为的影响并不存在年龄差异。由模型2可知,35岁及以下($\beta = -0.07$,$p < 0.1$)和36～50岁($\beta = -0.06$,$p < 0.05$)与评价程序民主的交互项回归系数显著,表明相比51岁及以上职业生涯晚期,评价程序民主对35岁及以下职业生涯早期和36～50岁职业生涯中期大学教师主动性创新行为产生的积极影响较小。

表5-6　年龄对主动性科研创新行为主效应调节的回归结果($N=1\ 659$)

变　　量	主动创新行为						
	M1	M2	M3	M4	M5	M6	M7
(常数)	3.11***	3.08***	3.13***	3.25***	3.22***	3.21***	3.21***
性别(男=1)	−0.02	−0.02	−0.02	−0.02	−0.02	−0.02	−0.02
年龄(35岁以下=1)	0.13	0.25**	0.14	−0.02	0.06	0.08	0.06
年龄(36～50岁=1)	0.25**	0.25**	0.19⁺	0.06	0.07	0.07⁺	0.07⁺
职称(副高=1)	0.11*	0.11*	0.11*	0.11⁺	0.11*	0.11*	0.11*
职称(正高=1)	0.11⁺	0.12⁺	0.11⁺	0.11⁺	0.11⁺	0.11⁺	0.11⁺
称号(省级以上=1)	0.03	0.03	0.03	0.03	0.03	0.03	0.03
学校(中国一流=1)	−0.04	−0.04	−0.04	−0.04	−0.04	−0.04	−0.04
学科(自然科学=1)	0.15**	0.15**	0.15**	0.15**	0.15**	0.15**	0.15**
学科(工程科学=1)	0.14**	0.14**	0.14**	0.14**	0.14**	0.14**	0.14**
学科(社会科学=1)	0.02	0.02	0.01	0.02	0.02	0.02	0.02
形成性评价	0.1***	0.06***	0.06***	0.06***	0.06***	0.06***	0.06***
评价程序民主	0.08***	0.13**	0.08***	0.08***	0.08***	0.08***	0.08***
主客体互动公平	0.07***	0.07***	0.1***	0.07***	0.07***	0.07***	0.07***
晋升(同行评价=1)	0.09*	0.09*	0.08*	0.05	0.08*	0.08*	0.08*
评价标准(质量=1)	0.06⁺	0.06⁺	0.06⁺	0.06⁺	0.05	0.06⁺	0.06⁺
聘期难度	−0.01	−0.02	−0.01	−0.01	−0.01	−0.01	−0.01
聘期难度平方项	0.01	0.01	0.01	0.01	0.01	0.01	0.01
晋升难度	−0.01	−0.01	−0.01	−0.01	−0.01	−0.01	−0.01

变　量	主动创新行为						
	M1	M2	M3	M4	M5	M6	M7
晋升难度平方项	0.01	0.01	0.01	0.01	0.01	0.01	0.01
35 岁以下/36～50 岁×形成性评价	不显著						
35 岁以下×程序民主		-0.07^+					
36～50 岁×程序民主		0.06^*					
35 岁以下/36～50 岁×主客体互动			不显著				
35 岁以下/36～50 岁×同行评价				不显著			
35 岁以下/36～50 岁×质量标准					不显著		
35 岁以下/36～50 岁×晋升难度						不显著	
35 岁以下/36～50 岁×聘期难度							不显著
F	12.8^{***}	12.8^{***}	12.6^{***}	12.6^{***}	12.6^{***}	12.6^{***}	12.6^{***}
R^2	0.14	0.14	0.14	0.14	0.14	0.14	0.14

注：为压缩表格长度以更清晰地呈现影响差异，表 5-6 重点展示了存在显著年龄差异的交互项数值，对不存在显著年龄差异的结果不再展示具体交互项数值。$^+$ 为 $p<0.1$，* 为 $p<0.05$，** 为 $p<0.01$，*** 为 $p<0.001$，双侧检验。虚拟变量中"=1"是与参照组对比的变量，虚拟变量中性别、年龄、职称、称号、学科、学校层次、晋升评价方法和评价标准的参照组，分别是女性、51 岁以上、中级、无省级以上称号、人文学科、中国顶尖大学、定量评价方法和数量标准。

二、科研评价制度对大学教师被动性创新行为影响程度的年龄差异

为检验年龄的调节作用，本研究分别构建了年龄与终结性评价、晋升评价方法、评价标准的乘积项，回归分析结果见表 5-7。由模型 1 和模型 3 可知，年龄与终结性评价和评价标准（质量或创新标准=1）的交互项回归系数均不显著。由模型 2 可知，35 岁及以下（$\beta=0.29$，$p<0.1$）和 36～50 岁（$\beta=0.34$，$p<0.01$）与晋升评价方法（同行评价=1）的交互项回归系数显著，定量评价方法对 35 岁及以下职业生涯早期和 36～50 岁职业生涯中期大学教师被动性创新行为产生的影响较小。

表 5 - 7　年龄对被动性科研创新行为主效应调节的回归结果($N = 1\ 659$)

变　　量	被动创新行为		
	M1	M2	M3
(常数)	2.71***	2.95***	2.66***
性别(男＝1)	0.06	0.06	0.05
年龄(35 岁以下＝1)	0.26	−0.23	0.06
年龄(36～50 岁＝1)	−0.06	−0.27*	0.07
职称(副高＝1)	−0.15*	−0.16*	−0.15*
职称(正高＝1)	−0.33***	−0.34***	−0.31***
称号(省级以上＝1)	−0.14**	−0.14**	−0.14**
学校(中国一流＝1)	0.15***	0.15***	0.15***
学科(自然科学＝1)	−0.07	−0.07	−0.06
学科(工程科学＝1)	0.06	0.06	0.06
学科(社会科学＝1)	0.01	0.01	0.02
终结性评价	0.06	0.06*	0.06*
晋升(同行评价＝1)	−0.08	−0.34*	−0.07
评价标准(质量＝1)	−0.12*	−0.12*	−0.02
35 岁以下/36～50 岁×终结性评价	不显著		
35 岁以下×同行评价		0.29+	
36～50 岁×同行评价		0.34**	
35 岁以下/36～50 岁×质量标准			不显著
F	7.65***	8.07***	7.79***
R^2	0.07	0.07	0.07

注：为压缩表格长度以更清晰地呈现影响差异,表 5 - 7 重点展示了存在显著年龄差异的交互项数值,对不存在显著年龄差异的结果不再展示具体交互项数值。+ 为 $p < 0.1$,* 为 $p < 0.05$,** 为 $p < 0.01$,*** 为 $p < 0.001$,双侧检验。虚拟变量中"＝1"是与参照组对比的变量,虚拟变量中性别、年龄、职称、称号、学科、学校层次、晋升评价方法和评价标准的参照组,分别是女性、51 岁以上、中级、无省级以上称号、人文学科、中国顶尖大学、定量评价方法和数量标准。

第四节　学校层次差异分析

一、科研评价制度对大学教师主动性创新行为影响程度的学校层次差异

为检验学校层次在科研评价制度各要素对大学教师主动性科研创新行为影

响过程中的调节作用,以中国顶尖大学为参照,将学校层次设置为一个虚拟变量,即学校(中国一流＝1),并在此基础上分别构建了学校层次与形成性科研评价、科研评价程序民主、科研评价主客体互动公平、晋升评价方法、评价标准、聘期考核难度、晋升难度的乘积项,回归分析结果见表5-8。由模型1、模型2、模型3、模型5、模型6和模型7可知,学校层次与形成性科研评价、科研评价程序民主、科研评价主客体互动公平、评价标准、聘期考核难度、晋升难度的交互项回归系数均不显著,表明这些评价要素对大学教师主动性科研创新行为的影响并不存在明显的学校层次差异。由模型4可知,中国一流大学($\beta=0.12$, $p<0.1$)与晋升(同行评价方法＝1)的交互项回归系数显著,表明相比中国顶尖大学,职称晋升中使用同行评价方法会对中国一流大学教师的主动性科研创新行为产生更积极的影响。

表5-8   学校层次对主动性科研创新行为主效应调节的回归结果($N=1\,659$)

变量	主动创新行为						
	M1	M2	M3	M4	M5	M6	M7
(常数)	3.23***	3.24***	3.26***	3.26***	3.22***	3.21***	3.21***
性别(男＝1)	−0.02	−0.02	−0.02	−0.02	−0.02	−0.02	−0.02
年龄(35 岁以下＝1)	0.06	0.06	0.06	0.06	0.06	0.06	0.06
年龄(36～50 岁＝1)	0.08+	0.08+	0.08+	0.08+	0.08+	0.08+	0.08+
职称(副高＝1)	0.11*	0.11*	0.11*	0.11*	0.11*	0.11*	0.11*
职称(正高＝1)	0.11+	0.11+	0.11+	0.11+	0.11+	0.11+	0.11+
称号(省级以上＝1)	0.03	0.03	0.03	0.03	0.03	0.03	0.03
学校(中国一流＝1)	−0.08	−0.08	−0.11	−0.13*	−0.06	−0.04	−0.05
学科(自然科学＝1)	0.15**	0.15**	0.15**	0.15**	0.15**	0.15**	0.15**
学科(工程科学＝1)	0.14**	0.14**	0.14**	0.14**	0.14**	0.14**	0.14**
学科(社会科学＝1)	0.02	0.02	0.02	0.02	0.02	0.02	0.02
形成性评价	0.05*	0.06***	0.06***	0.06***	0.06***	0.06***	0.06***
评价程序民主	0.08***	0.07***	0.08***	0.08***	0.08***	0.08***	0.08***
主客体互动公平	0.07***	0.07***	0.06*	0.07***	0.07***	0.07***	0.07***
晋升(同行评价＝1)	0.08*	0.08*	0.08*	0.01	0.08*	0.08*	0.08*
评价标准(质量＝1)	0.06+	0.06+	0.06+	0.06+	0.03	0.06+	0.06+

续　表

变　　量	主动创新行为						
	M1	M2	M3	M4	M5	M6	M7
聘期难度	−0.01	−0.02	−0.01	−0.01	−0.01	−0.01	−0.01
聘期难度平方项	0.01	0.01	0.01	0.01	0.01	0.01	0.01
晋升难度	−0.01	−0.01	−0.01	−0.01	−0.01	−0.01	−0.01
晋升难度平方项	0.01	0.01	0.01	0.01	0.01	0.01	0.01
中国一流×形成性评价	0.02						
中国一流×程序民主		0.02					
中国一流×主客体互动			0.02				
中国一流×同行评价				0.12^+			
中国一流×质量标准					0.06		
中国一流×晋升难度						0.01	
中国一流×聘期难度							0.01
F	13.2^{***}	13.2^{***}	13.2^{***}	13.4^{***}	13.2^{***}	13.2^{***}	13.2^{***}
R^2	0.14	0.14	0.14	0.14	0.14	0.14	0.14

注：$^+$ 为 $p<0.1$，* 为 $p<0.05$，** 为 $p<0.01$，*** 为 $p<0.001$，双侧检验。虚拟变量中"＝1"是与参照组对比的变量，虚拟变量中性别、年龄、职称、称号、学科、学校层次、晋升评价方法和评价标准的参照组，分别是女性、51 岁以上、中级、无省级以上称号、人文学科、中国顶尖大学、定量评价方法和数量标准。

二、科研评价制度对大学教师被动性创新行为影响程度的学校层次差异

为检验学校层次在科研评价制度各要素对大学教师被动性科研创新行为影响过程中的调节作用，以中国顶尖大学为参照，将学校层次设置为一个虚拟变量，即学校（中国一流＝1），并在此基础上分别构建了学校层次与终结性科研评价、晋升评价方法、评价标准的乘积项，回归分析结果见表 5-9。由模型 1、模型 2 和模型 3 可知，学校层次与终结性科研评价、晋升评价方法（同行评价＝1）和评价标准（质量或创新标准＝1）的交互项回归系数均不显著，表明这些评价要素对大学教师被动性科研创新行为的影响并不存在明显的学校层次差异。

表 5 - 9   学校层次对被动性科研创新行为主效应调节的回归结果($N = 1\,659$)

变 量	被动创新行为		
	M1	M2	M3
（常数）	2.81***	2.77***	2.72***
性别（男＝1）	0.06	0.06	0.06
年龄（35 岁以下＝1）	0.02	0.01	0.02
年龄（36～50 岁＝1）	−0.01	−0.01	0.01
职称（副高＝1）	−0.15*	−0.16*	−0.15*
职称（正高＝1）	−0.33***	−0.33***	−0.33***
称号（省级以上＝1）	−0.14**	−0.13**	−0.14**
学校（中国一流＝1）	−0.02	0.05	0.11*
学科（自然科学＝1）	−0.07	−0.06	−0.06
学科（工程科学＝1）	0.06	0.07	0.07
学科（社会科学＝1）	0.01	0.02	0.02
终结性评价	0.03	0.06*	0.06*
晋升（同行评价＝1）	−0.08	−0.16+	−0.08
评价标准（质量＝1）	−0.12*	−0.12*	−0.21**
中国一流×终结性评价	0.04		
中国一流×同行评价		0.13	
中国一流×质量标准			0.14
F	8.16***	8.22***	8.25***
R^2	0.07	0.07	0.07

注：+ 为 $p < 0.1$，* 为 $p < 0.05$，** 为 $p < 0.01$，*** 为 $p < 0.001$，双侧检验。虚拟变量中"＝1"是与参照组对比的变量，虚拟变量中性别、年龄、职称、称号、学科、学校层次、晋升评价方法和评价标准的参照组，分别是女性、51 岁以上、中级、无省级以上称号、人文学科、中国顶尖大学、定量评价方法和数量标准。

第五节   讨   论

在科研评价目的对大学教师创新行为的影响程度方面，研究发现，形成性科研评价和终结性科研评价分别对大学教师的主动性创新行为和被动性创新行为产生了积极影响。该结果与王忠军[①]的研究发现一致。本研究对以往研究主要

---

① 王忠军,刘丽丹.绩效考核能否促进高校教师突破性学术创新行为[J].高等教育研究,2017(4)：52 - 60.

做了两方面的拓展：一方面，以往研究主要从评价目的着手分析科研评价制度对大学教师创新行为的影响程度，本研究则通过构建涵盖各评价要素的回归模型进一步发现，科研评价制度整体上对大学教师的主动性创新行为和被动性创新行为均产生了较大影响，科研评价程序民主、科研评价主客体互动公平、形成性科研评价、职称晋升中使用以代表性成果为基础的同行评价方法、质量或创新标准均对大学教师的主动性创新行为产生了积极影响，数量标准和终结性科研评价对大学教师的被动性创新行为产生了积极影响；另一方面，以往研究主要从大学教师的整体层面进行分析，本研究则通过检验学科、年龄和学校层次对影响程度的调节作用进一步发现，科研评价主客体互动公平会对人文学科领域教师的主动性科研创新行为产生更积极的影响，科研评价程序民主对 35 岁及以下职业生涯早期和 36～50 岁职业生涯中期大学教师的主动性科研创新行为产生的积极影响较小，定量评价方法对 35 岁及以下职业生涯早期和 36～50 岁职业生涯中期大学教师的被动性科研创新行为产生的影响较小，同行评价方法会对中国一流大学教师的主动性科研创新行为产生更积极的影响。

本 章 小 结

本章使用多元线性回归分析法分析了科研评价制度对大学教师创新行为的影响程度，并检验了学科、年龄和学校层次对影响程度的调节作用，主要得出三点结论：

（1）科研评价制度对大学教师主动性创新行为产生了较大的影响，其中科研评价程序民主产生的影响最大。在对大学教师主动性创新行为的整体影响程度方面，科研评价制度整体上对大学教师主动性创新行为产生了较大影响；在科研评价制度各要素对大学教师主动性创新行为的影响程度方面，由大到小依次为评价程序民主、评价主客体互动公平、形成性评价、职称晋升中使用以代表性成果为基础的同行评价方法和以成果质量或创新性为主的评价标准。

（2）科研评价制度对大学教师被动性创新行为产生了较大的影响，其中数量标准产生的影响最大。在对大学教师被动性创新行为的整体影响程度方面，科研评价制度整体上对大学教师被动性创新行为产生了较大的影响；在科研评价制度各要素对大学教师被动性创新行为的影响程度方面，由大到小依次为以成果数量为主的评价标准和终结性评价。

（3）**科研评价制度对大学教师创新行为的影响程度存在明显的学科、年龄和学校层次差异**。相比自然科学、工程科学和社会科学领域，科研评价主客体互动公平会对人文学科领域教师的主动性创新行为产生更积极的影响。相比51岁及以上的职业生涯晚期，科研评价程序民主对35岁及以下职业生涯早期和36～50岁职业生涯中期大学教师的主动性科研创新行为产生的积极影响较小，定量评价方法对35岁及以下职业生涯早期和36～50岁职业生涯中期大学教师的被动性科研创新行为产生的影响较小。相比中国顶尖大学，职称晋升中使用以代表性成果为基础的同行评价方法会对中国一流大学教师的主动性科研创新行为产生更积极的影响。

第六章
科研评价制度对一流大学建设高校教师创新行为的影响机制

在明确了科研评价制度是影响大学教师创新行为的重要因素之后,本章采用逐步法和层次检验法对科研评价制度通过个体内部因素的中介作用对大学教师创新行为的影响机制及其学科、年龄和学校层次差异进行分析。

机制是指"各子系统、各要素之间的相互作用、相互制约、相互联系的形式"[①]。作为机制的下位概念,影响机制聚焦因果系统内部,指以某种方式作用于人或物并使其发生改变的过程中各要素之间相互作用的形式。本研究中的影响机制涉及五个要素,分别是科研评价制度、大学教师的科研创新行为及其内部影响因素(动机、自我效能和角色认同)。在协调五个要素之间关系以更好地发挥科研评价制度积极影响的运行方式方面,本研究主要探究的是科研评价制度通过个体内部因素的中介对大学教师科研创新行为的影响。相关研究也指出,借由中介变量的分析可以更深入细致地探究影响机制的内涵[②]。在中介效应的程度方面,依据的是中介效应值与总效应值的比值,该指标是最为常见的中介效应量衡量指标[③]。

第一节 总 体 分 析

逐步法对中介效应的检验流程分为三步:第一步是检验自变量对因变量的

---

① 李学栋,何海燕,李习彬.管理机制的概念及设计理论研究[J].工业工程,1999(4):31-34.
② FRAZIER P A, TIX A P, BARRON K E. Testing moderator and mediator effects in counseling psychology research [J]. Journal of Counseling Psychology, 2004(1):115.
③ 温忠麟,范息涛,叶宝娟,等.从效应量应有的性质看中介效应量的合理性[J].心理学报,2016(4):436-443.

回归系数是否显著,第二步是检验自变量对中介变量及中介变量对因变量的回归系数是否显著,第三步是检验这两个系数的乘积在95%的置信区间下是否包含0[①]。由于第五章检验了第一步,因此,本章对中介效应的检验主要是第二步和第三步。

本研究使用中介效应值与总效应值的比值,进一步分析中介效应的程度。根据科恩(J. Cohen)建议的效应量标准,当效应量≥0.8时,表明中介效应的程度非常大;当0.5≤效应量<0.8时,表明中介效应的程度较大;当0.2≤效应量<0.5时,表明中介效应的程度较小;当效应量<0.2时,表明中介效应的程度非常小[②]。

由第五章的回归分析结果可知,职称晋升周期、聘期考核周期、晋升难度平方项和聘期考核难度平方项均未对主动性科研创新行为产生显著影响。因此,这些评价要素与主动性科研创新行为之间的中介效应不成立,假设2e、假设3e、假设2g和假设3g未得到支持。此外,由于科研评价结果应用作为类别变量不具备进行对比分析的价值而未被纳入研究中,因此,假设2h和假设3h未得到支持。

一、科研评价制度对大学教师主动性创新行为的影响机制

根据中介效应检验的第二步,本研究依次检验了科研评价制度对内部创新动机、创新自我效能感、创新角色认同的回归系数,以及这些内部因素对主动性科研创新行为的回归系数,回归分析结果见表6-1。由模型1可知,形成性评价($\beta=0.08$,$p<0.001$)、评价程序民主($\beta=0.09$,$p<0.001$)和评价标准(质量或创新标准=1)($\beta=0.19$,$p<0.001$)对内部创新动机均会产生积极影响,晋升评价方法(同行评价=1)($\beta=0.05$,$p>0.1$)和评价主客体互动公平($\beta=0.01$,$p>0.1$)对内部创新动机的影响并不显著,且由模型4可知,内部创新动机($\beta=0.24$,$p<0.001$)对主动性创新行为会产生积极影响。因此,形成性评价、评价程序民主和质量或创新标准均会通过内部创新动机对大学教师的主动性创新行为产生积极影响,假设2a、假设2b和假设2f得到支持,同行评价方法和评价主客体互动公平未通过内部创新动机对大学教师主动性创新行为产生积极影响,假设2d

---

① 温忠麟,叶宝娟.中介效应分析:方法和模型发展[J].心理学报,2014(5):731-745.
② 郑昊敏,温忠麟,吴艳.心理学常用效应量的选用与分析[J].心理科学进展,2011(12):1868-1878.

和假设 2c 未得到支持。由模型 2 可知,形成性评价($\beta=0.03$,$p<0.1$)、评价程序民主($\beta=0.05$,$p<0.01$)、评价主客体互动公平($\beta=0.04$,$p<0.05$)、晋升评价方法(同行评价=1)($\beta=0.28$,$p<0.001$)和评价标准(质量或创新标准=1)($\beta=0.16$,$p<0.001$)对创新自我效能感均会产生积极影响,且由模型 4 可知,创新自我效能感($\beta=0.34$,$p<0.001$)对主动性创新行为会产生积极影响。因此,形成性评价、评价程序民主、评价主客体互动公平、同行评价方法和质量或创新标准均会通过创新自我效能感对大学教师的主动性创新行为产生积极影响,假设 3a、假设 3b、假设 3c、假设 3d 和假设 3f 得到支持。由模型 3 可知,形成性评价($\beta=0.03$,$p<0.001$)、晋升评价方法(同行评价=1)($\beta=0.1$,$p<0.01$)和评价标准(质量或创新标准=1)($\beta=0.13$,$p<0.001$)对创新角色认同均会产生积极影响,且由模型 4 可知,创新角色认同($\beta=0.17$,$p<0.001$)对主动性创新行为会产生积极影响。因此,形成性评价、同行评价方法和质量或创新标准均会通过创新角色认同对大学教师的主动性创新行为产生积极影响,假设 4a、假设 4b 和假设 4c 得到支持。

表 6‑1　科研评价制度与主动性科研创新行为的中介
效应的逐步回归结果($N=1\,659$)

变　　量	内部创新动机	创新自我效能感	创新角色认同	主动创新行为
	M1	M2	M3	M4
(常数)	3.31^{***}	3.59^{***}	3.94^{***}	0.5^{***}
性别(男=1)	-0.03	-0.01	-0.06^{+}	0.01
年龄(35 岁以下=1)	-0.01	-0.02	0.05	0.06
年龄(36~50 岁=1)	0.01	-0.01	-0.06^{+}	0.06^{*}
职称(副高=1)	0.07	0.08	0.09^{*}	0.04
职称(正高=1)	0.1^{+}	0.14^{**}	0.13^{*}	0.03
称号(省级以上=1)	0.01	0.01	-0.02	0.03
学校(中国一流=1)	-0.08^{*}	-0.11^{***}	-0.02	0.02
学科(自然科学=1)	0.1^{*}	-0.05	0.14^{**}	0.12^{***}
学科(工程科学=1)	0.16^{***}	-0.01	0.11^{*}	0.09^{*}
学科(社会科学=1)	0.08	-0.13^{**}	0.07	0.03
形成性评价	0.08^{***}	0.03^{+}	0.03^{***}	0.02

续　表

变　　量	内部创新动机	创新自我效能感	创新角色认同	主动创新行为
	M1	M2	M3	M4
评价程序民主	0.09***	0.05**	0.03	0.03*
主客体互动公平	0.01	0.04*	0.03	0.06***
晋升(同行评价＝1)	0.05	0.28***	0.1**	−0.04
评价标准(质量＝1)	0.19***	0.16***	0.13***	−0.06*
内部创新动机				0.24***
创新自我效能感				0.34***
创新角色认同				0.17***
F	16.3***	17.6***	7.93***	82.6***
R^2	0.13	0.14	0.07	0.48

注：$+$ 为 $p<0.1$，$*$ 为 $p<0.05$，$**$ 为 $p<0.01$，$***$ 为 $p<0.001$，双侧检验。虚拟变量中"＝1"是与参照组对比的变量，虚拟变量中性别、年龄、职称、称号、学科、学校层次、晋升评价方法和评价标准的参照组，分别是女性、51 岁以上、中级、无省级以上称号、人文学科、中国顶尖大学、定量评价方法和数量标准。

本研究采用 Bootstrap 法检验了科研评价制度对大学教师主动性科研创新行为产生影响的中介效应是否显著，并在此基础上进一步分析了中介效应量，结果见表 6-2。由表 6-2 可知，科研创新内部动机在形成性评价、评价程序民主和评价标准(质量或创新标准＝1)与主动性创新行为之间的中介效应的 Bootstrap95％置信区间依次为[0.01,0.03]、[0.01,0.03]和[0.03,0.07]，均不包含 0。科研创新自我效能感在形成性评价、评价程序民主、评价主客体互动公平、晋升评价方法(同行评价＝1)和评价标准(质量或创新标准＝1)与主动性创新行为之间的中介效应的 Bootstrap95％置信区间依次为[0.01,0.02]、[0.01,0.03]、[0.01,0.03]、[0.07,0.12]和[0.03,0.08]，均不包含 0。科研创新角色认同在形成性评价、晋升评价方法(同行评价＝1)和评价标准(质量或创新标准＝1)与主动性创新行为之间的中介效应的 Bootstrap95％置信区间分别为[0.01,0.03]、[0.01,0.03]和[0.01,0.04]，均不包含 0。

科研创新内部动机、科研创新自我效能感和科研创新角色认同在形成性科研评价与主动性创新行为之间的整体中介效应量是 0.66，表明这三个内部因素整体上在形成性评价对主动性创新行为的影响过程中发挥了较大的中介作用，中介作用由大到小依次为科研创新内部动机(0.33)、科研创新自我效能感

(0.17)和科研创新角色认同(0.17)。科研创新内部动机和科研创新自我效能感在评价程序民主与主动性创新行为之间的整体中介效应量是 0.57,表明这两个内部因素整体上在评价程序民主对主动性创新行为的影响过程中发挥了较大的中介作用,中介作用由大到小依次为科研创新内部动机(0.3)和科研创新自我效能感(0.27)。科研创新自我效能感在评价主客体互动公平与主动性创新行为之间的中介效应量是 0.25,表明科研创新自我效能感在评价主客体互动公平对大学教师主动性创新行为的影响过程中发挥了较小的中介作用。科研创新自我效能感和科研创新角色认同在同行评价方法与主动性创新行为之间的整体中介效应量是 0.75,表明这两个内部因素整体上在同行评价方法对大学教师主动性创新行为的影响过程中发挥了较大的中介作用,各内部因素发挥的中介作用由大到小依次为科研创新自我效能感(0.56)和科研创新角色认同(0.19)。科研创新内部动机、科研创新自我效能感和科研创新角色认同在质量或创新标准与主动性创新行为之间的整体中介效应量是 0.67,表明这三个内部因素整体上在质量或创新标准对大学教师主动性创新行为的影响过程中发挥了较大的中介作用,各内部因素的中介作用由大到小依次为科研创新自我效能感(0.33)、科研创新角色认同(0.22)和科研创新内部动机(0.12)。

表 6-2　主动性科研创新行为中介效应 Bootstrap 95%置信
区间检验和中介效应量($N=1\,659$)

中 介 路 径	Boot 95% CI	SE	效应量
形成性评价→内部创新动机/创新自我效能感/创新角色认同→主动创新行为	[0.01,0.06]	0.01	0.66
形成性评价→内部创新动机→主动创新行为	[0.01,0.03]	0.01	0.33
形成性评价→创新自我效能感→主动创新行为	[0.01,0.02]	0.01	0.17
形成性评价→创新角色认同→主动创新行为	[0.01,0.03]	0.01	0.17
评价程序民主→内部创新动机/创新自我效能感→主动创新行为	[0.02,0.07]	0.01	0.57
评价程序民主→内部创新动机→主动创新行为	[0.01,0.03]	0.01	0.3
评价程序民主→创新自我效能感→主动创新行为	[0.01,0.03]	0.01	0.27
主客体互动公平→创新自我效能感→主动创新行为	[0.01,0.03]	0.01	0.25

续　表

中 介 路 径	Boot 95% CI	SE	效应量
晋升(同行评价=1)→创新自我效能感/创新角色认同→主动创新行为	[0.08,0.17]	0.02	0.75
晋升(同行评价=1)→创新自我效能感→主动创新行为	[0.07,0.12]	0.02	0.56
晋升(同行评价=1)→创新角色认同→主动创新行为	[0.01,0.03]	0.01	0.19
评价标准(质量=1)→内部创新动机/创新自我效能感/创新角色认同→主动创新行为	[0.07,0.17]	0.03	0.67
评价标准(质量=1)→内部创新动机→主动创新行为	[0.03,0.07]	0.01	0.12
评价标准(质量=1)→创新自我效能感→主动创新行为	[0.03,0.08]	0.01	0.33
评价标准(质量=1)→创新角色认同→主动创新行为	[0.01,0.04]	0.01	0.22

二、科研评价制度对大学教师被动性创新行为的影响机制

由第五章的回归分析结果可知,晋升和聘期考核周期均未对被动性科研创新行为产生显著影响,因此,假设2l未得到支持。此外,由于科研评价结果应用作为类别变量不具备对比分析的价值而未被纳入研究中,因此,假设2n未得到支持。

本研究依次检验了科研评价制度对科研创新外部动机的回归系数及其对被动性科研创新行为的回归系数,回归分析结果见表6-3。由模型1可知,终结性科研评价($\beta=0.23, p<0.001$)对科研创新外部动机会产生积极影响,晋升评价方法(同行评价=1)和评价标准(质量或创新标准=1)对科研创新外部动机的影响并不显著,且由模型2可知,科研创新外部动机($\beta=0.23, p<0.001$)对被动性科研创新行为会产生积极影响。因此,终结性科研评价会通过科研创新外部动机对大学教师的被动性科研创新行为产生积极影响,假设2i得到支持,以成果数量和等级为基础的定量评价方法($\beta=0.11, p>0.1$)和以数量为主的评价标准($\beta=0.09, p>0.1$)未通过科研创新外部动机对大学教师的被动性科研创新行为产生积极影响,假设2k和假设2m未得到支持。Bootstrap检验结果表明外部动机在终结性评价与被动性创新行为之间的中介效应Bootstrap95%置信区间为[0.04,0.07],不包含0,中介效应得到进一步验证。科研创新外部动机在终结性科研评价与被动性创新行为之间的中介效应量是0.86,表明科研创新外部动机在终结性科研评价对大学教师被动性创新行为的影响过程中发挥了非常大的中介效应。

表 6-3　科研评价制度与被动性科研创新行为的中介
效应的逐步回归结果($N=1\,659$)

变　量	外部创新动机	被动创新行为
	M1	M2
(常数)	2.16***	2.19***
性别(男＝1)	−0.06	0.07
年龄(35 岁以下＝1)	0.49***	−0.09
年龄(36～50 岁＝1)	0.23***	−0.06
职称(副高＝1)	−0.03	−0.15*
职称(正高＝1)	−0.16+	−0.29***
称号(省级以上＝1)	0.08	−0.16***
学校(中国一流＝1)	−0.01	0.15***
学科(自然科学＝1)	−0.02	−0.06
学科(工程科学＝1)	0.13+	0.03
学科(社会科学＝1)	0.12	−0.01
终结性评价	0.23***	0.01
晋升(同行评价＝1)	0.11	−0.11*
评价标准(质量＝1)	0.09	−0.15**
外部创新动机		0.24***
F	14.6***	18.1***
R^2	0.11	0.13

注：+ 为 $p<0.1$, * 为 $p<0.05$, ** 为 $p<0.01$, *** 为 $p<0.001$, 双侧检验。虚拟变量中"＝1"是与参照组对比的变量, 虚拟变量中性别、年龄、职称、称号、学科、学校层次、晋升评价方法和评价标准的参照组, 分别是女性、51 岁以上、中级、无省级以上称号、人文学科、中国顶尖大学、定量评价方法和数量标准。

第二节　学科差异分析

一、科研评价制度对大学教师主动性创新行为影响机制的学科差异

1. 科研创新内部动机中介作用的学科差异

根据温忠麟和叶宝娟建议的有调节的中介模型检验方法——层次检验法, 本研究依次检验调节变量与自变量的交互项对中介变量的回归系数以及中介变

量对因变量的回归系数是否显著;在依次检验结果显著的基础上,本研究进一步采用非参数百位 Bootstrap 方法对系数乘积做区间检验,如果乘积显著,则说明中介作用受到调节[①]。

　　为检验学科的调节作用,本研究分别构建了学科与形成性科研评价、科研评价程序民主、科研评价主客体互动公平、晋升评价方法、评价标准的乘积项,回归分析结果见表 6-4。由模型 1、模型 4 和模型 5 可知,学科与形成性科研评价、晋升评价方法、科研评价标准的交互项对大学教师科研创新内部动机的回归系数均不显著,表明这些评价要素通过内部创新动机对大学教师主动性科研创新行为的影响并不存在学科差异。由模型 2 和模型 3 可知,自然科学($\beta = -0.07$, $p < 0.1$)与评价标准(质量或创新标准=1)的交互项对大学教师科研创新内部动机的回归系数显著,自然科学($\beta = -0.1$, $p < 0.05$)、工程科学($\beta = -0.07$, $p < 0.1$)和社会科学($\beta = -0.08$, $p < 0.1$)与科研评价主客体互动公平的交互项对大学教师科研创新内部动机的回归系数显著。由模型 6 可知,科研创新内部动机($\beta = 0.53$, $p < 0.001$)对大学教师主动性创新行为的回归系数显著。因此,相比人文学科,科研评价主客体互动公平通过科研创新内部动机对自然科学、工程科学和社会科学领域教师主动性创新行为的影响较小,科研评价程序民主通过科研创新内部动机对自然科学领域教师主动性创新行为的影响较小。

表 6-4　学科对科研创新内部动机中介效应调节的回归结果($N = 1\ 659$)

变　　量	内部创新动机					主动创新行为
	M1	M2	M3	M4	M5	M6
(常数)	3.36^{***}	3.19^{***}	3.09^{***}	3.32^{***}	3.33^{***}	1.39^{***}
性别(男=1)	-0.03	-0.03	-0.03	-0.03	-0.03	-0.01
年龄(35 岁以下=1)	-0.01	-0.01	-0.01	-0.01	-0.01	0.09^{*}
年龄(36~50 岁=1)	0.01	0.01	0.01	0.01	0.01	0.09^{**}
职称(副高=1)	0.07	0.07	0.08	0.07	0.07	0.07^{+}
职称(正高=1)	0.11^{+}	0.11^{+}	0.11^{+}	0.11^{+}	0.11^{+}	0.11^{*}
称号(省级以上=1)	0.01	0.01	0.01	-0.01	0.01	0.04
学校(中国一流=1)	-0.08^{*}	-0.08^{*}	-0.08^{*}	-0.07^{*}	-0.08^{*}	0.01

[①]　温忠麟,叶宝娟.有调节的中介模型检验方法:竞争还是替补? [J].心理学报,2014(5):714-726.

续　表

变　　量	内部创新动机					主动创新行为
	M1	M2	M3	M4	M5	M6
学科(自然科学=1)	0.07	0.27*	0.39**	0.16+	0.09+	
学科(工程科学=1)	0.09	0.29**	0.37**	0.07	0.13*	
学科(社会科学=1)	−0.01	0.18	0.31*	0.04	0.06	
形成性评价	0.06+	0.08***	0.08***	0.08***	0.08***	0.02
评价程序民主	0.09***	0.14***	0.09***	0.09***	0.09***	0.03+
主客体互动公平	0.01	0.01	0.07*	0.01	0.01	0.07***
晋升(同行评价=1)	0.05	0.05	0.05	0.02	0.05	0.07*
评价标准(质量=1)	0.19***	0.19***	0.2***	0.19***	0.12	−0.04
内部创新动机						0.53***
自然/工程/社会科学×形成性评价	不显著					
自然科学×程序民主		−0.07+				
工程科学×程序民主		−0.05				
社会科学×程序民主		−0.05				
自然科学×主客体互动			−0.1*			
工程科学×主客体互动			−0.07+			
社会科学×主客体互动			−0.08+			
自然/工程/社会科学×同行评价				不显著		
自然/工程/社会科学×质量标准					不显著	
F	13.6***	13.8***	13.9***	13.8***	13.7***	74.3***
R^2	0.13	0.13	0.13	0.13	0.13	0.37

注：为压缩表格长度以更清晰地呈现影响差异,表6-4重点展示了存在显著学科差异的交互项数值,对不存在显著学科差异的结果不再展示具体交互项数值。+ 为 $p<0.1$,* 为 $p<0.05$,** 为 $p<0.01$,*** 为 $p<0.001$,双侧检验。虚拟变量中"=1"是与参照组对比的变量,虚拟变量中性别、年龄、职称、称号、学科、学校层次、晋升评价方法和评价标准的参照组,分别是女性、51岁以上、中级、无省级以上称号、人文学科、中国顶尖大学、定量评价方法和数量标准。

本研究运用Bootstrap方法分别检验了四个不同学科领域的中介效应,检验结果见表6-5。由表6-5可知,在四个学科领域中,科研创新内部动机在评价程序民主与主动性创新行为之间的中介效应的Bootstrap 95%置信区间均不包含 0,但该中介效应在人文学科领域发挥的作用更大。在自然科学、工程科学和社会科学领域,科研创新内部动机在科研评价主客体互动公平与大学教师主动性科研创新行为之间的中介效应的 Bootstrap 95％置信区间均包含 0,但该中介效应在人文学科领域 Bootstrap 95％置信区间不包含 0。因此,科研评价主客体互动公平通过内部创新动机对大学教师主动性创新行为产生的积极影响,仅在人文学科领域得到支持。

表 6 - 5　科研创新内部动机在不同学科领域的中介效应($N = 1659$)

学　科	主客体互动公平→内部创新动机→主动创新行为			评价程序民主→内部创新动机→主动创新行为		
	效应值	Boot 95％ CI	SE	效应值	Boot 95％ CI	SE
自然科学	−0.01	[−0.05,0.02]	0.02	0.04	[0.01,0.06]	0.01
工程科学	0.01	[−0.03,0.03]	0.01	0.04	[0.02,0.07]	0.01
社会科学	−0.01	[−0.04,0.03]	0.02	0.05	[0.02,0.08]	0.02
人文学科	0.04	[0.01,0.09]	0.02	0.07	[0.04,0.11]	0.02

2. 科研创新自我效能感中介作用的学科差异

学科对科研创新自我效能感中介效应的调节作用的回归分析结果,见表 6 - 6。由模型 2、模型 3 和模型 4 可知,自然科学($\beta = -0.07, p < 0.1$)和工程科学($\beta = -0.08, p < 0.05$)与评价程序民主的交互项对创新自我效能感的回归系数显著,自然科学($\beta = -0.1, p < 0.05$)、工程科学($\beta = -0.13, p < 0.01$)和社会科学($\beta = -0.11, p < 0.01$)与评价主客体互动公平的交互项对创新自我效能感的回归系数显著,自然科学($\beta = -0.2, p < 0.05$)与晋升(同行评价=1)的交互项对创新自我效能感的回归系数显著。由模型 6 可知,创新自我效能感($\beta = 0.56, p < 0.001$)对主动性创新行为的回归系数显著。因此,相比人文学科,评价程序民主通过创新自我效能感对自然和工程科学领域教师主动性创新行为的影响较小,评价主客体互动公平通过创新自我效能感对自然、工程和社会科学领域教师主动性创新行为的影响较小,同行评价方法通过创新自我效能感对自然科学领域教师主动性创新行为的影响较小。

表 6-6 学科对科研创新自我效能感中介效应调节的回归结果(N=1 659)

变量	创新自我效能感					主动创新行为
	M1	M2	M3	M4	M5	M6
(常数)	3.54***	3.47***	3.31***	3.54***	3.52***	1.19***
性别(男=1)	−0.01	−0.01	−0.01	−0.01	−0.01	−0.02
年龄(35岁以下=1)	−0.02	−0.02	−0.02	−0.02	−0.02	0.11*
年龄(36~50岁=1)	−0.01	−0.01	−0.01	0.01	0.01	0.09**
职称(副高=1)	0.08+	0.08+	0.09+	0.08+	0.08	0.06
职称(正高=1)	0.15**	0.15**	0.15**	0.15**	0.14**	0.07
称号(省级以上=1)	0.01	0.01	0.01	0.01	0.01	0.03
学校(中国一流=1)	−0.11***	−0.11***	−0.11***	−0.11***	−0.11***	0.03
学科(自然科学=1)	0.01	0.11	0.25+	0.09	−0.05	
学科(工程科学=1)	0.06	0.2+	0.39**	−0.01	−0.02	
学科(社会科学=1)	−0.06	−0.03	0.21	−0.07	−0.14**	
形成性评价	0.05	0.03+	0.03*	0.03+	0.03+	0.04**
评价程序民主	0.05**	0.1**	0.06**	0.05**	0.06*	0.05**
主客体互动公平	0.04*	0.04*	0.13***	0.04*	0.04**	0.05**
晋升(同行评价=1)	0.28***	0.28***	0.28***	0.36***	0.28***	−0.05+
评价标准(质量=1)	0.16***	0.17***	0.17***	0.17***	0.13	−0.03
创新自我效能感						0.56***
自然科学×形成性评价	−0.02					
工程科学×形成性评价	−0.02					
社会科学×形成性评价	−0.02					
自然科学×程序民主		−0.07+				
工程科学×程序民主		−0.08*				
社会科学×程序民主		−0.04				
自然科学×主客体互动			−0.1*			
工程科学×主客体互动			−0.13**			
社会科学×主客体互动			−0.11**			
自然科学×同行评价				−0.2*		
工程科学×同行评价				−0.03		
社会科学×同行评价				−0.09		
自然科学×质量标准					0.03	

续　表

变　量	创新自我效能感					主动创新行为
	M1	M2	M3	M4	M5	M6
工程科学×质量标准					0.08	
社会科学×质量标准					0.08	
F	14.7**	14.9***	15.4***	15.1***	14.7***	84.4***
R^2	0.14	0.14	0.14	0.14	0.14	0.41

注:+ 为 $p<0.1$,* 为 $p<0.05$,** 为 $p<0.01$,*** 为 $p<0.001$,双侧检验。虚拟变量中"=1"是与参照组对比的变量;虚拟变量中性别、年龄、职称、称号、学科、学校层次、晋升评价方法和评价标准的参照组,分别是女性、51 岁以上、中级、无省级以上称号、人文学科、中国顶尖大学、定量评价方法和数量标准。

为进一步检验学科在评价程序民主、评价主客体互动公平和同行评价方法通过创新自我效能感对大学教师主动性创新行为影响过程中的调节作用,本研究运用 Bootstrap 方法分别检验了四个不同学科领域的中介效应,检验结果见表 6-7。由表 6-7 可知,创新自我效能感在评价程序民主与主动性创新行为之间的中介效应的 Bootstrap 95% 置信区间在自然和工程科学领域均包含 0,但在人文社会科学领域均不包含 0,表明该中介效应仅在人文社会科学领域得到支持。在自然、工程和社会科学领域,创新自我效能感在评价主客体互动公平与主动性创新行为之间的中介效应的 Bootstrap 95% 置信区间均包含 0,但在人文学科领域不包含 0。因此,评价主客体互动公平通过创新自我效能感对大学教师主动性创新行为产生的积极影响,仅在人文学科领域得到支持。在自然、工程、社会和人文学科领域,创新自我效能感在晋升(同行评价=1)与主动性创新行为之间的中介效应的 Bootstrap 95% 置信区间均不包含 0,但该中介效应在人文学科领域发挥的作用更大。

3. 科研创新角色认同中介作用的学科差异

学科对科研创新角色认同中介效应的调节作用的回归分析结果,见表 6-8。由模型 2 可知,自然科学($\beta=-0.19$,$p<0.05$)和工程科学($\beta=-0.17$,$p<0.1$)与晋升(同行评价=1)的交互项对创新角色认同的回归系数显著。由模型 8 可知,科研创新角色认同($\beta=0.54$,$p<0.001$)对主动性创新行为的回归系数显著。因此,同行评价方法通过创新角色认同对自然科学和工程科学领域教师主动性科研创新行为的影响较小。

表6‑7　科研创新自我效能感在不同学科领域的中介效应($N=1\,659$)

学　科	评价程序民主→创新自我效能感→主动创新行为			主客体互动公平→创新自我效能感→主动创新行为			晋升(同行评价=1)→创新自我效能感→主动创新行为		
	效应值	Boot 95% CI	SE	效应值	Boot 95% CI	SE	效应值	Boot 95% CI	SE
自然科学	0.02	[−0.01,0.05]	0.02	0.02	[−0.02,0.05]	0.02	0.09	[0.02,0.16]	0.04
工程科学	0.01	[−0.02,0.04]	0.01	0.01	[−0.03,0.03]	0.01	0.19	[0.11,0.27]	0.04
社会科学	0.04	[0.01,0.07]	0.02	0.01	[−0.02,0.05]	0.02	0.15	[0.08,0.22]	0.04
人文学科	0.06	[0.02,0.1]	0.02	0.07	[0.03,0.12]	0.02	0.21	[0.11,0.29]	0.05

表6‑8　学科对科研创新角色认同中介效应调节的回归结果($N=1\,659$)

变　　量	创新角色认同			主动创新行为
	M1	M2	M3	M4
(常数)	3.89***	3.87***	3.92***	1.08***
性别(男=1)	−0.06+	−0.06+	−0.06+	0.01
年龄(35岁以下=1)	0.05	0.06	0.06	0.05
年龄(36~50岁=1)	0.06+	0.06+	0.07+	0.06+
职称(副高=1)	0.09*	0.09*	0.09*	0.06
职称(正高=1)	0.13*	0.13*	0.13*	0.08
称号(省级以上=1)	−0.02	−0.03	−0.02	0.04
学校(中国一流=1)	−0.02	−0.02	−0.02	−0.02
学科(自然科学=1)	0.2+	0.26***	0.16**	
学科(工程科学=1)	0.16	0.21**	0.12*	
学科(社会科学=1)	0.08	0.14*	0.1+	
形成性评价	0.05	0.03*	0.03*	0.04**
晋升(同行评价=1)	0.1**	0.23**	0.1**	0.05+
评价标准(质量=1)	0.13***	0.14***	0.21*	−0.01
创新角色认同				0.53***
自然/工程/社会科学×形成性评价	不显著			
自然科学×同行评价		−0.19*		
工程科学×同行评价		−0.17+		
社会科学×同行评价		−0.13		

变 量	创新角色认同			主动创新行为
	M1	M2	M3	M4
自然/工程/社会科学×质量标准		不显著		
F	6.64***	6.89***	6.71***	66.1***
R^2	0.07	0.07	0.07	0.34

注：为压缩表格长度以更清晰地呈现影响差异,表 6-8 重点展示了存在显著学科差异的交互项数值,对不存在显著学科差异的结果不再展示具体交互项数值。+ 为 $p<0.1$,* 为 $p<0.05$,** 为 $p<0.01$,*** 为 $p<0.001$,双侧检验。虚拟变量中"=1"是与参照组对比的变量,虚拟变量中性别、年龄、职称、称号、学科、学校层次、晋升评价方法和评价标准的参照组,分别是女性、51 岁以上、中级、无省级以上称号、人文学科、中国顶尖大学、定量评价方法和数量标准。

为进一步检验学科在同行评价方法通过科研创新角色认同对大学教师主动性创新行为影响过程中的调节作用,本研究运用 Bootstrap 方法分别检验了四个不同学科领域的中介效应,检验结果见表 6-9。由表 6-9 可知,在自然、工程和社会科学领域,科研创新角色认同在同行评价方法与主动性创新行为之间的中介效应的 Bootstrap 95% 置信区间依次为[−0.04,0.08]、[−0.04,0.1]、[−0.01,0.11],均包含 0,但该中介效应在人文学科的置信区间为[0.03,0.21],不包含 0。因此,同行评价通过科研创新角色认同对大学教师主动性创新行为产生的积极影响,仅在人文学科得到支持。

表 6-9   科研创新角色认同在不同学科领域的中介效应($N=1\ 659$)

学 科	晋升(同行评价=1)→创新角色认同→主动创新行为		
	效应值	Boot 95% CI	SE
自然科学	0.02	[−0.04,0.08]	0.03
工程科学	0.03	[−0.04,0.1]	0.03
社会科学	0.05	[−0.01,0.11]	0.03
人文学科	0.12	[0.03,0.21]	0.04

二、科研评价制度对大学教师被动性创新行为影响机制的学科差异

为检验学科在科研评价制度各要素通过科研创新外部动机对大学教师被动

性科研创新行为影响过程中的调节作用,本研究分别构建了学科与终结性科研评价、晋升评价方法、评价标准的乘积项,回归分析结果见表 6 - 10。由模型 1、模型 2 和模型 3 可知,学科与终结性科研评价、晋升评价方法、评价标准的交互项对科研创新外部动机的回归系数均不显著,表明这些评价要素通过科研创新外部动机对大学教师被动性科研创新行为产生的影响并不存在明显的学科差异。

表 6 - 10　学科对科研创新外部动机中介效应调节的回归结果($N = 1\,659$)

变　量	外部创新动机			被动创新行为
	M1	M2	M3	M4
(常数)	2.07***	2.21***	2.62***	2.21***
性别(男=1)	−0.06	−0.06	−0.06	0.07
年龄(35 岁以下=1)	0.49***	0.49***	0.49***	−0.12
年龄(36～50 岁=1)	0.24***	0.23***	0.23***	−0.06
职称(副高=1)	−0.03	−0.03	−0.03	−0.15*
职称(正高=1)	−0.16+	−0.16+	−0.16+	−0.31***
称号(省级以上=1)	0.09+	0.08	0.08	−0.16***
学校(中国一流=1)	−0.01	−0.01	0.01	0.15***
学科(自然科学=1)	0.37	−0.03	−0.06	
学科(工程科学=1)	0.02	0.02	0.12	
学科(社会科学=1)	0.26	0.05	0.06	
终结性评价	0.25***	0.23***	0.23***	0.01
晋升(同行评价=1)	0.11*	0.03	0.11*	−0.1*
评价标准(质量=1)	0.09	0.1	−0.04	−0.15**
外部创新动机				0.24***
自然/工程/社会科学×终结性评价	不显著			
自然/工程/社会科学×同行评价		不显著		
自然/工程/社会科学×质量标准			不显著	
F	11.1***	11.9***	12.1***	22.7***
R^2	0.11	0.11	0.11	0.13

注:为压缩表格长度以更清晰地呈现研究结果,表 6 - 10 对不存在显著学科差异的结果不再展示具体交互项数值。+ 为 $p < 0.1$,* 为 $p < 0.05$,** 为 $p < 0.01$,*** 为 $p < 0.001$,双侧检验。虚拟变量中"=1"是与参照组对比的变量,虚拟变量中性别、年龄、职称、称号、学科、学校层次、晋升评价方法和评价标准的参照组,分别是女性、51 岁以上、中级、无省级以上称号、人文学科、中国顶尖大学、定量评价方法和数量标准。

第三节　年龄差异分析

一、科研评价制度对大学教师主动性创新行为影响机制的年龄差异

1. 科研创新内部动机中介作用的年龄差异

为检验年龄的调节作用,本研究分别构建了年龄与形成性评价、评价程序民主、评价主客体互动公平、晋升评价方法、评价标准的乘积项,回归分析结果见表 6-11。由模型 2、模型 4 和模型 5 可知,年龄与评价程序民主、晋升评价方法、评价标准的交互项对科研创新内部动机的回归系数均不显著,表明这些评价要素通过内部创新动机对主动性创新行为的影响并不存在年龄差异。由模型 1 和模型 3 可知,35 岁及以下($\beta=0.08, p<0.1$)与形成性评价的交互项对内部创新动机的回归系数显著,35 岁及以下($\beta=0.12, p<0.01$)与评价主客体互动公平的交互项对内部创新内部动机的回归系数显著。由模型 6 可知,内部创新动机($\beta=0.53, p<0.001$)对主动性创新行为的回归系数显著。因此,相比 51 岁及以上职业生涯晚期,形成性评价和评价主客体互动公平通过科研创新内部动机对 35 岁及以下职业生涯早期阶段的大学教师的主动性科研创新行为产生了更积极的影响。

表 6-11　年龄对科研创新内部动机中介效应调节的回归结果($N=1\ 659$)

变　　量	内部创新动机					主动创新行为
	M1	M2	M3	M4	M5	M6
(常数)	3.34***	3.29***	3.41***	3.25***	3.31***	1.49***
性别(男=1)	−0.03	−0.03	−0.03	−0.03	−0.03	−0.01
年龄(35 岁以下=1)	−0.23+	−0.08	−0.4**	0.04	0.01	
年龄(36~50 岁=1)	0.01	0.04	−0.08	0.08	−0.01	
职称(副高=1)	0.07	0.07	0.07	0.07	0.07	0.05
职称(正高=1)	0.11+	0.11+	0.11+	0.11+	0.11+	0.04
称号(省级以上=1)	−0.01	0.01	−0.01	0.01	0.01	0.03
学校(中国一流=1)	−0.08*	−0.08*	−0.08**	−0.08*	−0.08*	0.01
学科(自然科学=1)	0.1*	0.1*	0.1*	0.1*	0.1*	0.11**

续　表

变　量	内部创新动机					主动创新行为
	M1	M2	M3	M4	M5	M6
学科(工程科学=1)	0.17***	0.16***	0.17***	0.16***	0.16***	0.06
学科(社会科学=1)	0.08+	0.08	0.08+	0.08+	0.08	−0.03
形成性评价	0.07*	0.08**	0.08**	0.08**	0.08**	0.01
评价程序民主	0.09***	0.09**	0.09**	0.09***	0.09**	0.03+
主客体互动公平	0.01	0.01	−0.03	0.01	0.01	0.07***
晋升(同行评价=1)	0.05	0.05	0.05	0.12	0.05	0.05+
评价标准(质量=1)	0.19***	0.19***	0.19***	0.19***	0.19**	−0.03
内部创新动机						0.53***
35 岁以下×形成性评价	0.08+					
36～50 岁×形成性评价	−0.01					
35 岁以下/36～50 岁×程序民主		不显著				
35 岁以下×主客体互动			0.12**			
36～50 岁×主客体互动			0.03			
35 岁以下/36～50 岁×同行评价				不显著		
35 岁以下/36～50 岁×质量标准					不显著	
F	14.7***	14.5***	14.9***	14.4***	14.4***	70.2***
R^2	0.13	0.13	0.13	0.13	0.13	0.37

注：为压缩表格长度以更清晰地呈现影响差异,表 6-11 对不存在显著年龄差异的结果不再展示具体交互项数值。+ 为 $p<0.1$,* 为 $p<0.05$,** 为 $p<0.01$,*** 为 $p<0.001$,双侧检验。虚拟变量中"=1"是与参照组对比的变量,虚拟变量中性别、年龄、职称、称号、学科、学校层次、晋升评价方法和评价标准的参照组,分别是女性、51 岁以上、中级、无省级以上称号、人文学科、中国顶尖大学、定量评价方法和数量标准。

　　为进一步检验年龄在形成性评价和评价主客体互动公平通过内部创新动机对主动性创新行为影响过程中的调节作用,本研究运用 Bootstrap 方法分别检验了三个不同年龄阶段的中介效应,检验结果见表 6-12。由表 6-12 可知,在 35 岁及以下、36～50 岁、51 岁及以上三个年龄阶段,内部创新动机在形成性评价与主动性创新行为之间的中介效应的 Bootstrap 95% 置信区间依次为[0.04, 0.11]、[0.01,0.06]和[0.01,0.07],均不包含 0,但该中介效应在 35 岁及以下年龄阶段发挥的作用更大。在36～50岁、51岁及以上两个年龄阶段,内部创新动机在评价主客体互动公平与主动性创新行为之间的中介效应的Bootstrap 95%置信区间分别为[-0.04,0.04]和[-0.09,0.03],均包含0,但该中介效应在35岁及以下年龄阶段Bootstrap 95%置信区间为[0.02,0.15],不包含0。因此,评价主客体互动公平通过内部创新动机对大学教师主动性创新行为产生的积极影响,仅在35岁及以下年龄阶段得到支持。

表6-12　科研创新内部动机在不同年龄的中介效应($N=1\,659$)

年　　龄	形成性评价→内部创新动机→主动创新行为			主客体互动公平→内部创新动机→主动创新行为		
	效应值	Boot 95% CI	*SE*	效应值	Boot 95% CI	*SE*
35岁以下	0.08	[0.04,0.11]	0.02	0.09	[0.02,0.15]	0.03
36～50岁	0.03	[0.01,0.06]	0.01	-0.01	[-0.04,0.04]	0.02
51岁以上	0.03	[0.01,0.07]	0.02	-0.03	[-0.09,0.03]	0.03

2. 科研创新自我效能感中介作用的年龄差异

为检验年龄在科研评价制度通过创新自我效能对大学教师主动性创新行为影响过程中的调节作用,本研究分别构建了年龄与形成性评价、评价程序民主、评价主客体互动公平、晋升评价方法、评价标准的乘积项,回归分析结果见表6-13。由模型1、模型2、模型3和模型5可知,年龄与形成性评价、评价程序民主、评价主客体互动公平、评价标准的交互项对创新自我效能感的回归系数均不显著,表明这些评价要素通过创新自我效能感对大学教师主动性创新行为的影响并不存在年龄差异。由模型4可知,35岁及以下($\beta=-0.08,p<0.05$)和36～50岁($\beta=-0.23,p<0.01$)与晋升(同行评价=1)的交互项对创新自我效能感的回归系数显著。由模型6可知,创新自我效能感($\beta=0.56,p<0.001$)对主动性创新行为的回归系数显著。因此,相比51岁及以上职业生涯晚期,同行评价方法通过创新自我效能感对35岁及以下职业生涯早期阶段和36～50岁职业生涯中期阶段的大学教师的主动性创新行为产生的积极影响较小。

表 6‑13　年龄对科研创新自我效能感中介效应调节的回归结果($N=1\,659$)

变　　量	创新自我效能感					主动创新行为
	M1	M2	M3	M4	M5	M6
（常数）	3.62***	3.57***	3.64***	3.43***	3.57***	1.21***
性别（男＝1）	−0.01	−0.01	−0.01	−0.01	−0.01	−0.01
年龄（35 岁以下＝1）	−0.16	−0.02	−0.17	0.17+	0.01	
年龄（36～50 岁＝1）	−0.01	0.04	−0.04	0.19*	0.02	
职称（副高＝1）	0.08+	0.08	0.08+	0.09+	0.09	0.04
职称（正高＝1）	0.15*	0.15**	0.15*	0.15**	0.16**	0.01
称号（省级以上＝1）	0.01	0.01	0.01	0.01	0.01	0.03
学校（中国一流＝1）	−0.11***	−0.11***	−0.11***	−0.11***	−0.11***	0.02
学科（自然科学＝1）	−0.05	−0.05	−0.05	−0.05	−0.05	0.19***
学科（工程科学＝1）	−0.01	−0.01	−0.01	−0.01	−0.01	0.15***
学科（社会科学＝1）	−0.12**	−0.13**	−0.12**	−0.12*	−0.12**	0.08
形成性评价	0.02	0.03+	0.03+	0.03+	0.03+	0.04**
评价程序民主	0.05**	0.06*	0.06*	0.06*	0.05*	0.05**
主客体互动公平	0.04*	0.04*	0.02	0.04*	0.04*	0.06**
晋升（同行评价＝1）	0.28***	0.28***	0.28***	0.47**	0.28***	−0.08**
评价标准（质量＝1）	0.16***	0.16***	0.17***	0.16***	0.21***	−0.02
创新自我效能感						0.56***
35 岁以下/36～50 岁× 形成性评价	不显著					
35 岁以下/36～50 岁× 程序民主		不显著				
35 岁以下/36～50 岁× 主客体互动			不显著			
35 岁以下×同行评价				−0.24*		
36～50 岁×同行评价				−0.23**		
35 岁以下/36～50 岁× 质量标准					不显著	
F	15.7**	15.6***	15.6***	16.1***	15.7***	80.6***
R^2	0.14	0.14	0.14	0.14	0.14	0.41

　　注：为压缩表格长度以更清晰地呈现影响差异，表 6‑13 重点展示了存在显著年龄差异的交互项数值，对不存在显著年龄差异的结果不再展示具体交互项数值。+ 为 $p<0.1$，* 为 $p<0.05$，** 为 $p<0.01$，*** 为 $p<0.001$，双侧检验。虚拟变量中"＝1"是与参照组对比的变量，虚拟变量中性别、年龄、职称、称号、学科、学校层次、晋升评价方法和评价标准的参照组，分别是女性、51 岁以上、中级、无省级以上称号、人文学科、中国顶尖大学、定量评价方法和数量标准。

为进一步检验年龄在同行评价方法通过科研创新自我效能感对大学教师主动性创新行为影响过程中的调节作用,本研究运用 Bootstrap 方法检验了三个不同年龄阶段的中介效应,检验结果见表 6－14。由表 6－14 可知,在 35 岁及以下、36～50 岁、51 岁及以上三个年龄阶段,创新自我效能感在同行评价方法与主动性创新行为之间的中介效应的 Bootstrap 95％置信区间依次为[0.06,0.2]、[0.08,0.19]和[0.16,0.37],均不包含 0。但职称晋升中使用以代表性成果为基础的同行评价方法通过创新自我效能感对促进 51 岁及以上职业生涯晚期阶段教师主动性创新行为发挥的作用更大。

表 6－14   科研创新自我效能感在不同年龄的中介效应($N＝1\,659$)

学　科	晋升(同行评价＝1)→创新自我效能感→主动创新行为		
	效应值	Boot 95％ CI	SE
35 岁以下	0.13	[0.06,0.2]	0.04
36～50 岁	0.14	[0.08,0.19]	0.03
51 岁以上	0.26	[0.16,0.37]	0.05

3. 科研创新角色认同中介作用的年龄差异

年龄对科研创新角色认同中介效应的调节作用的回归分析结果,见表 6－15。由模型 1、模型 2 和模型 3 可知,年龄与形成性科研评价、晋升评价方法、科研评价标准的交互项对科研创新角色认同的回归系数均不显著,表明科研创新角色认同在这些评价要素对大学教师主动性创新行为影响过程中所发挥的中介作用并不存在明显的年龄差异。

表 6－15   年龄对科研创新角色认同中介效应调节的回归结果($N＝1\,659$)

变　量	创新角色认同			主动创新行为
	M1	M2	M3	M4
(常数)	3.91***	3.92***	3.93***	1.13***
性别(男＝1)	−0.06+	−0.06+	−0.06+	0.01
年龄(35 岁以下＝1)	0.07	0.11	0.08	
年龄(36～50 岁＝1)	0.13	0.07	0.06	

变　量	创新角色认同			主动创新行为
	M1	M2	M3	M4
职称(副高＝1)	0.09*	0.1*	0.1*	0.05
职称(正高＝1)	0.13*	0.13*	0.13*	0.04
称号(省级以上＝1)	−0.02	−0.02	−0.02	0.04
学校(中国一流＝1)	−0.02	−0.02	−0.02	−0.03
学科(自然科学＝1)	0.14**	0.14**	0.14**	0.09
学科(工程科学＝1)	0.11*	0.11*	0.11*	0.09*
学科(社会科学＝1)	0.07	0.07	0.07	−0.02
形成性评价	0.05+	0.03*	0.03*	0.04**
晋升(同行评价＝1)	0.1**	0.12	0.1**	0.03
评价标准(质量＝1)	0.13***	0.13***	0.14**	−0.01
创新角色认同				0.53***
35 岁以下/36～50 岁×形成性评价	不显著			
35 岁以下/36～50 岁×同行评价		不显著		
35 岁以下/36～50 岁×质量标准			不显著	
F	7.04***	7.04***	7.12***	62.6***
R^2	0.07	0.07	0.07	0.35

注：为压缩表格长度以更清晰地呈现影响差异，表 6－15 对不存在显著年龄差异的结果不再展示具体交互项数值。+ 为 $p<0.1$，* 为 $p<0.05$，** 为 $p<0.01$，*** 为 $p<0.001$，双侧检验。虚拟变量中"＝1"是与参照组对比的变量，虚拟变量中性别、年龄、职称、称号、学科、学校层次、晋升评价方法和评价标准的参照组，分别是女性、51 岁以上、中级、无省级以上称号、人文学科、中国顶尖大学、定量评价方法和数量标准。

二、科研评价制度对大学教师被动性创新行为影响机制的年龄差异

为检验年龄在科研评价制度各要素通过科研创新外部动机对大学教师被动性科研创新行为影响过程中的调节作用，本研究分别构建了年龄与终结性科研评价、晋升评价方法、评价标准的乘积项，回归分析结果见表 6－16。由模型 1、模型 2 和模型 3 可知，年龄与终结性科研评价、晋升评价方法、评价标准的交互项对大学教师科研创新外部动机的回归系数均不显著，表明这些评价要素通过科研创新外部动机对职业生涯早期、职业生涯中期和职业生涯后期不同阶段大学教师被动性科研创新行为的影响并不存在明显差异。

表 6 - 16　年龄对科研创新外部动机中介效应调节的回归结果(N=1 659)

变　　量	外部创新动机			被动创新行为
	M1	M2	M3	M4
(常数)	2.17***	2.27***	2.16***	2.14***
性别(男=1)	−0.06	−0.06	−0.06	0.07
年龄(35 岁以下=1)	0.89**	0.34*	0.48***	
年龄(36~50 岁=1)	0.11	0.13	0.26**	
职称(副高=1)	−0.03	−0.04	−0.04	−0.12*
职称(正高=1)	−0.16+	−0.17+	−0.16+	−0.24***
称号(省级以上=1)	0.08	0.08	0.08	−0.16***
学校(中国一流=1)	−0.01	−0.01	−0.01	0.15***
学科(自然科学=1)	−0.02	−0.02	−0.02	−0.08
学科(工程科学=1)	0.14+	0.13+	0.13+	0.03
学科(社会科学=1)	0.12	0.12	0.12	−0.01
终结性评价	0.23***	0.23***	0.23***	0.01
晋升(同行评价=1)	0.11*	−0.01	0.11*	−0.1*
评价标准(质量=1)	0.09	0.1	0.11	−0.15**
外部创新动机				0.23***
35 岁以下/36~50 岁×终结性评价	不显著			
35 岁以下/36~50 岁×同行评价		不显著		
35 岁以下/36~50 岁×质量标准			不显著	
F	12.9***	12.7***	12.7***	20.9**
R^2	0.11	0.11	0.11	0.13

　　注:为压缩表格长度以更清晰地呈现影响差异,表 6 - 16 对不存在显著年龄差异的结果不再展示具体交互项数值。* 为 $p<0.05$,** 为 $p<0.01$,*** 为 $p<0.001$。虚拟变量性别、年龄、职称、称号、学科、学校层次、评价方法和评价标准的参照组,分别是女性、51 岁以上、中级、无称号、人文、中国顶尖大学、定量评价和数量标准。

第四节　学校层次差异分析

一、科研评价制度对大学教师主动性创新行为影响机制的学校层次差异

1. 科研创新内部动机中介作用的学校层次差异

学校层次对科研创新内部动机中介效应的调节作用的回归分析结果,见

表 6-17。由模型 1、模型 2、模型 3、模型 4 和模型 5 可知，学校层次与形成性评价、评价程序民主、评价主客体互动公平、晋升评价方法、评价标准的交互项对科研创新内部动机的回归系数均不显著，表明这些评价要素通过科研创新内部动机对大学教师主动性创新行为的影响并不存在学校层次差异。

表 6-17　学校层次对科研创新内部动机中介效应调节的回归结果（$N=1\,659$）

变量	内部创新动机					主动创新行为
	M1	M2	M3	M4	M5	M6
（常数）	3.32***	3.36***	3.33***	3.34***	3.33***	1.42***
性别（男=1）	−0.03	−0.03	−0.03	−0.03	−0.03	−0.01
年龄（35 岁以下=1）	−0.01	−0.01	−0.01	−0.01	−0.01	0.07
年龄（36～50 岁=1）	0.01	0.01	0.01	0.01	0.01	0.07*
职称（副高=1）	0.07	0.07	0.07	0.06	0.06	0.06
职称（正高=1）	0.11+	0.11+	0.11+	0.11+	0.11+	0.07
称号（省级以上=1）	0.01	0.01	0.01	0.01	0.01	0.03
学校（中国一流=1）	−0.11	−0.17*	−0.11	−0.12*	−0.11*	
学科（自然科学=1）	0.1*	0.1*	0.1*	0.1*	0.1*	0.1*
学科（工程科学=1）	0.16***	0.16***	0.16***	0.17***	0.17***	0.06
学科（社会科学=1）	0.08	0.08	0.08	0.08	0.08	−0.03
形成性评价	0.07**	0.08***	0.08***	0.08***	0.08***	0.01
评价程序民主	0.09***	0.07**	0.09***	0.09***	0.09***	0.03+
主客体互动公平	0.01	0.01	0.01	0.01	0.01	0.07***
晋升（同行评价=1）	0.05	0.05	0.05	0.01	0.05	0.06+
评价标准（质量=1）	0.19***	0.19***	0.19***	0.19***	0.13*	−0.04
内部创新动机						0.53***
中国一流×形成性评价	0.01					
中国一流×程序民主		0.04				
中国一流×主客体互动			0.01			
中国一流×同行评价				0.07		
中国一流×质量标准					0.11	
F	15.3***	15.4***	15.3***	15.3***	15.5***	65.9***
R^2	0.13	0.13	0.13	0.13	0.13	0.38

注：* 为 $p<0.05$，** 为 $p<0.01$，*** 为 $p<0.001$。虚拟变量性别、年龄、职称、称号、学科、学校层次、评价方法和评价标准的参照组，分别是女性、51 岁以上、中级、无称号、人文、中国顶尖大学、定量评价和数量标准。

2. 科研创新自我效能感中介作用的学校层次差异

学校层次对科研创新自我效能感中介效应的调节作用的回归分析结果,见表 6-18。由模型 4 可知,中国一流大学($\beta=0.16,p<0.05$)与晋升(同行评价=1)的交互项对科研创新自我效能感的回归系数显著。由模型 6 可知,创新自我效能感($\beta=0.56,p<0.001$)对主动性创新行为的回归系数显著。因此,同行评价方法通过创新自我效能感对中国一流大学教师的主动性创新行为产生了更积极的影响。

表 6-18　学校层次对科研创新自我效能感中介效应调节的回归结果($N=1\ 659$)

变　　量	创新自我效能感					主动创新行为
	M1	M2	M3	M4	M5	M6
(常数)	3.61***	3.62***	3.61***	3.67***	3.61***	1.16***
性别(男=1)	−0.01	−0.01	−0.01	−0.01	−0.01	−0.01
年龄(35 岁以下=1)	−0.02	−0.02	−0.02	−0.03	−0.02	0.07
年龄(36~50 岁=1)	−0.01	−0.01	−0.01	−0.01	0.01	0.08*
职称(副高=1)	0.08+	0.08	0.09	0.08	0.08	0.05
职称(正高=1)	0.15*	0.14*	0.14*	0.14*	0.15*	0.04
称号(省级以上=1)	0.01	0.01	0.01	0.01	0.01	0.03
学校(中国一流=1)	−0.14+	−0.15*	−0.13	−0.22***	−0.13***	
学科(自然科学=1)	−0.05	−0.05	−0.05	−0.04	−0.05	0.19***
学科(工程科学=1)	−0.01	−0.01	−0.01	0.01	0.01	0.15***
学科(社会科学=1)	−0.13**	−0.13**	−0.13**	−0.12**	−0.12**	0.09*
形成性评价	0.02	0.03+	0.03+	0.03+	0.03+	0.04**
评价程序民主	0.05**	0.04+	0.05**	0.06**	0.05**	0.05**
主客体互动公平	0.04*	0.04*	0.04	0.04*	0.04*	0.05***
晋升(同行评价=1)	0.28***	0.28***	0.28***	0.18*	0.28***	−0.07*
评价标准(质量=1)	0.16***	0.16***	0.16***	0.16***	0.13*	−0.04
创新自我效能感						0.56***
中国一流×形成性评价	0.01					
中国一流×程序民主		0.02				
中国一流×主客体互动			0.01			
中国一流×同行评价				0.16*		
中国一流×质量标准					0.07	

续 表

变 量	创新自我效能感					主动创新行为
	M1	M2	M3	M4	M5	M6
F	16.5**	16.6***	16.5***	16.9***	16.6***	75.7***
R^2	0.14	0.14	0.14	0.14	0.14	0.64

注：*为 $p < 0.05$，**为 $p < 0.01$，***为 $p < 0.001$。虚拟变量性别、年龄、职称、称号、学科、学校层次、评价方法和评价标准的参照组，分别是女性、51 岁以上、中级、无称号、人文、中国顶尖大学、定量评价和数量标准。

本研究运用 Bootstrap 法检验了不同层次学校的中介效应，见表 6-19。在两个不同层次大学，创新自我效能感在同行评价方法与主动性创新行为之间的中介效应 95% 置信区间均不包含 0，但该中介效应在中国一流大学发挥的作用更大。

表 6-19 科研创新自我效能感在不同学校层次的中介效应（$N = 1\,659$）

学 科	晋升（同行评价=1）→创新自我效能感→主动创新行为		
	效应值	Boot 95% CI	SE
中国一流大学	0.19	[0.14, 0.24]	0.03
中国顶尖大学	0.1	[0.04, 0.16]	0.03

3. 科研创新角色认同中介作用的学校层次差异

由表 6-20 可知，学校层次与形成性评价、晋升评价方法、评价标准的交互项对科研创新角色认同的回归系数均不显著，表明这些评价要素通过科研创新角色认同对大学教师主动性创新行为的影响并不存在学校层次差异。

表 6-20 学校层次对科研创新角色认同中介效应调节的回归结果（$N = 1\,659$）

变 量	创新角色认同			主动创新行为
	M1	M2	M3	M4
（常数）	3.98***	3.96***	3.94***	1.08***
性别（男=1）	−0.06+	−0.06+	−0.06+	0.01
年龄（35 岁以下=1）	0.05	0.05	0.05	0.03

续　表

变　量	创新角色认同			主动创新行为
	M1	M2	M3	M4
年龄(36~50 岁=1)	0.06⁺	0.06⁺	0.06⁺	0.04
职称(副高=1)	0.09*	0.09*	0.09*	0.05
职称(正高=1)	0.13*	0.13*	0.13*	0.06
称号(省级以上=1)	−0.02	−0.02	−0.02	0.04⁺
学校(中国一流=1)	−0.09	−0.06	−0.02	
学科(自然科学=1)	0.14**	0.14**	0.14**	0.08⁺
学科(工程科学=1)	0.11*	0.11*	0.11*	0.06*
学科(社会科学=1)	0.07	0.07	0.07	−0.03
形成性评价	0.02	0.03*	0.03*	0.04*
晋升(同行评价=1)	0.1**	0.06	0.1**	0.03
评价标准(质量=1)	0.13***	0.13***	0.13***	−0.01
创新角色认同				0.53***
中国一流×形成性评价	0.02			
中国一流×同行评价		0.05		
中国一流×质量标准			0.01	
F	7.49***	7.49***	7.43***	58.4***
R²	0.07	0.07	0.07	0.35

注：⁺ 为 $p<0.1$，* 为 $p<0.05$，** 为 $p<0.01$，*** 为 $p<0.001$，双侧检验。虚拟变量中"=1"是与参照组对比的变量，虚拟变量中性别、年龄、职称、称号、学科、学校层次、晋升评价方法和评价标准的参照组，分别是女性、51 岁以上、中级、无省级以上称号、人文学科、中国顶尖大学、定量评价方法和数量标准。

二、科研评价制度对大学教师被动性创新行为影响机制的学校层次差异

由表 6-21 的模型 2 和模型 3 可知，学校层次与评价方法、评价标准的交互项对外部创新动机的回归系数均不显著，表明这些评价要素通过外部创新动机对被动性创新行为的影响并不存在学校层次差异。由模型 3 可知，中国一流大学($\beta=0.09$，$p<0.05$)与终结性评价的交互项对外部创新动机的回归系数显著。由模型 4 可知，外部创新动机($\beta=0.24$，$p<0.001$)对被动性创新行为的回归系数显著。因此，终结性评价通过外部创新动机对中国一流大学教师被动性创新行为产生了更大影响。

表 6－21　学校层次对科研创新外部动机中介效应调节的回归结果（$N=1\,659$）

变　　量	外部创新动机			被动创新行为
	M1	M2	M3	M4
（常数）	2.37***	2.23***	2.15***	2.28***
性别（男＝1）	−0.06	−0.06	−0.06	0.07
年龄（35 岁以下＝1）	0.49***	0.48***	0.49***	−0.1
年龄（36～50 岁＝1）	0.23***	0.23***	0.23***	−0.05
职称（副高＝1）	−0.02	−0.03	−0.03	−0.15*
职称（正高＝1）	−0.15+	−0.16+	−0.16+	−0.29***
称号（省级以上＝1）	0.08	0.08	0.08	−0.16***
学校（中国一流＝1）	−0.36+	−0.11	0.01	
学科（自然科学＝1）	−0.02	−0.01	−0.02	−0.04
学科（工程科学＝1）	0.14+	0.14+	0.13+	0.06
学科（社会科学＝1）	0.11	0.12	0.11	0.01
终结性评价	0.18***	0.23***	0.23***	0.01
晋升（同行评价＝1）	0.11+	0.03	0.11*	−0.11
评价标准（质量＝1）	0.1+	0.1	0.15+	−0.16*
外部创新动机				0.24***
中国一流×终结性评价	0.09+			
中国一流×同行评价		0.14		
中国一流×质量标准			−0.11	
F	13.8***	13.7***	13.6***	18.3**
R^2	0.11	0.11	0.11	0.13

注：+ 为 $p<0.1$，* 为 $p<0.05$，** 为 $p<0.01$，*** 为 $p<0.001$，双侧检验。虚拟变量中"＝1"是与参照组对比的变量，虚拟变量中性别、年龄、职称、称号、学科、学校层次、晋升评价方法和评价标准的参照组，分别是女性、51 岁以上、中级、无省级以上称号、人文学科、中国顶尖大学、定量评价方法和数量标准。

　　为进一步检验学校层次在终结性科研评价通过科研创新外部动机对大学教师被动性科研创新行为影响过程中的调节作用，本研究运用 Bootstrap 方法分别检验了两个不同层次学校的中介效应，检验结果见表 6－22。由表 6－22 可知，在中国顶尖大学和中国一流大学，科研创新外部动机在终结性科研评价与被动性创新行为之间的中介效应的 Bootstrap 95％置信区间分别为［0.02，0.07］和［0.04，0.09］，均不包含 0，但该中介效应在中国一流大学发挥的作用更大。

表 6‑22   科研创新外部动机在不同学校层次的中介效应($N=1\,659$)

学　科	终结性评价→外部创新动机→被动创新行为		
	效应值	Boot 95% CI	SE
中国一流大学	0.06	[0.04,0.09]	0.01
中国顶尖大学	0.04	[0.02,0.07]	0.01

第五节　讨　　论

本研究与以往研究的一致性包括两个方面：一是在科研评价方法通过科研创新动机的中介作用对大学教师创新行为产生的影响方面，研究发现，同行评价方法通过激发科研创新内部动机促进大学教师的主动性创新行为，而量化评价方法通过强化科研创新外部动机使大学教师被动地实施科研创新行为。该结果与沈文钦[①]、萨顿(N.C. Sutton)[②]的研究发现一致。二是在科研评价目的和科研评价程序通过科研创新动机的中介作用对大学教师创新行为产生的影响方面，研究发现，形成性科研评价和科研评价程序民主均会通过激发科研创新内部动机促进大学教师的主动性创新行为。该结果与王忠军[③]、康奈尔(C. O'Connel)[④]、周玉容[⑤]的研究发现一致。

本研究对以往研究主要做了三方面拓展：

首先，与以往研究主要以科研创新动机为中介，分析科研评价制度对大学教师创新行为的影响机制不同的是，通过检验科研创新自我效能感和科研创新角色认同的中介作用并比较它们与科研创新动机所发挥的中介作用的程度进一步

① 沈文钦,毛丹,蔺亚琼.科研量化评估的历史建构及其对大学教师学术工作的影响[J].南京师大学报(社会科学版),2018(5)：33‑42.
② SUTTON N C, BROWN D A. The illusion of no control：management control systems facilitating autonomous motivation in university research [J]. Accounting & Finance, 2016(2)：577‑604.
③ 王忠军,刘丽丹.绩效考核能否促进高校教师突破性学术创新行为[J].高等教育研究,2017(4)：52‑60.
④ CONNELL C, SIOCHRU C, RAO N. Academic perspectives on metrics：procedural justice as a key factor in evaluations of fairness [J]. Studies in Higher Education, 2021(3)：548‑562.
⑤ 周玉容,沈红. 现行教师评价对大学教师发展的效应分析——驱动力的视角[J].清华大学教育研究,2016(5)：54‑61.

发现,形成性评价、职称晋升中使用以代表性成果为基础的同行评价方法、质量或创新标准均会通过科研创新角色认同的中介作用对大学教师主动性创新行为产生积极影响,形成性评价、职称晋升中使用以代表性成果为基础的同行评价方法、质量或创新标准、评价程序民主和评价主客体互动公平均会通过科研创新自我效能感的中介作用对大学教师主动性创新行为产生积极影响;与科研创新内部动机相比,科研创新自我效能感在评价主客体互动公平、职称晋升中使用以代表性成果为基础的同行评价方法和质量或创新标准对大学教师主动性创新行为的影响过程中,均发挥了更大的中介作用。

其次,与以往研究主要从科研评价方法、科研评价目的、科研评价程序、科研评价周期等着手,分析这些评价要素通过科研创新动机的中介作用对大学教师创新行为的影响不同的是,研究进一步发现,质量或创新标准会通过科研创新内部动机的中介作用对大学教师主动性创新行为产生积极影响。

最后,与以往研究主要从大学教师的整体层面上进行分析不同的是,通过检验学科、年龄和学校层次对影响机制的调节作用进一步发现:职称晋升中使用以代表性成果为基础的同行评价方法通过科研创新角色认同,评价程序民主和评价主客体互动公平通过科研创新内部动机和科研创新自我效能感,均会对人文学科领域教师的主动性创新行为产生更积极的影响;形成性评价和评价主客体互动公平会通过科研创新内部动机对 35 岁及以下职业生涯早期阶段的大学教师的主动性科研创新行为产生更积极的影响,职称晋升中使用以代表性成果为基础的同行评价方法通过科研创新自我效能感对 35 岁及以下职业生涯早期阶段和 36~50 岁职业生涯中期阶段的大学教师的主动性科研创新行为产生的积极影响较小;职称晋升中使用以代表性成果为基础的同行评价方法会通过科研创新自我效能感对中国一流大学教师的主动性创新行为产生更积极的影响,终结性科研评价会通过科研创新外部动机对中国一流大学教师的被动性创新行为产生更大影响。

本研究的结果与预期假设存在两方面差异:

一方面,形成性科研评价与科研创新外部动机、被动性科研创新行为呈显著正相关,这与形成性科研评价的异化有关。由于形成性科研评价存在"模糊性、目的性差、过于温和、操作不便"等缺陷[①],因此,形成性科研评价在实践中需要

---

① 孙绪敏.深化高校教师绩效评价路径研究[J].教育发展研究,2015(23):36-40.

一定程度上依赖终结性科研评价的结果,甚至会最终异化为终结性科研评价。

另一方面,终结性科研评价与科研创新内部动机、科研创新自我效能感、科研创新角色认同、主动性科研创新行为呈显著正相关。终结性科研评价通过内部创新动机对大学教师主动性创新行为产生的积极影响,是由外部动机的内化引起的。"个体在特定的文化背景下,起初由外部奖赏所控制的行为在受到重要他人的推崇后,与这种行为有关的态度或信念逐渐成为个体自我的组成部分"①。在终结性科研评价制度的影响下,大学教师起初可能是基于某种外部动机而开展科研,但在后续的研究过程中,外部动机逐渐内化,从而对其主动地实施科研创新行为起到了促进作用。

终结性科研评价通过创新自我效能感对大学教师主动性创新行为产生的积极影响,是由科研创新自我效能感对环境的反向作用引起的。根据班杜拉的三元交互理论,在人的内部因素与环境之间,不仅环境可以影响和决定人的内部因素,人的内部因素也能影响和决定环境。如果有人认为他能在某种环境中获得成功,那么他就倾向于积极改造环境②。科研创新自我效能感较强的大学教师,即使受到终结性科研评价造成的不利影响,仍会主动地去创造有利的科研条件。

终结性科研评价通过创新角色认同对大学教师主动性创新行为产生的积极影响,这是由角色内部认同标准对外部环境的抵制引起的。根据伯克的角色认同理论,角色认同标准倾向于抵制变化实现自我验证。大学教师同时具备以学术为生的"社会人"和以学术为业的"学术人"双重角色,尽管在职业发展的不同阶段两种身份所占的比例有所差异,但大学教师多数具有强烈的精神需求和实现自我价值的愿望③。因此,"学术人"始终是大学教师的本质属性,即使终结性科研评价制度的要求与教师内部的认同标准存在分歧和矛盾,部分教师仍会以"学术人"角色为指导,坚持开展高质量研究。

本 章 小 结

本章采用逐步法分析了科研评价制度对大学教师创新行为的影响机制,并

① 暴占光,张向葵.自我决定认知动机理论研究概述[J].东北师大学报(哲学社会科学版),2005(6):141-146.
② 郭本禹,姜飞月.自我效能感理论及其应用[M].上海:上海教育出版社,2007:32.
③ 邵燕波.高校科研团队激励机制研究[J].江西社会科学,2007(7):244-247.

采用层次检验法分析了学科、年龄和学校层次对影响机制的调节作用,主要得出两点结论:

(1) **科研创新动机、科研创新自我效能感和科研创新角色认同在科研评价制度对大学教师创新行为的影响过程中发挥了较大的中介作用**。科研创新内部动机、科研创新自我效能感和科研创新角色认同整体上在形成性评价对大学教师主动性创新行为的影响过程中发挥了较大的中介作用,科研创新内部动机和科研创新自我效能感在评价程序民主对大学教师主动性创新行为的影响过程中发挥了较大的中介作用,其中科研创新内部动机在这两个影响过程中发挥的中介作用均最大;科研创新自我效能感在评价主客体互动公平对大学教师主动性创新行为的影响过程中发挥了较小的中介作用;科研创新自我效能感和科研创新角色认同整体上在职称晋升中使用以代表作为基础的同行评价方法对大学教师主动性创新行为的影响过程中发挥了较大的中介作用,科研创新内部动机、科研创新自我效能感和科研创新角色认同整体上在以科研成果质量或创新为主的评价标准对大学教师主动性创新行为的影响过程中发挥了较大的中介作用,其中科研创新自我效能感在这两个影响过程中发挥的中介作用均最大;科研创新外部动机在终结性评价对大学教师被动性创新行为的影响过程中发挥了非常大的中介作用。

(2) **科研评价制度对大学教师创新行为的影响机制存在明显的学科、年龄和学校层次差异**。相比自然科学、工程科学和社会科学领域,评价程序民主和评价主客体互动公平均会通过科研创新内部动机和科研创新自我效能感对人文学科领域教师的主动性创新行为产生更积极的影响,职称晋升中使用以代表性成果为基础的同行评价方法会通过科研创新角色认同对人文学科领域教师的主动性创新行为产生更积极的影响;相比 51 岁及以上职业生涯晚期,形成性评价和评价主客体互动公平通过科研创新内部动机,职称晋升中使用以代表性成果为基础的同行评价方法通过科研创新自我效能感,均会对 35 岁及以下职业生涯早期阶段大学教师的主动性科研创新行为产生更积极的影响;相比中国顶尖大学,职称晋升中使用以代表性成果为基础的同行评价方法会通过科研创新自我效能感对中国一流大学教师的主动性创新行为产生更积极的影响,终结性科研评价会通过科研创新外部动机对中国一流大学教师的被动性创新行为产生更大影响。

第七章
科研评价制度对一流大学建设高校教师创新行为产生影响的原因

根据定量研究的显著结果、不显著结果和在不同组有差异的结果，结合自我决定理论、自我效能理论、角色认同理论及相关文献，通过深入挖掘与科研评价制度、个体内部因素和科研创新行为相关类目之间的关系，本章分析了科研评价制度对大学教师创新行为产生影响的原因。这些原因共包含四个方面，分别是科研评价制度对大学教师创新行为产生显著影响的原因，科研评价制度对大学教师创新行为未产生显著影响的原因，科研评价制度对大学教师创新行为的影响存在学科差异、年龄差异和学校层次差异的原因，以及科研评价制度对大学教师原创研究过程中创新行为产生影响的原因。

第一节　影响显著的原因分析

问卷调查结果显示：形成性科研评价、科研评价程序民主、科研评价主客体互动公平、同行评价方法和质量或创新标准均对大学教师的主动性创新行为产生了积极影响，科研创新内部动机、科研创新自我效能感和科研创新角色认同在影响过程中起到了中介作用；终结性科研评价和数量标准均对大学教师的被动性创新行为产生了积极影响，科研创新外部动机在影响过程中起到了中介作用。本研究对这种显著影响产生的原因进行了深度阐释。

一、形成性评价对大学教师主动性创新行为产生积极影响的原因

通过深入挖掘形成性评价、基本需要、情绪状态、内部动机、自我效能、角色

认同、主动性创新行为等类目之间的关系发现,形成性科研评价对大学教师主动性创新行为的影响主要有三条路径(见图7-1):第一条路径是以激发大学教师创新潜能为目的的形成性评价,满足了其对未来研究方向的胜任需要,激发了其挑战性创新动机,进而促进了其主动性创新行为;第二条路径是以提供过程性帮助为目的的形成性评价,有利于减轻大学教师焦虑,增强了其创新自我效能,进而促进了其主动性创新行为;第三条路径是以培养创新人才为目的的形成性评价,与大学教师自我认同标准一致,增强了其创新角色认同,进而促进了其主动性创新行为。

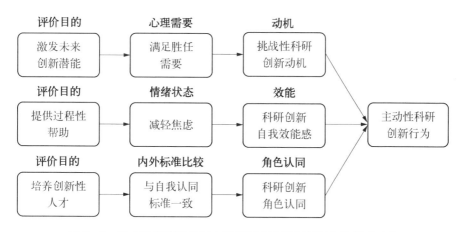

图7-1　形成性科研评价对大学教师主动性创新行为的影响路径

第一,以激发未来创新潜能为目的满足胜任需要,激发教师挑战性创新动机。胜任是激发内在动机的心理需要之一,当一个人面对挑战时,在胜任感的驱使下可能会表现出探索的倾向和对新奇事物的渴望[1]。知识与技能是大学教师胜任科学研究职能的重要保障,"只有当教师具备超前全面的专业知识与技能时,其在进行创新活动时才不至于因为知识与技能的不足而导致创新结果的失败"[2]。胜任需要对于青年教师尤为重要。青年教师"在职业生涯之初由于经常出现专业能力的现状与自我期望之间的不平衡状态,从而在急需改变这种不平

---

① 爱德华·L.德西,理查德·弗拉斯特.内在动机:自主掌握人生的力量[M].王正林,译.北京:机械工业出版社,2020:68.
② 贾建锋,王文娟,段锦云.研究型大学教师胜任特征与创新绩效——感知创新战略的调节效应[J].东北大学学报(社会科学版),2015(6):579-586.

衡状态时表现出一种稳定的提升胜任力的心理需要"①。形成性科研评价注重激发大学教师未来创新潜能,教师获得来自评审专家对自己未来研究方向有针对性的意见或建议,满足了其对未来研究方向胜任的需要,激发了其以研究挑战性驱动的科研创新动机。如 E4 谈道:"评教授的时候,会看研究方向有没有前途。跟在人家后面做夕阳的方向,还做得不怎么样,虽然各项指标还行,但评审专家会认为眼光不够,无法胜任未来的前沿研究工作。"在这种挑战性科研创新动机的推动下,大学教师往往能够积极主动地开展一些前沿性的、充满挑战性的研究。

　　第二,以提供过程性帮助为目的减轻教师焦虑,增强教师创新自我效能感。人们判断自己的能力部分地依靠生理和情绪状态,"高焦虑、高抑郁情绪反应,往往使人们低估自己的能力",降低他们的自我效能感②,"甚至可能会引发一些生理疾病,包括慢性疲劳、头痛和高血压等"③。形成性科研评价尊重研究的规律和不同研究领域的差异,给予大学教师充裕的研究时间,将评价结果主要作为识别教师优势和不足的参考,并根据评价结果提供研究过程中的帮助和支持,这会减轻教师追求短期成果的焦虑感,使其能够静下心来做一些突破性的尝试。如E9 谈道:"业绩的产生需要时间,需要耐心,而且不同领域的时效性不一样。不要天天盯着学者,一段时间之后再看研究取得的结果。结果只是一个判断,更应该在过程中提供帮助和支持,让大家不因为激烈的业绩竞争感到那么焦虑,而是真正能够静下心来敢于做一些突破性的尝试。"在这种效能感的推动下,大学教师往往能够积极主动地致力于一些需要较长周期才能出成果的研究。

　　自然科学领域的 N6 和 N7 也指出,应根据评价结果给予大学教师充分的支持和帮助,以更好地促进教师发展。如 N6 谈道:"评价的一个重要任务是提供条件保障,有的人考核不通过,要去分析不通过的原因是什么,是硬件条件不够,还是主观上不想干活。"N7 认为:"评价和培养要结合起来,要容忍年轻人有个过程,要给予支持和帮助,不能只靠竞争。年轻人有真本事,想做真东西,没资源没钱,什么也做不了。科研是试错的过程,有钱的话 4 套方案同时试,命中率肯定高 4 倍,可能一次就成功了,没钱的话就只能一个做好了以后再

①　黄海涛,葛欣.高校新教师专业发展需求现状与政策建议[J].江苏高教,2017(9):59 - 63.
②　郭本禹,姜飞月.自我效能理论及其应用[M].上海:上海教育出版社,2007:74.
③　王鹏,高峰强,李鹰.我国高校教师工作倦怠的群体类型研究[J].教育研究,2013(6):107 - 117.

做第二个。"

　　第三,以培养创新人才为目的与自我认同标准一致,增强教师创新角色认同。个体根据知觉输入与认同标准相比较的程度,选择一套行为输出,以使知觉输入与认同标准的意义相一致①。大学教师是具有强烈自我实现感与科学研究热情的学者②,他们对科研创新角色有自我认同标准,即自己取得的科研成果是否真正推动了本领域的进步及国家或经济社会的发展。形成性科研评价以培养创新性人才为最终目的,这与大学教师内心更认同的以发现新知识为旨趣的科研创新角色较为一致。但我国大学将评价的重心过多地放在提升学校或学科的实力上面,对年轻教师的培养重视不够,教师为达到考核要求往往不会轻易尝试一些真正有影响力的研究。如 N9 谈道:"年轻的科研工作者不是作为一个人才进行培养,而是作为一个消耗性的'产品'进行消耗。当然我也承认在这种消耗之下,能够留下来继续任教的'青椒'的水平和能力都是很高的,但他们有没有心思去搞一些真正的科研,比如做一些大的交叉,是存在疑问的。"自然科学领域的 N8 和人文学科领域的 H4 也谈及了大学对人才培养的忽视,如 N8 谈道:"学校考核教师就是为了提升学校排名,没看到帮助教师职业发展的一面。学校越来越像股市中的阳股,招了一大堆有希望的新人,谁能拼出来,谁就能上。"H4 指出:"高校不肯踏踏实实地去培养人,而是把主要精力放在挖人上。换句话说就是不愿意种树,愿意直接挪树。"

二、评价程序民主对大学教师主动性创新行为产生积极影响的原因

　　通过深入挖掘评价程序民主、基本需要、情绪状态、内部动机、自我效能、主动性创新行为等类目之间的关系发现,科研评价程序民主对大学教师主动性创新行为的影响主要有两条路径(见图 7-2):第一条路径是大学教师通过参与制定期刊等级,满足了其在研究内容选择上的自主需要,激发了其热衷性科研创新动机,进而促进了其主动性科研创新行为;第二条路径是大学教师通过参与制定论文有效期限,有利于其保持从容不迫的心态,增强了其科研创新自我效能感,进而促进了其主动性科研创新行为。

---

① 梁樱.反射性评价 VS.自我评价? ——对认同分裂理论潜在逻辑的澄清[J].社会科学,2016(6):81-92.

② 王向东.大学教师评聘制度过度功利导向的负面影响及其控制——基于社会学制度主义的视角[J].现代大学教育,2015(2):88-94.

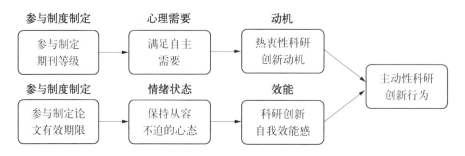

图 7 - 2　科研评价程序民主对大学教师主动性创新行为的影响路径

第一,参与制定期刊等级满足教师自主需要,激发教师热衷性科研创新动机。自主是激发内在动机的第一心理需要,当人们能够根据自己的意愿和凭借自己的意志行事时,其行为源于他们真正的自我感觉,促使其带着兴趣和决心沉浸在做事的过程中[1]。知识生产的基本特征是自主性[2]。作为知识生产主体的大学教师,他们普遍有参与学术咨询和决策的愿望,他们希望成为具有能动性的学术制度的改革者,同时希望自身的高深专业知识受到尊重和认可[3]。大学教师在参与制定期刊等级的过程中,管理者对于他们提出的增加顶尖期刊数量的建议给予适当采纳,满足了教师在期刊和研究内容选择上的自主需要,激发了教师以兴趣驱动的热衷性科研创新动机。如 H2 谈道:"我们学校认定的最优期刊只有 3 本。有老师为此牵头组织了一个联名活动,先到人事处协商,再到学院协商,最后各个学科增加了 1 本。在研究的选择上相比之前会更丰富一些,可以做一些自己真正想做的选题。"

第二,参与制定论文有效期限使教师保持从容心态,增强教师自我效能感。效能判断依赖于生理和情绪提供的效能信息,个体"往往倾向于把应激的高压力情境中的生理活动状态当作身心机能是否会失调的信号,高度焦虑的情绪唤起和紧张的生理状态会阻碍行为操作",降低其对成功的期望[4]。科学研究具有"艰巨性、复杂性、创新性和不确定性特征",这决定了"科研工作者必须具有宁静

① 爱德华·L.德西,理查德·弗拉斯特.内在动机:自主掌握人生的力量[M].王正林,译.北京:机械工业出版社,2020:3.
② 杨超."双一流"建设背景下大学教师参与学科治理的困境与路径[J].学位与研究生教育,2018(9):39-45.
③ 李琳琳,黎万红,杜屏.大学教师参与学术管理的实证研究[J].全球教育展望,2015(4):61-69.
④ 郭本禹,姜飞月.自我效能感理论及其应用[M].上海:上海教育出版社,2007:74.

致远的超然心态、甘于寂寞的坚韧意志和为科学献身的探索精神"[①]。大学教师在参与制定论文有效期限的过程中,管理者对于他们提出的延长论文有效期限的建议给予适当采纳,有利于教师保持从容不迫的心态,增强了教师对取得高质量研究成果的期望。如 H4 谈道:"评职称要求近 5 年发表的权威刊物论文,这种 5 年制使整个人的心态比较焦虑,因为总会担心项目拿到了论文出不来。学校让提意见时,我提了这个 5 年的意见,最后学校松了一个口,5 年前发的权威也可以算。时间限制放宽以后,相对来说会更从容,更有把握出一些自己比较满意的论文。"

需要指出的是,科研评价程序民主往往会出现"形式化"的问题。尽管部分大学教师有过参与科研评价制度设计或改革的经历,但产生的影响较小。自然科学领域的 N9 和社会科学领域的 S3 均提及了自己形式化地参与科研评价制度制定的经历,如 N9 谈道:"学院发征求意见稿,让大家提意见。但征求意见稿和最终稿是一样的。"S3 谈道:"在教工代表大会上跟着举举手投投票,提了建议也没用。"究其原因,主要是因为普通大学教师很难有机会参与到对科研评价制度有核心决策权力的"学术委员会""党政联席会"等组织形式中,他们多数是参与到"学院座谈会""教职工代表大会"等组织形式当中,但这些组织形式对科研评价制度的影响较小。如 E6 谈道:"学院的最高权力机构是党政联席会,党政联席会讨论通过的考核评价制度,到教代会去通报一下,就开始执行了。"E8 指出:"教代会缺乏明确的意见反馈机制,比如说反馈意见能够落实到具体的某项制度或者政策改革的周期有多长,影响力有多大,我不太了解。"

尽管有部分无行政职务的"权威学者"有机会参与到"学术委员会"这一组织形式当中,如 E8 谈道:"学院有自己的党政联席会和学术委员会,他们会跟权威的老师去讨论并做决定。"但由于行政领导在学术委员会中所占比例较大,且学术委员会成员的构成也主要由行政领导指定,"权威学者"在科研评价制度制定中的话语权成为空谈。如 H3 指出:"各种类型的学科评议委员会、专家委员会,都是由院长、系主任等行政领导组成。"N7 认为:"学术委员会的成员是领导班子选的,不是大家投票决定的。"

---

① 白强.大学科研评价旨意:悖离与回归[J].大学教育科学,2018(6):67-73.

三、评价主客体互动公平对大学教师主动性创新行为产生积极影响的原因

通过深入挖掘评价主客体互动公平、基本需要、内部动机、自我效能、主动性创新行为等类目之间的关系发现,科研评价主客体互动公平对大学教师主动性创新行为的影响主要有三条路径(见图7-3):第一条路径是院系领导对因缺乏高水平科研成果而无法达到评价标准的大学教师的鼓励,增强了其科研创新自我效能感,进而促进了其主动性科研创新行为;第二条路径是院系领导对非共识研究的包容,满足了大学教师自主研究的需要,激发了其挑战性科研创新动机,进而促进了其主动性科研创新行为;第三条路径是院系领导对争议结果的解释,满足了大学教师的关系需要,激发了其科研创新内部动机,进而促进了其主动性科研创新行为。

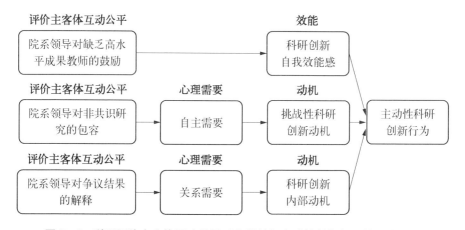

图7-3   科研评价主客体互动公平对大学教师主动性创新行为的影响路径

第一,院系领导对缺乏高水平成果教师的鼓励,增强教师创新自我效能感。 "言语说服是进一步加强人们认为自己已经拥有的能力信念的一种有效手段,尤其是当个体在努力克服困难,并出现自我能力怀疑时,如果有重要人物表达了对他的信任或积极性评价,会较容易增强其自我效能",使其不懈努力以克服困难[1]。大学教师因缺乏高水平的科研成果而无法达到评价标准,进而可能产生自我能力怀疑时,院系领导的鼓励,在一定程度上能够增强其科研创新自我效能

---

[1]   郭本禹,姜飞月.自我效能感理论及其应用[M].上海:上海教育出版社,2007:73.

感,使其继续坚持开展高水平研究。如 S1 谈道:"对于高水平论文不够的问题,领导一直强调千万不能'灌水',要写好论文,要让学界承认。可能在某种程度上对我也是一种激励,始终觉得前面有标杆存在,至少知道该朝哪个方向去努力,最终也能达到他的高度。"院系领导对缺乏高水平成果的大学教师的鼓励通过增强教师的科研创新自我效能感进而促进其不断提升研究成果的质量,在 Chan 等的研究中也得到了支持,他们通过对澳大利亚一所大学医疗卫生健康领域教师的访谈发现,当教师面对负面的评价结果时,管理者与他们之间的交流,可以提高他们对评价结果的积极认知,帮助他们发现和解决问题,把失败只是当作一种学习过程,进而恢复其对科研创新的信心和积极性,如"我能做些什么才能变得更好""我如何去解决这些问题"等①。

第二,院系领导对非共识研究的包容满足自主需要,增强教师挑战性动机。"科学发展的历史表明,近现代科学研究中的许多重大发现与突破,几乎都是首先源发于蕴藏着潜在机遇的非共识创新"②,这就需要评价体系给予非共识性创新更多的包容。科研评价结果公布以后,当大学教师就一些尚未得到当前评价制度认可但极具创新性的成果向院系领导提出异议时,院系领导重新考虑或组织相关专家进行讨论,如果这种成果能够得到认可,会使教师在开展科学研究的过程中获得更多自由发挥的空间,进而激发教师以研究的挑战性驱动的科研创新动机。在这种内部动机的推动下,大学教师往往能够大胆地去尝试一些新的、可能尚不能被当前评价制度认可的、高风险的研究。工程科学领域的 E1 老师就院系领导的包容对大学教师开展前沿研究的影响过程进行了详细阐述:"有些老师可能对评价结果有异议,比如自己的一些绩效指标应该是显著性的,但却被忽略了。领导会把这个问题提交到教授会上讨论。这给老师更大的空间去探索,当有些老师取得了一些前瞻性成绩,但还没有制定相应的奖惩制度时,如果领导能够去嘉奖他,会激励一大批人去做这种前瞻性研究。"

这一结果在史密斯(J. Smith)的研究中也得到了部分支持,他通过对英国一所研究型大学社会科学领域中处于试用期的年轻教师进行访谈发现,行政官僚会主导制定一些常规和平庸的科研绩效目标,教师为确保职位安全,只能严格遵

① CHAN H, MAZZUCCHELLI T G, REES C S. The battle-hardened academic: an exploration of the resilience of university academics in the face of ongoing criticism and rejection of their research [J]. Higher Education Research & Development, 2021(3): 446-460.
② 曹丙利.应大力支持和包容非共识创新[J].前沿科学,2017(4): 1.

从这些目标,这在很大程度上抑制了教师的研究自主性,使得他们通常会选择放弃一些高风险、充满雄心壮志、需要摸着石头过河的研究,不得不开展一些不容易失败的研究①。但非共识性成果的问题只是一种个案,并不是在教师当中普遍存在的问题,这在一定程度上解释了科研评价主客体互动公平通过内部创新动机对大学教师主动性创新行为未产生显著影响的原因。

第三,院系领导对争议结果的解释满足关系需要,增强教师内部创新动机。关系是自主和胜任之外的第三种内在心理需求,"即爱与被爱的需要,关心与被关心的需要"②。"当个体满足了关系需要,感觉归属于特定团体有助于该团体所认可的价值观和行为的内化",会表现出更多内部动机驱动的行为③。在科研评价活动结束之后,院系领导对大学教师存有疑义的评价结果给予耐心和合理的解释说明,会使教师有较强的被尊重感和被认可感。人文学科领域的 H1、社会科学领域的 S8 和自然科学领域的 N2 均从院系领导对争议结果的解释过程中感受到了尊重和认可,如 H1 谈道:"老师有意见可以找分管院领导去谈,院领导把有问题的评价结果向老师一一说明,没有暗地里进行的,给人的一种感觉就是学术生态环境优良,学术受到尊重。"S8 指出:"评奖评优的时候,跟另外一个老师差不多,但最后他评上了,院领导会跟你简单说明一下。"N2 认为:"评价结果会公示,如果教师没有意见,管理者会默认大家认同这些结果。个别老师有异议的话,会和领导沟通,领导会跟他们解释哪些方面有欠缺,老师既感到被尊重,也相应地会知道自己的弱点在哪儿。"但访谈对象并没有明确地表达出关系需要的满足对其科研创新内部动机的积极影响,主要原因是相较于胜任感和自我决定,关系需要更多的是一种背景性或远端的心理需要,其对内部动机的作用效果并不会非常明显④。

四、同行评价对大学教师主动性创新行为产生积极影响的原因

通过深入挖掘同行评价、基本需要、内部动机、角色认同、主动性创新行为等

---

① SMITH J. Target-setting, early-career academic identities and the measurement culture of UK higher education [J]. Higher Education Research & Development,2017(3):597-611.

② 爱德华·L.德西,理查德·弗拉斯特.内在动机:自主掌握人生的力量[M].王正林,译.北京:机械工业出版社,2020:90.

③ 赵燕梅,张正堂,刘宁,等.自我决定理论的新发展述评[J].管理学报,2016(7):1095-1104.

④ 张剑,张建兴,李跃,等.促进工作动机的有效路径:自我决定理论的观点[J].心理科学进展,2010(5):752-759.

类目之间的关系发现,同行评价对大学教师主动性创新行为的影响主要有两条路径(见图7-4):第一条路径是同行评价使大学教师摆脱科研成果数量和级别的束缚,满足了其在研究内容选择上的自主需要,激发了其责任性科研创新动机,进而促进了其主动性创新行为;第二条路径是同行评价使大学教师回归研究本身,与教师的自我认同标准一致,增强了其科研创新角色认同,进而促进了其主动性创新行为。

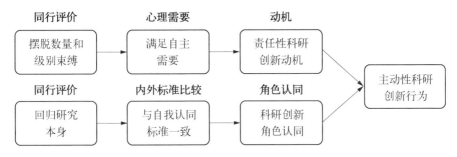

图7-4　同行评价对大学教师主动性创新行为的影响路径

第一,摆脱成果数量和级别束缚满足自主需要,增强教师责任性创新动机。同行专家就研究内容本身给予大学教师积极的信息反馈,会使教师尤其是"冷门"学科领域的教师摆脱成果数量和级别的束缚,满足了其在研究内容选择上的自主需要,激发了教师以满足国家和经济社会发展需要驱动的责任性科研创新动机。社会科学领域的S1老师谈到同行评价有利于大学教师自主地开展一些对国家和社会有价值的研究:"学校会邀请校外专家组成一个panel,对个人提交的代表性成果质量进行评价。这可以让年轻老师尽量去做自己想做的事情,也能够鼓励他们花一些时间放在对国家和社会更有价值的成果生产上面,而不纯粹是为了'灌水'。"

"'冷门'学科关注的人少,发展慢,研究的人少,论文的影响因子就低"[①],而顶尖期刊为提升影响因子,会对热门研究更为青睐。因此,从事"冷门"研究的大学教师在以注重论文等级和数量的量化评价模式下往往处于不利地位,他们更需要同行评价来捍卫其学术自主性。自然科学领域的N8老师谈到同行评价有利于保持学术生态环境的多样化,促进大学教师开展解决国家"卡脖子"问题的

①　张耀铭.学术评价存在的问题、成因及其治理[J].清华大学学报(哲学社会科学版),2015(6):73-88.

冷门研究:"科学研究在不同时期有不同的热点,比如像我们做物理,这个时间段做拓扑,就容易发好论文,就容易影响力强。如果只通过论文的档次和数量来评价,那做拓扑的能碾压那些做冷门研究的,比如做统计物理。如果大家现在都去做拓扑,全去搞纳米,那些很重要的学科可能就萎缩了,但这些学科未来可能会成为国家的'卡脖子'问题。比如我们物理所砍掉的等离子体,它与核能的利用密切相关。但同行最了解研究价值,能对研究工作做出一个相对公平公正的评价,有利于保持学术生态环境的多样化。"在这种内部创新动机的推动下,大学教师开展科研创新活动的积极性在一定程度上能够得到提升。

这一结果在萨顿和布朗(D.A. Brown)的研究中也得到了支持,他们通过对澳大利亚一所大学科研绩效表现较为突出的信息系统领域和社会科学领域的教师进行访谈发现,尽管同行评价可能会产生主观偏见,但它可以使研究成果的构成具有更大的可变性,使教师可以更自主地尝试开展高质量研究[①]。

第二,回归研究本身与教师自我认同标准一致,增强教师创新角色认同。同行评价注重代表性成果本身的质量,营造了一种良好的学术生态环境,使大学教师依据较高的质量标准来严格要求自己的研究。工程科学领域的 E1 和社会科学领域的 S2 两位老师均提及了同行评价对代表性科研成果质量的严格要求,如 E1 指出:"同行评价能够为科研营造一种良好的生态环境,不是以数量取胜,而是凭借它的质量和价值。"S2 谈道:"拿代表性成果去评审时,一定是质量最好的,即使发了 10 篇,但是没有高水平的论文是不可以的。专家一看论文光有量没有质,评价分数一下子就会下来。所以只有高水平的论文,才能证明学术水平。"这与大学教师内心更认同的以追求高深学问为旨趣的创新角色较为一致,能够坚定其开展高水平研究的决心。但我国大学仍偏重于严格的量化评价方法,使大学教师的创新角色发生了偏离。工程科学领域的 E1 老师谈到计分式的评价方法,使大学教师逐渐成为生产分数的"工具":"我们学院的年度考核、聘期考核和职称晋升都是量化的,科研人员的工作都是称斤两的,没有同行评价。比如一个横向课题 1 万块钱算 1 分,论文分为 A、B、C 三档,每档对应的分值是40 分、30 分、20 分,人成为生产分数的'工具'。"工程科学领域的 E3 老师谈到评价标准中对"帽子"的强调,使大学教师对其内心长期坚守的以解决重大实际问

---

① SUTTON N C, BROWN D A. The illusion of no control: management control systems facilitating autonomous motivation in university research [J]. Accounting & Finance, 2016(2): 577-604.

题为目标的创新角色产生动摇："我们学校的长聘岗教授要求有人才称号,一岗教授要求是院士,二岗教授要求是长江、杰青,三岗教授要求是优青。没有人才称号、帽子,即使真正解决了企业的重大难题、在圈子里的认同度很高,也会感觉自己是一个不求上进的人。"

需要指出的是,当同行评价的过程受到以下四个方面因素的干扰时,对大学教师的主动性科研创新行为并不会产生促进作用:

一是人情关系。 当同行评价过程受到人情、圈子、关系等主观因素影响时,会损害同行评价的客观性,也难以客观指出评价对象的不足。H2 指出:"只有同行才真正了解学术水准。但问题是人情社会,如果都不愿意指出问题或者不足,那同行评价的结果都是很好的。"E6 谈道:"在评职称的时候,有'帽子'的'大牛'会把他们那些在定量指标上逊于其他竞争者的徒子徒孙们硬提上来。"

同行专家的遴选、管理和监督缺乏有效的制度和方法,一定程度上会使科研评价过程中存在重人情拉关系、本位主义等现象,影响了评价工作的客观性和公正性[①]。尤其在同行专家遴选方面,存在非匿名性和非流动性的问题,滋生了同行评价过程中的人情关系和圈子文化。自然科学领域的 N7 和工程科学领域的 E6 两位老师均谈到了非匿名性的问题,如 N7 谈道:"关键问题就出在送材料的人身上,不是真正的盲送,刚报上去就知道送到哪里。人家打电话给让关心一下,谁还敢去得罪人。"E6 指出:"评职称的时候,评委通常都会收到短信,关照某位老师。有时候甚至自己都还不知道谁是评委,他们反而先知道了。人情社会的这种关系,逼着达标的人也在找,要不心里不踏实。"自然科学领域的 N9 谈到了非流动性的问题:"学校一级的学术委员会,是一个比较固定的团体,而不是一种随机性的。"

二是评价主体的"失位"。 专家对同行评价未予以充分的尊重,未尽到自己应尽的责任,会使同行评价形式化,难以产生实质性的影响。如 N1 谈道:"同行专家反馈的评审意见非常敷衍和潦草,难以形成真正的同行评价氛围。如果同行评价的结果就是大家都好,谁都不去正视,那同行评价是一件很糟糕的事情。"评价主体的"失位"在比彻(T. Becher)的研究中也得到了支持,他将这种现象称作是"草率评审",并进一步指出这种现象的产生是受两方面因素的影响:一方面,同行专家没有足够的精力去仔细审阅,比如在数学领域,评审者要理解他人

---

① 李振兴,杨起全,程家瑜.关于我国基础研究和前沿技术科技评价问题研究[J].中国科技论坛,2009(1):12-14.

的学术框架并进行评价是很困难和很费时的；另一方面，这类工作缺乏相应的奖励机制①。自然科学领域的 N9 也谈到了评审工作花费了大量时间和精力但经济回报较低，"每年都会收到十几份评审材料，不认真看吧，对人不负责任，认真看吧，有时候也看不过来。看一篇就给一点茶水费，也没什么经济效益。"国内有学者也指出，在当前国内的学术文化中，"一些评审者难以把学术审阅作为其学术工作的一部分而认真对待，往往以不严谨甚至敷衍的态度力求以最少的时间完成这一份'额外工作'"②。

三是评价主体的"错位"。专家主要是由本学科领域的大同行构成，由于专业背景的差异，他们难以对研究成果做出较为专业的评价。自然科学领域的 N3 和 N9 分别谈到了他们作为被评价者和评价者遇到的评价主体"错位"的情况，N3 谈道："一个教授在某个场合对我说，你评副教授的材料在我这里。我当时很惊讶，我是做复几何的，他是做偏方程的，研究方向上差得很多。"N9 指出："评审材料一般会送到大同行手中，比如我经常会收到一些学科的评审材料，我看不懂。大同行就是看个热闹，并不知道这个研究的价值，只能通过看期刊好不好、他引多不多、有没有被报道，去评判研究的价值。"评价主体的"错位"在我们课题组前期的一项研究中也得到了支持，该项研究通过对国内某重点研究型大学理工科教师的访谈发现，评价主体由院系行政领导直接担任，或者由行政领导组成教授委员，行政力量在评价主体中占绝对优势，小同行所占的比例较低③。

造成这种"错位"的原因主要是国内同行评价机制还不够成熟，缺乏保障学术成果价值得到合理评价的配套制度，比如大学一般由人事和科研管理部门组织对教师的学术成果进行评议，"虽然在操作中有专家学者参与，但核心的主导工作还是由行政权力部门控制"④。行政部门主导下的学术评议过程，往往会导致送审不合理的现象⑤，如 N9 谈道的"评审专家都是行政人员选择的，他们没有能力选择大同行或小同行，都是随机选"，或把不同学科的教师放在一起评价⑥。

① 托尼·比彻，保罗·特罗勒尔.学术部落及其领地：知识探索与学科文化[M].唐跃勤，蒲茂华，陈洪捷，译.北京：北京大学出版社，2015：104.
② 蔡连玉，鲁虹.高校教师绩效管理计件工资化及其治理路径研究[J].高校教育管理，2020(2)：97-104.
③ 刘莉，季子楹.现实与理想：目标群体认同视角下的高校科研评价制度[J].高等教育研究，2018(3)：37-44.
④ 张耀铭.学术评价存在的问题、成因及其治理[J].清华大学学报(哲学社会科学版)，2015(6)：73-88.
⑤ 蔡连玉，鲁虹.高校教师绩效管理计件工资化及其治理路径研究[J].高校教育管理，2020(2)：97-104.
⑥ 俞立平.规范使用 SCI 下科技评价的问题与解决路径研究[J].情报资料工作，2020(2)：64-69.

四是同行相轻。当同行之间存在利益冲突时,竞争对手的突破和创新一旦得到承认,可能会出现新的学术权威,将改变学术利益格局[①],因此会导致同行之间的相互贬低。如 N7 谈道:"有些同行是冤家,宁可弄一个差的上去,也不希望好的上去,就像武大郎开店,不希望比他高。"N9 也指出:"小同行间有利益冲突,可能会反向评价。"

五、质量或创新标准对大学教师主动性创新行为产生积极影响的原因

访谈发现,当前能够反映科研成果质量或创新性的评价标准主要有两种:一种是同行认可,另一种是同行公认的顶尖期刊。"作为一种特殊的精神劳动,学术劳动的价值并不以直接劳动时间为衡量标准,也不以来自外部的评价为评判依据,而是一种同行认可的价值,只有同行方能准确鉴别和评价学术劳动成果的价值"[②]。因此,同行评价具有质量或创新属性,同行认可可以作为衡量质量或创新的标准。本节第四部分已经详细阐述了同行评价对大学教师主动性科研创新行为的影响,在此不做赘述,本节主要阐述的是以顶尖期刊作为质量或创新标准对大学教师主动性科研创新行为产生影响的原因。

需要说明的是,以顶尖期刊作为质量或创新标准对供职机构和个人声誉较高的大学教师的科研创新行为会产生更积极的推动作用,但对供职机构和个人声誉较低的大学教师的科研创新行为产生的推动作用较小,甚至会产生阻碍作用。根据默顿提出的"优势累积效应","学术期刊为提升认可度和影响因子,不得不竭尽全力抢占位于'学界金字塔'顶端的优势资源","编辑团队对于来自权威机构的作者以及那些功成名就者几乎抱有某种本能的认同感,这在现代学术评价体系中可以说是一种很自然的现象"[③]。

对于供职机构和个人声誉较低的大学教师而言,为了能够在顶尖期刊上发表论文,往往会选择迎合指定期刊的选题和组稿方向,不得不放弃自己擅长的、感兴趣的和有价值的研究。社会科学领域的 S1 也指出以顶尖期刊作为质量标准会对弱势学科教师的科研创新行为产生不利影响:"如果只认顶级刊物,会面

---

① 刘益东.吸引和保持前沿学者是一流学科建设的决定性因素——开放评价与原创优先的学术出版至关重要[J].科技与出版,2019(10):10-16.
② 别敦荣、陈艺波.论学术职业阶梯与大学教师发展[J].高等工程教育研究,2006(6):17-23.
③ 沈楠、徐飞.科学优先权:门户之见、投稿策略、保密与营销[J].科学学研究,2018(9):1550-1556.

临很大的困难,因为这两个刊物都很难发,拒稿率在92%以上。这么高的要求对我们非常不公平,因为我们学校是一个工科的985学校,文科是比较边缘的,平台没有提供相应的资源支持。"

通过深入挖掘质量或创新标准、情绪状态、自我效能、角色认同、主动性创新行为等类目之间的关系后发现,以顶尖期刊作为质量或创新标准对大学教师主动性创新行为的影响主要有两条路径(见图7-5):第一条路径是以顶尖期刊作为质量或创新标准,有利于大学教师保持从容的心态,增强了其科研创新自我效能感,进而促进了其主动性科研创新行为;第二条路径是顶尖期刊对研究质量和创新性的较高要求,与大学教师的自我认同标准一致,增强了其科研创新角色认同,进而促进了其主动性科研创新行为。

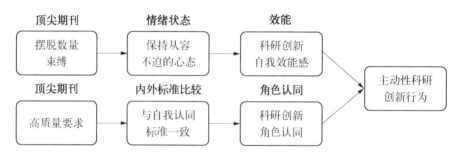

图7-5   质量或创新标准对大学教师主动性创新行为的影响路径

第一,摆脱成果数量束缚使教师保持从容心态,增强其科研创新自我效能感。以顶尖期刊作为衡量质量或创新性的标准,会减轻大学教师因追求成果数量产生的焦虑感,增强教师对取得高质量研究成果的信心,使其以更加从容的心态投入研究当中。如H1谈道:"学校对顶级期刊看得越来越重了,我个人比较欣慰。可以稍微从容一些,稍微沉潜一些,不用那么浮躁地去多产出了。因为我用两年或者三年时间发一篇《文学评论》,也能达到学校的要求。"在这种效能感的推动下,大学教师往往能够静下心来致力于一些需要较长时间才能出成果的研究。

第二,顶尖期刊高质量要求与教师自我认同标准一致,增强教师角色认同。顶尖期刊对研究的质量和创新性均有较高要求,如N2谈道:"*Nature*、*Science*以及化学领域的一些顶刊,要求研究工作有较高的创新性,比如提出了新的理论、解决了新的问题,原因分析也要深刻。"发表在顶尖期刊上的论文会被同行认为具有较高的水平,如 S7 指出:"目前学术体系公认的优秀期刊,比如 SSCI 排名靠前的期刊,国内的《中国社会科学》以及社会学领域的《社会学研究》和《政治学研究》,发在上面的成果大家都会认为质量是非常高的。"S6 也认为:"对基础研究质量的判断,还是要看期刊的质量,每一个领域都有同行公认的期刊,像经济学领域的《经济研究》。"大学教师只有在顶尖期刊上发表论文,才能在学术界获得自己的位置,如 N7 谈道:"要想在学术圈找到自己的位置,不在二区以上期刊发两篇论文是很难的,真正做学问的也都看不上三区及以下期刊的。"因此,以顶尖期刊作为质量或创新标准,会使大学教师以较高的标准来看待自己的研究,这与教师内心更认同的以追求高深学问为旨趣的创新角色较为一致,教师往往能够静下心来致力于一些需要花较长时间去证明、有深度的研究。如 N2 谈道:"顶尖期刊对创新性的要求,需要多去调研、多去思考,需要花很长时间去证明。如果三年只考核一篇有深度的论文而不是更多的话,会使教师能够静下心来去做。"

以顶尖期刊或权威期刊作为质量或创新标准对大学教师主动性科研创新行为产生的积极影响,与巴特勒(N. Butler)[1]、库特哈德(D. Coulthard)[2]和沃克(J.T. Walker)[3]的研究发现不一致,他们通过调查发现,在期刊排名的影响下,大学教师往往会被动地开展一些热门、主流、低风险、缺乏争议的研究。研究发现不一致可能是由样本差异引起的,这些学者的研究样本以社会科学领域为主,而本研究的样本中自然科学和工程科学领域所占比重较大。硬科学领域是以"都市型"研究模式为主,研究人数和研究问题数量的比例较高,竞争模式极为激烈,甚至令人窒息;而软科学领域是以"田园型"研究模式为主,研究人数和研究问题数量的比例较低,研究力量较为分散,竞争压力较小,这导致了都市型研究环境中有时髦研究和偶尔激动人心的时刻,而田园型研究中的节奏始终如一[4]。因此,顶尖或权威期刊对研究热点的追求,对人文学科和社会科学领域教师产生

① BUTLER N, SPOELSTRA S. The regime of excellence and the erosion of ethos in critical management studies [J]. British Journal of Management,2014(3):538-550.

② COULTHARD D, KELLER S. Publication anxiety, quality, and journal rankings: researcher views [J]. Australasian Journal of Information Systems,2016:1-22.

③ WALKER J T, SALTER A, FONTINHA R, et al. The impact of journal re-grading on perception of ranking systems: exploring the case of the academic journal guide and business and management scholars in the UK [J]. Research Evaluation,2019(3):218-231.

④ 托尼·比彻,保罗·特罗勒尔.学术部落及其领地:知识探索与学科文化[M].唐跃勤,蒲茂华,陈洪捷,译.北京:北京大学出版社,2015:123-125.

的不利影响更大,导致这两大学科领域的教师不得不开展一些自己不感兴趣、热门、主流、缺乏争议的研究。

此外,需要指出的是,当以顶尖期刊作为质量或创新标准受到以下两个方面因素的干扰时,对大学教师的主动性科研创新行为并不会产生促进作用:

一是评价标准不稳定。由于评价体系受行政权力主导,行政管理者的频繁更替导致评价标准处于不断变化之中。相对于旧标准而言,一方面,新标准难度不断提高,不但会给大学教师带来较大的压力,使教师感到通过努力也无法达到标准,还会割裂教师对其所在大学的归属感,在一定程度上会抑制其科研创新内部动机和科研创新自我效能感,进而对其主动性科研创新行为产生不利影响。如 S1 谈道:"新上任的副校长正酝酿对原来的科研评价体系进行比较大、系统、彻底的改革,猛地提高了好多标准,比如原来 1 篇 SSCI 论文就可以,现在要 3篇,还必须是一区或二区,这个难度非常高。年轻老师面临很大的生存压力,所以反响极其激烈,如果真的落实下去,肯定会有一拨老师要走。"S6 也指出:"我们学院的评价标准每年都在变,提一些更高的要求,给我造成挺大的压力。因为我博士期间没有积累太多成果,基本都是在做老师以后,也就是助理教授的聘期内,才做的研究。"

另一方面,新标准在数量和质量之间来回切换,会使大学教师感到无所适从,无法长期坚持开展高质量的研究工作。如 E6 谈道:"学校的考核指标年年变,缺什么就引导什么,把相应指标的利益权重加大。上一任校长觉得科研总量不够,就抓成果数量,现任校长觉得总量上去了,应该搞高大上的研究,过几年以后新校长可能又会觉得总量不够了。好不容易达到了之前规定的考核标准,明年可能又变了,老师们也不知道该做什么。"

二是数量对质量的替代机制。在评价对象不符合更高质量标准的要求时,可以用数量更多的较低质量成果替代。这种替代机制"为数量扩张提供了刺激机制,为以数量取胜提供了可能,使'著作等身'的风险小于'十年一剑'"①。社会科学领域的 S8 老师谈及了数量对质量的替代机制促生的低水平研究:"发 3篇低水平的论文,要比发 1 篇高水平论文简单很多,但是 3 篇的奖励跟发 1 篇的奖励是差不多的,所以有时候为了拿奖金会去发一些相对低水平的论文。坚持

---

① 朱军文,刘念才.高校科研评价定量方法与质量导向的偏离及治理[J].教育研究,2014(8):52-59.

发高水平论文会有风险，也许干了两年一篇也没发出来，经济上就会有比较大的损失。"

六、终结性评价对大学教师被动性创新行为产生积极影响的原因

终结性科研评价注重以往科研业绩，通过累积大学教师过去已经取得的科研业绩以提升学科或大学排名，教师个人的研究目标不得不屈从于学科或大学的研究目标，这会减弱教师的自我决定感。自我决定感的减弱会导致内部动机降低、创造性减少及解决问题的能力受到限制[1]。在这种外部环境的束缚下，大学教师为了获得晋升或提高收入不得不迎合这种急功近利的外部需求，被动地选择开展一些短期能够出成果的研究。社会科学领域的 S3 和人文学科领域的 H1 两位老师就这种功利性的评价目的导致大学教师被动地开展短平快研究的过程进行了详细的阐述，如 S3 指出："评价制度的设计应该是为了学问本身。仅仅因为外在的功利性的东西，而不是科研本身带来的乐趣和成就感，那科研不变味才怪，就像小学三年级学生为了获得高考奖励搞一个攻克癌症难题的技术出来。"H1 认为："评价的目的是通过推动老师们多产出来提高学校在国内大学当中的排名，这造成了一种浮躁的、追求短期效益的研究风气。大部分老师为了获得晋升或提高收入不得不去适应这种评价环境。"

七、数量标准对大学教师被动性创新行为产生积极影响的原因

在当前以量化计分为主的定量考核模式下，尽管高质量研究成果可以获得更多"分数"，但可以被数量更多的低质量研究成果替代。大学教师为了达到考核任务、获得职称晋升、提高收入水平等功利性的目的，不得不采取一些安全的、低风险的方式以获得更高的"分数"，如分解研究发现。这在大学已经成为一种普遍现象，工程科学领域的 E2 和 E7、自然科学领域的 N9 三位老师均有提及。如 E2 指出："论文可能本来有 3 个创新点，如果发在同一篇论文上，肯定是高质量论文。但一篇论文只算 20 分，拆成 3 篇论文，就能变成 60 分。"E7 认为："量化考核方式带来的不利影响是使得大部分的学者把研究当作一种谋生方式，而不是对学术问题感兴趣。如果对学术问题很有兴趣，可能两年才能发一篇论

---

[1]　苏煜.自我决定理论与体育学习动机：理论、创新与实践[M].大连：大连海事大学出版社，2009：24.

文,生存下去都比较困难。人都是趋利避害的,当我知道可以把一篇论文拆成若干篇能够获得更多奖金的时候,为什么不这么做呢?"N9 谈道:"量化考核的最大问题是追求考核指标最大化,比如一篇很好的论文,如果把所有的论点合起来,也发不了 Nature、Science。把它拆成 3 篇质量还不错的论文,指标就会变得很好,也能更高效地完成考核任务。"

第二节　影响不显著的原因分析

问卷调查结果显示:科研评价指标难度对大学教师的主动性创新行为未产生"倒 U 型"影响,科研评价周期对大学教师主动性创新行为和被动性创新行为未产生显著影响,定量评价方法对大学教师被动性创新行为未产生显著影响。本研究对这种不显著结果产生的原因进行了深度阐释。

一、晋升难度对大学教师主动性创新行为未产生"倒 U 型"影响的原因

晋升难度能够在一定程度上对大学教师主动性科研创新行为产生"倒 U 型"影响。如果难度太大,大学教师通过努力也无法达到目标,就会使他们逐渐丧失内在的动力,甚至转而去做一些与评价目标导向相反的工作。如 N2 谈道:"如果要求发 Nature 和 Science 论文,老师们会觉得再努力也发不了,干脆就不走这个独木桥,转而做一些其他的事情,比如发短平快的论文,往教学名师的方向发展,做企业的课题。要求太高,就失去了努力的动力。"S4 认为:"目标太高可能会使老师破罐子破摔,比如努努力可能发一个二级权威,但评职称的时候非得要求发顶级,反正肯定发不上,那干脆就不努力了。"N6 指出:"考核评价压力太大的话,会增加很多不稳定性,做任何工作都要考虑短平快,至少一两年内要出东西。这与文件中鼓励的'坐冷板凳'的精神是背离的,因为'冷板凳'已经被抽走了。"如果难度太小,大学教师达到目标只是意料之中,难以激发他们内在的动力。如 N2 谈道:"如果定的目标太低,使一点劲儿就能达到,也激发不了大家的斗志。"S5 认为:"目前的晋升难度不高,可能会让我相对没有那么积极,变得懒惰一些,或者是变得投机一些。"只有当晋升难度适中时,大学教师的胜任需要才会得到满足,教师也会通过努力获得成功的亲历性经验,在一定程度上能够增强其科研创新内部动机和科研创新自我效能感,进而促进其开展

高水平的研究。

但这种"倒 U 型"影响在团队实力的影响下可能会向"正 U 型"影响发生转变。处于实力较强团队的大学教师，相对于处于实力较弱的团队或独立作战的教师而言，即使晋升要求的难度较高，其也会感到能够胜任，也能够通过努力获得成功的亲历性经验，在一定程度上能够增强其科研创新内部动机和科研创新自我效能感，进而促进其开展高水平研究。如 E1 谈道："职称晋升需要获得相应的科研经费，比如 3 年内应达到 200 万，如果没有大团队依托，5、6 年都很难拿到。但对于大团队来讲，比如××大学，拿一个几千万的项目是挺容易的，团队中的子项目负责人非常容易达到这个指标。"E8 也谈到了团队支持对大学教师完成考核任务的重要性："学校要求每年有 50 万到款，但像一个普通的国家面上项目，国家的支持力度三年也不过 60 万，所以对于刚刚回国的老师，特别是在没有一个很大的课题组支持的情况下，考核压力还是比较大的。"

二、聘期考核难度对大学教师主动性创新行为未产生影响的原因

聘期考核要求的科研工作量难度较低，且有较大的灵活性，大学教师基本上都能满足要求。如 S4 指出："聘期工作量基本上等于没有工作量，老师们很容易完成。因为它要求并不高，比如论文没有要求必须是第一作者。周边的朋友或者同事也都没有觉得有这方面的压力。"H1 谈道："聘期考核目标基本上都是根据自己的情况来自我制定，所以弹性很大。4 年或者 5 年之后的考核比较松散，也没有特别正式的考核程序，就签订下一个聘期的工作合同。"因此，聘期考核难度对大学教师主动性科研创新行为并没有产生显著影响。

三、较长评价周期对主动性创新行为未产生影响的原因

职称晋升周期有较大的弹性，即使在规定的职称晋升周期较短的情况下，大学教师也能够根据自身需要，灵活选择参加职称晋升的时间。如 H1 指出："职称晋升的周期是 5 年，如果没有达到要求，可以 6 年或者 7 年参评，当然也可以选择不去参评。成果比较突出还可以破格，选择 3 年或 4 年提前去评。"H2 认为："上了副高之后，不想再往上评职称了，也觉得无所谓，有很多老师十几年都是副高，也没有再往上走的欲望。如果没有那种强行的'push'一定要上正高，

我觉得反倒可以沉下心来，做一些自己想做的东西。"因此，相对于较短的职称晋升周期，较长的职称晋升周期对大学教师主动性科研创新行为并没有产生显著影响。

聘期考核要求的难度较低，且灵活性较大，正如本章第二节第二部分中所谈到的。即使在聘期考核周期较短的情况下，大学教师也能够完成聘期考核任务。因此，相对于较短的聘期考核周期，较长的聘期考核周期对大学教师主动性科研创新行为并没有产生显著影响。

四、定量评价对大学教师被动性创新行为未产生显著影响的原因

量化考核方式营造了一种"以分取胜"的竞争性氛围，导致大学教师为了获得更高的"分数"而采取诸如追求"短平快"、分解研究发现等被动性科研创新行为。相对于量化考核方式而言，尽管同行评价一直是学术界公认的最好的评价方法，但当前我国大学的同行评价还存在诸多问题，如本章第一节第四部分中提到的，人情关系、评价主体的"错位"、评价主体的"失位"、同行相轻等。因此，部分大学教师更认同定量评价的优势，如客观公正性，这也在一定程度上解释了定量评价对大学教师被动性科研创新行为未产生显著影响的原因。

第三节　学科差异的原因分析

问卷调查结果显示：科研评价程序民主和科研评价主客体互动公平通过内部创新动机和创新自我效能感对人文学科领域教师的主动性科研创新行为产生了更积极的影响，职称晋升中使用以代表性成果为基础的同行评价方法通过科研创新角色认同对人文学科领域教师的主动性科研创新行为产生了更积极的影响，形成性科研评价、质量或创新标准和终结性科研评价对大学教师创新行为的影响并不存在明显的学科差异。本研究着重围绕学科差异产生的原因进行了深度阐释。

一、评价程序民主对人文学科领域教师主动性创新行为产生更大影响的原因

造成这一差异的原因主要有两个方面。一方面，从人文学科的功能和作

用上看，"人文学科由于其综合性、价值性，往往承担一种文化和价值批判的角色"，人文学科"必须对有关人的所有理论和实践活动进行批判，在批判性的引导和纠偏中使人及人类世界更合乎人性地发展，在文化的批判中探寻人生、社会以及世界的终极意义"①。另一方面，与自然科学领域对科学发展的线性理解不同，社会科学和人文学科领域共享"竞争性思想共存"的理念，其研究问题、研究方法、研究范式存在异质性，在学科和子学科内部对质量标准难以达成共识②。

人文学科领域的 H4 老师指出了古代文献学这一研究方向内部的异质性："我研究清代文献学，如果让研究元代文献学的老师来评价我的研究，他不一定能够判断出来我做这个问题的价值，因为这个朝代的很多东西对他来说很陌生。"因此，当人文学科领域教师更多地参与到评价制度的制定和执行过程中时，会使教师了解学校开展教师评价工作的目的和意图，消除对评价工作的顾虑和抵触情绪，使考核评价的目的与自身的价值判断保持一致，对考核评价有更多的理解和包容。

二、主客体互动公平对人文学科领域教师主动性创新行为产生更大影响的原因

从人文学科教师的认知方式上看，与自然科学、工程科学、社会科学不同的是，它具有"一种直接性，特别关系到人类对自身境遇的理解与颖悟"③，"常常以情感性、体悟性、意会性的语句表达思想或体验"④，他们希望与外部世界达成一种直接的和共情性的理解。在科研评价的过程中，人文学科领域的教师相应地更希望管理者能够设身处地地感受和理解他们的情感，以达成对科研评价制度共情性的理解。正如本章第一节第三部分中提到的，当大学教师因在评价过程中遇到问题而情绪低落时，院系领导对于争议结果的耐心解释、对非共识性研究的包容以及对缺乏高水平成果教师的鼓励，均会使教师感到关心、理解、尊重和认可，获得较强的组织归属感，并对科研评价制度产生情感上的共鸣。

① 赵景来.人文科学若干问题研究述要[J].社会科学战线，2006(3)：259-266.
② OCHSNER M，HUG S，GALLERON I. The future of research assessment in the humanities：bottom-up assessment procedures [J]. Palgrave Communications，2017，3(1)：1-12.
③ WEIMING T U.人文学科与公众知识分子[J].陈怡，曾亦，译.自然辩证法研究，1999(1)：59-62.
④ 李醒民.知识的三大部类：自然科学、社会科学和人文学科[J].学术界，2012(8)：5-33.

三、同行评价方法对人文学科领域教师主动性创新行为产生更大影响的原因

从知识的内在特征看，自然科学知识由系统而精密的理论构成，能够得到科学共同体的认可，而人文学科的知识只能说是一种意见，学派之间、个人之间的分歧很难弥合①。因此，与其他学科领域不同的是，人文学科领域内部难以达成一致的标准，且该领域也没有公认的顶尖期刊，通过期刊等级来评价大学教师科研成果质量的量化评价方法在人文学科领域并不被认可。"他们更重视从学术部落的各种活动中观察同行的学术品质和能力，他们相信真切发生的交流与接触，哪怕是一堂课、一次报告、一次短暂的接触，有时都能反映学者真正的水平和长远的潜力，发表的刊物级别在他们眼中意义不大"②。

人文学科领域的 H1 老师谈及了同行评价对于以期刊等级作为质量标准的纠偏功能："根据期刊等级难以把握研究质量，发表在非权威期刊上的论文并不一定比权威期刊的论文差，尤其是人文学科。为了纠正研究质量偏重期刊等级的不良导向，我们学校采用匿名方式邀请校外同行进行评议，以此作为质量评定的重要指标。"

第四节　年龄差异的原因分析

问卷调查结果显示：形成性科研评价和科研评价主客体互动公平通过内部创新动机对 35 岁及以下职业生涯早期阶段教师的主动性科研创新行为产生了更积极的影响，职称晋升中使用以代表性成果为基础的同行评价方法通过科研创新自我效能感对 35 岁及以下职业生涯早期阶段和 36～50 岁职业生涯中期阶段教师的主动性科研创新行为产生的积极影响较小，科研评价程序民主对 35 岁及以下职业生涯早期阶段和 36～50 岁职业生涯中期阶段教师的主动性科研创新行为产生的积极影响较小，质量或创新标准和终结性科研评价对大学教师创新行为的影响并不存在明显的年龄差异。本研究着重围绕年龄差异产生的原因进行了深度阐释。

---

① 李醒民.知识的三大部类：自然科学、社会科学和人文学科[J].学术界,2012(8)：5-33.
② 林小英,薛颖.大学人事制度改革的宏观逻辑和教师学术工作的微观行动：审计文化与学术文化的较量[J].华东师范大学学报(教育科学版),2020(4)：40-61.

一、形成性评价对 35 岁及以下大学教师主动性创新行为产生更大影响的原因

职业生涯早期阶段的大学教师处于培育的初级阶段,是教师成长的投入期,专业理想尚没有定型,成果产出少,但他们有强烈的事业心、充沛的精力和较强的可塑性,因此,与职业生涯中晚期阶段的大学教师不同的是,对职业生涯早期阶段的大学教师的评价应侧重于学习潜力的挖掘与学习动机和行为的持续激发,而不是以结果和工作成效作为绝对评价指标[①]。形成性科研评价是以促进大学教师职业发展为主要目的,以面向未来、双向参与、尊重个性化发展为特点的综合评价体系。对教师持续、全面的发展的关注,更有利于激发职业生涯早期阶段的大学教师开展科研工作的积极性[②]。

自然科学领域的 N7 也指出对职业生涯早期阶段的大学教师的评价应将他们当前已经取得的成果与之前的研究基础进行纵向比较,以激发他们的未来创新潜能:"青年人才评价,实际上主要考评有没有前途,需要看原来的基础。比如第一作者在 Science 上发表论文,看起来很厉害,但论文的通讯作者是诺奖获得者,本来站的角度就很高,条件就很好,第一作者只是按照通讯作者的想法去执行,这篇论文并不能代表他真实的水平,当他未来不与通讯作者合作时,未必能够胜任独立开展复杂研究的工作。"

二、主客体互动公平对 35 岁及以下大学教师主动性创新行为产生更大影响的原因

处于职业生涯早期阶段的大学教师,初到一个陌生的环境,孤独感和孤立感是他们面临的最为严峻的问题[③]。与领导、同事之间从陌生到熟络,再到形成稳定的人际交往圈,从而找到存在感和归属感,是职业生涯早期阶段的大学教师心理适应的关键[④]。但由于职业生涯早期阶段的大学教师社会经验相对不足,人

---

① 王燕,李卫东.构建发展性评价体系,促进高校青年教师培养[J].黑龙江教育(高教研究与评估),2008(4):88-89.

② 王燕,李卫东.构建发展性评价体系,促进高校青年教师培养[J].黑龙江教育(高教研究与评估),2008(4):88-89.

③ 吴庆华,郭丽君.从培训走向发展:高校青年教师培养的转变[J].高等工程教育研究,2013(4):141-144.

④ 孙阳.多维互动背景下高校青年教师职业适应能力的提升[J].高教探索,2016(6):121-124.

际意识薄弱,很多教师入职后都觉得与领导、同事之间没有形成稳定的交往关系,除了工作上有限的联系,其他交往少之又少,这会影响职业生涯早期阶段的大学教师的心理适应能力,增加其在入职后的挫败感[①]。相关实证研究表明,人际关系窘迫是职业生涯早期阶段的大学教师心理健康状况偏低的重要影响因素[②]。因此,相较于职业生涯中晚期阶段的大学教师,职业生涯早期阶段的大学教师更需要在科研评价的过程中获得来自管理者充分的尊重、关心、包容、信任、鼓励和支持。

社会科学领域的S1也谈到院系领导为"独立作战"的职业生涯早期阶段的大学教师提供交流和讨论的机会,对他们融入集体和开展高水平研究均起到了积极的推进作用:"我们领导每个月都会在学院内部组织一场专门针对年轻老师的小范围的讨论会,先由1到2位年轻老师汇报自己完成度在70%以上的研究,与会老师再对研究进行集中讨论,报告人在与会老师提的意见的基础上进行修改并继续开展研究。这种大家在一起交流和讨论的制度,一方面可以使年轻老师彼此之间对各自的研究都相互了解,增强他们的集体归属感,另一方面可以使年轻老师花更多的时间和精力去打磨一篇好论文。"

三、同行评价方法对35岁及以下和36~50岁大学教师主动性创新行为产生影响较小的原因

同行评价难以避免存在主观性的弊端,学术共同体的"学术权力本位"消解了学术的独立性,同行评价也会沦落为"熟人关系网"[③]。工程科学领域的E8和社会科学领域的S6均提及了同行评价的过程中普遍存在的"熟人圈子"。E8谈道:"现在都是一种圈子文化,特别是微信兴起之后。比如我和这个人熟悉,觉得他对我平时帮助很大,我可能就确实是对他有偏好,但当我对这个人很陌生的时候,可能评审他的本子只花了10分钟,就给出一个结论。"S6指出:"小同行因为经常在一起开会,大家彼此都比较熟悉。在职称评审或者其他项目评估的时候,基本上都会提前知道谁是评委,跟那些担任评委的小同行提前打个招呼,可能会得到一个更高的评价。"相较于职业生涯晚期阶段的大学教师,职业生涯早期和

① 孙阳.多维互动背景下高校青年教师职业适应能力的提升[J].高教探索,2016(6):121-124.
② 柳友荣.高校青年教师心理健康状况调查分析[J].高等教育研究,1998(4):84-86.
③ 刘贵华,柳劲松.教育科研评价的中国难题[J].高等教育研究,2012(10):25-29.

中期阶段的大学教师迈入学术职业的时间较短,尚未形成稳定的学术关系网,因此,他们可能会对同行评价的客观公正性产生怀疑。

四、评价程序民主对 35 岁及以下和 36～50 岁大学教师主动性创新行为产生影响较小的原因

造成这一差异的原因主要是普通大学教师在科研评价制度设计和改革过程中的"形式化参与",正如本章第一节第二部分中提到的,普通大学教师很难有机会参与到对科研评价制度有核心决策权力的"学术委员会""党政联席会"等组织形式中,他们多数是参与到"学院座谈会""教职工代表大会"等组织形式当中,但这些组织形式对科研评价制度的影响较小。相对于普通大学教师而言,在自身学科领域获得了较高声望和学科其他学者普遍认可的资深教授,因在学术上的较大影响力,其意见在相关的学术管理中更能够得到学院领导和其他教师的尊重,也会被邀请成为"学术委员会""学科委员会""教学委员会"等组织的成员①。本研究中各年龄阶段获省级及以上人才称号的大学教师所占的比例,由高到低依次为 51 岁及以上(81%)、36～50 岁(34%)和 35 岁及以下(19%)。因此,相较于职业生涯晚期阶段的大学教师,职业生涯早期和中期阶段的大学教师中"杰出学者"或"权威学者"所占的比例较低,他们的参与对科研评价制度产生的实质影响较小。

第五节　学校层次差异的原因分析

问卷调查结果显示:职称晋升中使用以代表性成果为基础的同行评价方法通过科研创新自我效能感对中国一流大学教师的主动性科研创新行为产生了更积极的影响,终结性科研评价通过科研创新外部动机对中国一流大学教师的被动性科研创新行为产生了更大影响,形成性科研评价、科研评价程序民主、科研评价主客体互动公平和质量或创新标准对大学教师创新行为的影响并不存在明显的学校层次差异。本研究着重围绕学校层次差异产生的原因进行了深度阐释。

---

① 李琳琳.成为学者:大学教师学术工作的变革与坚守[M].上海:华东师范大学出版社,2016:161-162.

一、同行评价方法对中国一流大学教师主动性创新行为产生更大影响的原因

同行评价一直是学术界公认的最主要的和最好的评价方法[1]，但遗憾的是，我国只有少数顶尖大学在对教师的考核评价中严格实施了国内外同行评审[2]。如清华大学聘请国内外同行专家对申请长聘岗位的教师实行严格的隐名通讯评审，以定性评价为主，不以研究成果的数量作为主要衡量标准[3]。在世界一流大学建设过程中，我国大学普遍存在"以排名论一流"的问题，以文献计量学为核心的量化评价方法，从大学、学科不断蔓延至实验室和科研人员，大学与学科是否一流、学者是否卓越、学术成果是否创新不再取决于实质性的同行评价，而是交给了评价专家研发的排名系统[4]。

尽管我国多数"双一流"建设大学在教师职称评审的相关制度中，明确规定以代表性成果为基础的同行评价方法为主，但正如本章第一节第四部分中谈到的，同行专家的遴选存在非匿名性和非流动性的问题，滋生了同行评价过程中的人情关系和圈子文化，直接导致了同行评价的形式化，同行评价的结果也不具有鉴别度，最终仍是以定量评价结果作为主要衡量标准。社会科学领域的S4老师谈道："同行评价的确是一个很好的方法，但问题是受人情因素的影响，没有评委会给差评，大家的通讯评审都能通过，我还没有见过谁没过的。在这种情况下，还得回到量化。"因此，相对于中国顶尖大学，中国一流大学的教师更渴望实质性的同行评价，当他们所在大学严格实施匿名同行评价时，也更能够激发他们开展科研创新工作的积极性。

二、终结性评价对中国一流大学教师被动性创新行为产生更大影响的原因

问卷调查结果显示，终结性科研评价通过科研创新外部动机对中国一流大学教师的被动性科研创新行为产生了更大影响。"大学是以学科为基础建构起来

①　刘益东.外行评价何以可能——基于开放式评价的分析[J].河南大学学报(社会科学版),2016(5)：145－150.
②　马端鸿,王晨.中国高校长聘教师制度的战略选择与制度防线[J].高等教育研究,2020(7)：36－43.
③　王敏.清华大学物理准长聘制十年实践的思考[J].清华大学教育研究,2014(4)：101－106.
④　王建华.大学的范式危机与转变[J].中国高教研究,2020(1)：70－77.

的学术组织,学科建设是大学的基础性建设"①。学科的发展往往会经历不同阶段,处于成熟阶段或引领阶段的学科拥有一批在国内外具有一定影响力的学术大师,具备承担国家级科研项目和取得重大科研成果的能力②,使得这些学科形成了良好的驱动教师自由探索的创新氛围。相对于中国一流大学,中国顶尖大学拥有更多的成熟学科和引领学科。因此,即使受到终结性科研评价的不利影响,中国顶尖大学的教师受周边同事的影响,仍有比较强的内部动力去坚持开展高水平研究。正如自然科学领域的 N1 老师所指出的:"像我们××大学的××学院,是一个非常成熟的学院,具有非常高的学术地位和水平,已经形成了比较好的氛围,没必要再人为地去加太多条条框框。因为大家受周边同事或行业内部压力的影响,已经有比较强的动力去自主研究。"

第六节　案　例　研　究

"个案研究提供了关于真实情境中的真实人物的独特例子,比仅仅呈现一些抽象的理论或原则更能使读者清晰理解其观点,而且,个案研究还能使读者了解观点和抽象原则之间是如何相互协调、配合的"③。个案研究的优点在于,"可以获取一些在更大范围的资料(如调查)中可能被遗漏的独特特征,这些特征是理解情境的关键"④。尽管通过对参与问卷调查的部分大学教师进行访谈,可以在一定程度上从整体层面揭示出科研评价制度对大学教师创新行为产生影响的原因。但在同等科研评价制度的影响下,我国大学只有少数教师取得了具有全球影响力的原创性科研成果,他们在原创性研究的探索过程中受科研评价制度影响的原因,与其他教师是否存在差异,有待进一步探索。因此,为进一步完善访谈研究结果,本研究采用案例研究法,围绕"面对同样的科研评价制度,为什么有些大学教师能够取得原创性科研成果? 他们的创新行为受到了科研评价制度的哪些影响?"这一关键问题,通过对已取得原创性科研成果的两位大学教师进行访谈,

---

① 罗云.论大学学科建设[J].高等教育研究,2005(7): 45 - 50.
② 孙洪志.高校学科建设管理工作探讨[J].学位与研究生教育,2003(8): 30 - 32.
③ 刘易斯·科恩,劳伦斯·马尼恩,基恩·莫里森.教育研究方法(第 6 版)[M].程亮,宋萑,沈丽萍,译.上海:华东师范大学出版社,2015: 365.
④ 刘易斯·科恩,劳伦斯·马尼恩,基恩·莫里森.教育研究方法(第 6 版)[M].程亮,宋萑,沈丽萍,译.上海:华东师范大学出版社,2015: 370.

旨在探索原创性研究的过程中,进一步揭示影响大学教师科研创新行为的重要因素,及科研评价制度通过这些因素对大学教师创新行为产生间接影响的原因。

一、科研评价制度对 N10 原创研究探索过程中创新行为产生影响的原因

N10 是 S 大学海洋科学领域的一名研究员,2020 年他以通讯作者身份在大气科学领域的顶尖期刊 *Journal of Geophysical Research-Atmospheres* 上发表的成果首次提出了×××模态的全新科学概念,并利用 S2S(Subseasonal-to-Seasonal)模式集,对×××模态的模拟及其对×××季风模拟的贡献进行了系统评估。该工作不仅对解决×××季风期间季节内振荡的模拟这项重大科学挑战提供了一种可能的新途径,还验证了×××模态在模式模拟×××季风的作用,提出了模式模拟好坏的原因,为进一步改进海气耦合模式×××季风的模拟做出了有益的尝试[①]。

通过深入挖掘 N10 在开展原创研究过程中的影响因素以及科研评价制度通过这些因素对其创新行为产生的影响发现,强烈的研究兴趣、原始性创新意识、兴趣主导的科研合作在探索过程中发挥了关键作用,同行评价方法和形成性科研评价通过激发原创意识和推进科研合作,对探索过程中的创新行为产生了促进作用,而定量评价方法通过抑制研究兴趣,对探索过程中的创新行为产生了阻碍作用。

1. 同行评价方法通过激发原创意识对原创研究探索过程中创新行为的促进作用

"创新意识是指具有为人类的文明与进步作出贡献的远大理想、为科学技术事业的发展而献身的崇高精神和进行创造发明的强烈愿望"[②]。原始性创新的"首创性"特征,使得具有原始性创新意识的个体更加迫切地希望创造出前人从未创造出的事物或观念。N10 指出原始性创新意识贯穿于探索过程的始终:"我做的×××研究,这个概念是我自己提出来的,之前没有人用这个词。尽管最开始提出这个概念的时候会被质疑,但我始终在坚持并不断完善。"

同行专家给予原创思想更大的成长空间,并反馈专业的意见,使原创意识得

---

① 注:引自 N10 所在学院网站.
② 何克抗.论创客教育与创新教育[J].教育研究,2016(4):12-24.

以不断增强。N10 谈道:"我一开始提出这个全新概念的时候,收到了国内海洋大气圈同行的各种建议,甚至批评。但是至少会给发展空间,看能发展成什么样。"相较于同行评价,注重成果引用率的定量评价方法强调对研究成果的即时评价,束缚了原创思想的成长空间。N10 指出:"科研人员提出了一个全新的想法,一开始肯定是很不完善的,即使这个观点非常对,引用率也一定高不了,因为大家都需要一定的时间来接受这个观点。学校取消引用率是很好的,让大家摆脱了制度上的束缚,愿意去提出全新的想法。"

2. 同行评价方法通过推进兴趣主导的科研合作对原创研究探索过程中创新行为的促进作用

科研合作能够愉快地进行,动机可能是多方面的,比如合作者之间的性格合得来、能够很好地进行沟通和交流、彼此能够互相欣赏等,但更多的是合作者对研究问题有共同的兴趣[①]。N10 也谈到了兴趣主导下的科研合作在探索过程中发挥的关键作用:"无论是校内合作还是校外合作,大家都是基于共同的研究兴趣。尽管这种合作比较松散,没有去申请课题和项目的资助,但大家都乐意'自带干粮',各自靠各自的项目,在一起做共同感兴趣的事情。"

注重成果等级的定量评价方法往往会导致通过合作进行创新的知识生产过程发生根本性的转变,战略工具理性超越了真理理性成为科研合作的最普遍的原因,大学教师为能够在顶尖期刊上发表论文,采取"拽人名"和"寻找大人物"的方式来重新调整自己的学术等级[②]。N10 认为:"一些顶刊实行的是编辑负责制,他们有很强的个人喜好,会非常认几个人。这几个人跟他们说一下的话,发表的希望会大增。这对科研合作影响非常不好。"同行评价能够鉴别出实质性的科研合作,N10 谈道:"至少在我们这个领域,同行专家在进行评议的时候,如果发现研究后面带一些明显就不怎么相关的超级'牛人',很有可能会将这种研究否定掉的。"

3. 形成性科研评价通过激发原创意识对原创研究探索过程中创新行为的促进作用

形成性评价通过收集能够反映教师个人优势和劣势的数据对教师的表现及

---

① 艾凉琼.从诺贝尔自然科学奖看现代科研合作——以 2008—2010 年诺贝尔自然科学奖为例[J].科技管理研究,2012(10):229-232.

② JEANES E, LOACKER B, ŚLIWA M. Complexities, challenges and implications of collaborative work within a regime of performance measurement: the case of management and organisation studies [J]. Studies in Higher Education, 2018: 1-15.

未来的发展进行评价,注重激发大学教师的科研创新潜能,评价只是被看作帮助教师个人发展的工具①。N10 谈到了以注重激发教师科研创新潜能而非单纯注重结果的评价使其能够静下心来打磨原创思想:"我在聘期考核(中期考核)的时候没有完全完成合同规定的论文指标,院领导组织同行专家进行评议之后,对我已经取得的成绩给予了很客观的认可。尽管没有达到合同要求,但相信我还能干点事儿,还是在好的路子上,只是因为客观原因研究成果暂时没有发表出来。这种灵活的考核制度使我能够静下心来打磨观点,把研究做到最好才去发表。"

4. 定量评价方法通过抑制研究兴趣对原创研究探索过程中创新行为的阻碍作用

"兴趣是内心的一种需要和渴望,它不被任何命令和外部要求主导"②。个体起初开展某项活动的内在需要可能并不强烈,甚至是为了满足外部的需要,如服从要求或命令、避免惩罚、获得奖励等,但在后续开展活动的过程中,随着个体逐渐认可活动的重要性和价值,这种内在需要会愈发强烈,并最终成为个体开展活动的主要动力源③。N10 也谈到了兴趣在研究过程中随着研究价值的凸显而逐渐增强:"一开始我对×××研究只是有一点兴趣,但当我后面逐渐探索出了一些有趣的结果,而且还有一些作用或用途时,我的兴趣就逐渐变强了,这是一个正反馈的过程。"

注重成果等级的定量评价方法,导致大学教师为了能够在顶尖期刊上发表论文,往往会选择迎合指定期刊的选题和组稿方向,不得不放弃自己感兴趣的研究。N10 谈道:"现在的评价体系过于强调 *Nature* 和 *Science* 论文,诱导或扭曲了教师本来的兴趣和计划。在我们这种研究领域,越来越多的人去研究气候变化,做天气过程特别是像暴雨这种极端情况研究的人越来越少,因为不和气候变化挂钩,就发不了 *Nature* 和 *Science* 论文。就我个人而言,尽管会在很大程度上坚持自己的主线,比如做季风的研究,但有时候也会为了追求顶刊去改变一点东西。"

---

① 顾剑秀,裴蓓,罗英姿.研究型大学职称晋升评价制度对教师行为选择的影响——兼论大学教师发展模型的构建[J].中国高教研究,2020(7):66-71.

② 张力群,徐红,徐雷,等.引领科学发展需要知识、能力、兴趣和勇气——复旦大学拔尖人才培养思考[J].中国大学教学,2019(3):8-12.

③ 赵燕梅,张正堂,刘宁,等.自我决定理论的新发展述评[J].管理学报,2016(7):1095-1104.

二、科研评价制度对 E10 原创研究探索过程中创新行为产生影响的原因

E10 是 G 大学化学工程与技术领域的一名研究员，2019 年他以通讯作者身份在化学领域的顶尖期刊 *Journal of American Chemical Society* 上发表成果，发现×××离子不仅能够平衡电荷，作为特定的模板来控制笼状结构，还可以进一步调节单个笼的组装，形成多维集合。这种采用金属-配体自组装的离散笼状结构，凭借明确定义的形状和大小、易于构建的功能化和模块化以及增加的溶解性等优点[①]，在现代化学领域具有重要意义，如用于专门合成特定的目标产物、阴离子"捕获和释放"、离子对识别、去除特定污染物以及生物医学研究的药物输送等[②]。

通过深入挖掘 E10 在开展原创研究过程中的影响因素以及科研评价制度通过这些因素对其创新行为的影响发现，强烈的研究兴趣、跨学科的思维方法、知识互补主导的科研合作在探索过程中发挥了关键作用，科研评价主客体互动公平通过激发跨学科思维和推进科研合作，对探索过程中的创新行为产生了促进作用，而定量评价方法通过抑制研究兴趣，对探索过程中的创新行为产生了阻碍作用。

1. 科研评价主客体互动公平通过激发跨学科思维对原创研究探索过程中创新行为的促进作用

跨学科思维是指"不囿于学科边界，重视学科内部、外部的知识交叉、融合，通过跨界去整合知识，从而解决问题的思维方式，它的突出特征是思维上的融会贯通"[③]。正是基于这种跨学科思维，E10 找到了解决问题的新思路："跨学科思考问题可以更好地打开研究思路，能够理清楚做的东西会不会对其他学科有影响。传统的化工研究，大家感兴趣的是比较宏观的东西，比如说能量的增长或者减少，但具体到微观领域，能量是如何增长的，大家关注的比较少。这种微观的

①　HE Y Q, FUDICKAR W, TANG J H, et al. Capture and release of singlet oxygen in coordination-driven self-assembled organoplatinum（II）metallacycles［J］. Journal of the American Chemical Society，2020（5）：2601 - 2608.

②　WANG F, LIANG K, LARSEN M C, et al. Solvent-controlled self-assembled oligopyrrolic receptor［J］. Molecules，2021（6）：1771.

③　黄翔，童莉，史宁中.谈数学课程与教学中的跨学科思维［J］.课程·教材·教法，2021（7）：106 - 111.

分子反应往往对宏观的能量变化产生关键影响,就好比砖块或者螺丝钉对整栋建筑物的影响。大家关注的角度是不一样的,如果换一个学科去考虑问题的话,可能发现的问题是不一样的。"

院系领导对发表在本学科领域之外期刊上的跨学科研究成果的包容为 E10 开展跨学科研究营造了良好的氛围:"我除了做一些工程材料的研究之外,还有一些将工程材料应用到机理或理论的研究,这就可能涉及到研究癌症治疗机理的问题,从化学材料过渡到了医学的范畴,我在论文投稿的时候也会相应地去找一些医学期刊。这其实不利于我们院的学科评价,因为这种评价注重在化学领域的三大顶刊发表论文。但院领导非常鼓励和支持我去做跨学科的研究,学院年终的绩效考核,对于我的这些跨学科成果也是承认的。"

2. 科研评价主客体互动公平通过推进知识互补主导的科研合作对原创研究探索过程中创新行为的促进作用

"现代科学专业化的分工,使得每位科学家的知识不可能是牛顿时代的全才,而科研创新需要具备多方面的知识和能力,科学家们自然而然地就选择了科研合作"[1]。E10 也谈到了研究团队的教师在知识方面各有优势,相比各自分开来独立工作,知识上的互补往往使他们能够产出颇具优势的创新思想:"我们团队的老师在专业上各有所长,分工比较明确,有的老师提供了合成方面的指导,有的老师提供了材料表征方面的指导,有的老师对机理的研究是有贡献的,单纯靠自己的力量是很难完成的。"

院系领导对论文通讯作者贡献的认可促进了 E10 与不同知识特长教师之间的合作:"之前在评职称的时候,我们学院一些年龄大的教师认为评教授必须是第一作者的论文,通讯作者的论文不认。他们认为年轻老师如果不是论文的第一作者,说明这个老师没有深入一线,没有第一手资料,把所有的责任都压给了学生。这对于开展科研合作是非常不利的,因为随着跨学科、跨国界合作的增多,通讯作者的贡献在国际上得到了较大程度的认可,而且期刊本身在投稿的时候也要求注明每一个作者的贡献。把这一问题反馈给院领导之后,他们经过与学术委员会的教师讨论之后,最终还是认可了以通讯作者身份发表的论文。"

---

① 艾凉琼.从诺贝尔自然科学奖看现代科研合作——以 2008—2010 年诺贝尔自然科学奖为例[J].科技管理研究,2012(10):229-232.

3. 定量评价方法通过抑制研究兴趣对原创研究探索过程中创新行为的阻碍作用

兴趣是一种强大的精神力量,是推动研究的原动力①。德国诗人歌德曾说:"如果你有某一方面的兴趣,你会对它有天生的特殊的敏感,不要多少指导,就有一种动力或自然倾向。即使是暂时停顿,它也能在潜意识里进展和增长。"②E10也强调了探索过程主要靠兴趣驱动:"我对自组装材料的形貌、物理特性和化学特性进行调控比较感兴趣,这是一个自由探索的过程。自由探索比较吸引我的地方在于,研究过程中随时都有可能有新的东西出现。最初只是定了一个大概的方向,比如×××对这种形貌可能是有影响的,但具体研究过程中是否产生影响,或者说影响到什么程度,有比较大的偶然性。"

以科研项目为指标的定量评价方法,注重研究能够带来的实际效益,忽视了基础研究与应用研究的差异,阻碍了兴趣驱动的自由探索。E10谈道:"现在高校都在向基金看齐,衡量科学研究最清晰的一把尺子就是能不能拿到钱。大家都是在这样一种固定的条框里面做,都是以能不能挣钱作为考核标准,能挣钱的东西肯定和现实生活的结合比较紧密。有人牙疼,把他治好了就能赚钱,但病理性的研究,可能大家都不管了。把牙治好了是一种好奇心,但还有一种好奇心可能关心为什么牙疼,或者牙疼会造成其他什么并发症。"

本 章 小 结

本章采用质性文本主题分析法分析了科研评价制度对大学教师创新行为产生影响的原因,研究发现:

(1) 科研评价制度能够满足大学教师的自主需要和胜任需要、使教师保持从容的心态、使角色要求与教师内心认同的创新角色一致,是促进大学教师产生主动性科研创新行为的重要原因。形成性科研评价对大学教师主动性创新行为产生积极影响的原因主要体现在形成性科研评价以激发教师未来创新潜能、提供过程性帮助和培养创新性人才为目的;科研评价程序民主对大学教师主动性

① 张力群,徐红,徐雷,等.引领科学发展需要知识、能力、兴趣和勇气——复旦大学拔尖人才培养思考[J].中国大学教学,2019(3):8-12.
② 佘双好.大学生思想道德修养导论[M].武汉:武汉大学出版社,1999:132.

创新行为产生积极影响的原因主要体现在教师有机会参与制定期刊等级和论文有效期限;科研评价主客体互动公平对大学教师主动性创新行为产生积极影响的原因主要体现在院系领导在评价过程中对教师的鼓励和包容;同行评价方法对大学教师主动性创新行为产生积极影响的原因主要体现在同行评价使教师摆脱科研成果数量和级别的束缚,并使教师回归研究本身;质量或创新标准对大学教师主动性创新行为产生积极影响的原因主要体现在顶尖或权威期刊对研究质量和创新性的较高要求,并使教师摆脱成果数量的束缚。

(2) **大学教师所处的科研团队实力和科研评价制度本身的灵活性,是科研评价制度对大学教师主动性创新行为未产生显著影响的重要原因。** 晋升难度对大学教师主动性科研创新行为未产生显著影响主要是受到教师所处的科研团队实力的影响;聘期考核难度和评价周期对大学教师科研创新行为未产生显著影响的原因主要是它们具有较大的灵活性。

(3) **人文学科的批判性、非共识性和共情性,是科研评价制度对大学教师主动性创新行为的影响存在学科差异的重要原因。** 科研评价程序民主对人文学科领域教师主动性创新行为产生更大影响的原因主要是人文学科的批判性和非共识性;科研评价主客体互动公平对人文学科领域教师主动性创新行为产生更大影响的原因主要是人文学科的共情性。

(4) **职业生涯早期阶段大学教师的知识不完备性、孤独感和学术关系网不稳定性,以及这一年龄阶段的“杰出学者”匮乏,是科研评价制度对大学教师主动性创新行为的影响存在年龄差异的重要原因。** 形成性科研评价对 35 岁及以下职业生涯早期阶段大学教师主动性创新行为产生更大影响的原因主要是这一阶段的教师专业化意识不够和知识结构不完备;科研评价主客体互动公平对 35 岁及以下职业生涯早期阶段大学教师主动性创新行为产生更大影响的原因主要是这一阶段的教师存在孤独感和孤立感;职称晋升中使用以代表性成果为基础的同行评价方法对 35 岁及以下职业生涯早期阶段大学教师主动性创新行为产生影响较小的原因主要是这一阶段的教师尚未形成稳定的学术关系网;科研评价程序民主对 35 岁及以下职业生涯早期阶段大学教师主动性创新行为产生影响较小的原因主要是这一阶段的大学教师中“杰出学者”或“权威学者”所占的比例较低。

(5) **中国一流大学未严格实行匿名同行评价和缺乏引领学科,是科研评价制度对大学教师创新行为的影响存在学校层次差异的重要原因。** 职称晋升中使用以代表性成果为基础的同行评价方法对中国一流大学教师的主动性创新行为产生影响较小的原因主要是这一层次的大学未严格实行匿名同行评价;终结性科研评价对中国一流大学教师的被动性创新行为产生更大影响的原因主要是这一层次的大学成熟学科和引领学科较少,缺乏良好的驱动教师自由探索的创新氛围。

(6) **兴趣、原创意识、跨学科思维、兴趣和知识互补主导的科研合作是大学教师取得原创成果的重要原因,同行评价方法、形成性评价、评价主客体互动公平通过激发原创意识和跨学科思维及推进合作对原创研究的探索起到了促进作用**。同行评价方法对原创意识的激发作用主要体现在同行专家给予原创思想更大的成长空间,并反馈专业的意见,使原创意识得以不断增强;同行评价方法对科研合作的推进作用主要体现在同行专家能够鉴别出实质性的科研合作。形成性评价对原创意识的激发作用主要体现在形成性评价注重激发教师的科研创新潜能,而非单纯注重评价结果,使教师能够静下心来打磨原创思想。评价主客体互动公平对跨学科思维的激发作用主要体现在院系领导对发表在本学科领域之外期刊上的跨学科研究成果的包容,为大学教师开展跨学科研究营造了良好的氛围;评价主客体互动公平对科研合作的推进作用主要体现在院系领导对论文通讯作者贡献的认可,促进了不同知识特长教师之间的合作。

第八章
研究总结与展望

本章对定量和质性两个阶段的重要发现进行了总结,并在此基础上为大学科研评价制度改革提供了有针对性的方案与措施。同时,对研究的主要创新和存在的局限进行了说明,并为后续研究的进一步改进和完善指明了方向。

第一节　主　要　结　论

为深入探究科研评价制度对大学教师创新行为的影响,本研究采用解释性时序设计的混合研究方法,定量研究部分通过对 29 所一流大学建设高校自然科学、工程科学、社会科学和人文学科四个学科领域的 1 659 名教师进行问卷调查,并应用多元线性回归分析法、逐步法和层次检验法分析了科研评价制度对大学教师创新行为的影响程度、影响机制和影响的学科、年龄和学校层次差异;质性研究部分依据定量研究的显著结果、不显著结果和在不同组存在差异的结果,通过对参与问卷调查的 32 名教师进行半结构式访谈,并应用质性文本主题分析法分析了科研评价制度对大学教师创新行为产生影响的原因。主要得出以下结论:

一、科研评价制度对大学教师创新行为产生了较大影响,评价程序民主和数量标准分别对主动性和被动性创新行为影响最大

在科研评价制度对大学教师主动性创新行为的整体影响程度方面,科研评价制度整体上对大学教师主动性创新行为产生了较大影响;在科研评价制度各要素对大学教师主动性创新行为的影响程度方面,由大到小依次为科研评价程

序民主、科研评价主客体互动公平、形成性科研评价、职称晋升中使用以代表性成果为基础的同行评价方法和质量或创新标准。在科研评价制度对大学教师被动性创新行为的整体影响程度方面,科研评价制度整体上对大学教师被动性创新行为产生了较大影响;在科研评价制度各要素对大学教师被动性创新行为的影响程度方面,由大到小依次为数量标准和终结性科研评价。

二、创新动机、创新自我效能感和创新角色认同在科研评价制度对大学教师创新行为的影响过程中发挥了较大的中介作用

科研创新内部动机、科研创新自我效能感和科研创新角色认同整体上在科研评价制度对大学教师主动性创新行为的影响过程中发挥了较大的中介作用,其中,科研创新内部动机在形成性科研评价和科研评价程序民主对大学教师主动性创新行为的影响过程中发挥的中介作用最大,科研创新自我效能感在科研评价主客体互动公平、职称晋升中使用以代表作为基础的同行评价方法和以科研成果质量或创新为主的评价标准对大学教师主动性创新行为的影响过程中发挥的中介作用最大。科研创新外部动机在终结性科研评价对大学教师被动性创新行为的影响过程中发挥了非常大的中介作用。

三、科研评价制度对大学教师创新行为的影响存在明显的学科、年龄和学校层次差异

在科研评价制度对大学教师创新行为影响的学科差异方面,职称晋升中使用以代表性成果为基础的同行评价方法通过创新角色认同对人文学科领域教师的主动性创新行为产生了更积极的影响;科研评价程序民主和科研评价主客体互动公平通过内部创新动机和创新自我效能感对人文学科领域教师的主动性创新行为产生了更积极的影响。在科研评价制度对大学教师创新行为影响的年龄差异方面,形成性科研评价和科研评价主客体互动公平通过内部创新动机对职业生涯早期阶段教师的主动性创新行为产生了更积极的影响,职称晋升中使用以代表性成果为基础的同行评价方法通过创新自我效能感对职业生涯早期阶段教师的主动性创新行为产生的积极影响较小,科研评价程序民主对职业生涯早期阶段教师的主动性创新行为产生的积极影响较小。在科研评价制度对大学教师创新行为影响的学校层次差异方面,职称晋升中使用以代表性成果为基础的

同行评价方法通过创新自我效能感对中国一流大学教师的主动性创新行为产生了更积极的影响,终结性科研评价通过外部创新动机对中国一流大学教师的被动性创新行为产生了更大影响。

四、科研评价制度满足自主需要、保持从容心态、使角色要求与内心认同一致,是促进大学教师主动性创新行为的重要原因

形成性科研评价对大学教师主动性创新行为产生积极影响的原因,主要体现在形成性评价以激发教师未来创新潜能、提供过程性帮助和培养创新性人才为目的,满足了教师对未来研究方向的胜任需要,减轻了教师的焦虑感,与教师的自我认同标准保持了一致;同行评价方法对大学教师主动性创新行为产生积极影响的原因,主要体现在同行评价方法使教师摆脱科研成果数量和级别的束缚并使教师回归研究本身,满足了教师在研究内容选择上的自主需要,与教师的自我认同标准保持了一致;质量或创新标准对大学教师主动性创新行为产生积极影响的原因,主要体现在顶尖或权威期刊对研究质量和创新性的较高要求并使教师摆脱科研成果数量的束缚,使教师可以保持从容的心态,与教师的自我认同标准保持了一致;科研评价程序民主对大学教师主动性创新行为产生积极影响的原因,主要体现在教师有机会参与制定期刊等级和论文有效期限,满足了教师在研究内容选择上的自主需要,使教师可以保持从容不迫的心态;科研评价主客体互动公平对大学教师主动性创新行为产生积极影响的原因,主要体现在院系领导在评价过程中对非共识研究、失败研究和跨学科研究的包容和鼓励,满足了教师自主研究的需要和关系需要;终结性科研评价对大学教师被动性创新行为产生积极影响的原因,主要体现在终结性评价以提升学科或大学排名为目的,使教师个人的研究目标不得不屈从于学科或大学的研究目标,从而削弱了教师的自我决定感。

第二节   对策建议

为改革我国大学的科研评价制度,促进大学教师积极地开展高水平研究,本研究主要从对大学教师科研创新行为产生显著影响的评价目的、评价方法、评价标准、评价程序、评价主客体关系五个评价要素着手,为大学管理者提供了有针

对性的方案与措施。具体建议如下：

一、加强增值评价和过程评价，激发大学教师科研创新潜能

大学对教师进行评价的目的在于促进教师、学科和大学的发展，其中教师个人的发展是第一位的[①]，因此，大学在科研评价制度的设计原则上应把"为了教师发展"放在首位，但发展并不等同于获得职称晋升或发表更多论文，而是旨在不断提高教师的科研创新潜能，帮助教师及时发现研究过程中存在的问题。为提高大学教师尤其是知识结构尚不完备但具有较大可塑性的职业生涯早期阶段教师的创新潜能，建议在评价实践中加强增值评价和过程评价，这种实践举措在教育部下发的《关于破除高校哲学社会科学研究评价中"唯论文"不良导向的若干意见》（教社科［2020］3号）[②]中也得以体现。

在增值评价方面，应注重"对评价对象的努力程度和改善提高进行评价，如果不对发展和进步程度进行评价，评价对象就看不到努力的成效，就会丧失发展信心，丧失参与评价的积极性甚至抵制评价"[③]。具体而言，以大学教师的科研创新能力提升幅度作为评价标准，综合运用定量评价和同行评价的结果，评价教师科研创新能力的提升和改变。在定量评价方面，将教师上一聘期或专业技术职务任期内取得的研究业绩作为参照，从研究业绩的增长数量和增长比率着手进行评价。在同行评价方面，要求同行专家通过对比上一聘期或获得上一专业技术职务任职资格的同行评价结果进行评价。当进步幅度较大时，表明教师具备较强的科研创新潜力，当进步幅度较小时，尽管教师取得了较为突出的研究业绩，但可能是由"站在巨人的肩膀上"或"大树底下好乘凉"所致，表明教师的科研创新潜力较弱。

在过程评价方面，"高度重视并尊重科研人员的精神思考和在学术研究上的情感投入、精力投入以及意志品质等高度内隐性的因素"[④]，对大学教师在研究

---

①　沈红.论大学教师评价的目的[J].高等教育研究，2012(11)：43-48.

②　教育部.关于印发《关于破除高校哲学社会科学研究评价中"唯论文"不良导向的若干意见》的通知[EB/OL].［2020-12-10］. http://www. moe. gov. cn/srcsite/A13/moe_2557/s3103/202012/t20201215_505588.html.

③　张应强，赵锋.从我国大学评价的特殊性看高等教育评价改革的基本方向[J].江苏高教，2021(2)：1-8.

④　张伟.从"学术契约"到"学术责任"——大学学术制度困境及范式超越[J].北京社会科学，2018(3)：4-12.

过程中所展现出来的创新能力和潜力进行评价,并对研究过程中存在的问题进行诊断并分析原因,对于因缺乏科研条件导致的问题,给予教师充足的经费和设备支持,对于研究本身存在的问题,在教师自我评价与反思的基础上,组织同行专家对进一步完善研究提供有针对性的意见和建议。

二、完善小同行遴选、监督和激励制度,保障科研评价的专业性和权威性

"小同行一般多为三级或四级学科方向的专家,其研究领域较微观,针对被评价对象所研究的科学问题、研究领域、研究进展、研究原理以及研究成果的应用价值进行考量"[①]。因此,小同行评价更能够保障评价的客观性、专业性和权威性。2018 年中共中央办公厅和国务院办公厅联合下发的《关于深化项目评审、人才评价、机构评估改革的意见》也强调注重发挥小同行的重要作用[②]。为完善小同行专家评价制度,建议从小同行专家的遴选、监督和激励三方面着手。

在小同行专家的遴选方面,坚持专业性和客观性相结合的原则:为提高评审材料与同行专家之间的专业契合度,建议通过完善专家库中专家近年来的研究成果摘要、关键字等信息,进一步扩充专家遴选条件和细化检索标准,以挑选与被评价者研究方向更为一致的小同行[③];为避免人情关系干扰小同行专家评价的客观公正性,建议跨校、跨市、跨省、跨国选取作为评价对象竞争者的小同行专家,排除因地域临近性或合作关系(如师生关系、同门关系、项目合作关系等)而与评价对象存在"熟人"关系的小同行专家,同时,增加小同行专家的数量,减少因人情关系产生的非客观公正性评价发生的概率,鉴于"欧美名牌大学评审专家的数量有的达到 12 至 15 人,我国大学少的仅 2 人、3 人,多的 5 人、7 人"[④],建议我国大学通讯评审中的小同行专家数量保持在 10 人及以上。

在小同行专家的监督方面,为提高小同行专家的责任意识,避免小同行专家与被评价者之间因为利益冲突导致反向评价以及小同行专家敷衍应付评审材料的问题,建议在评价活动结束之后公开评审专家名单,同时,完善专家库中的诚

① 童锋,夏泉."双一流"评价视阈下我国同行评价体系的建构[J].中国高校科技,2020(Z1):48-52.
② 中共中央办公厅,国务院办公厅.关于深化项目评审、人才评价、机构评估改革的意见[EB/OL].[2018-07-03].http://www.gov.cn/zhengce/2018-07/03/content_5303251.htm.
③ 肖丁丁,许治.NSFC 评审专家管理办法修订的演进脉络与启示[J].管理评论,2012(7):49-55.
④ 杨兴林.高校教师职务晋升的学术代表作评价研究[J].江苏高教,2015(2):34-37.

信数据，对小同行专家违反学术道德的评价行为进行记录。

在小同行专家的激励方面，为提高小同行专家对评价工作的重视程度和投入力度，发挥小同行专家的积极主动性，建议效仿全国哲学社会科学规划办公室"定期公布认真负责的鉴定专家"的做法，定期公布态度认真负责、评审意见客观中肯的小同行专家名单，并相应提高其评审费用。

三、根据学科领域和水平分类制定科研评价标准，增强大学教师的自主性

"学术期刊普遍实行同行专家审稿制度，在决定录用一篇论文之前，其质量已得到同行专家的基本认可"[①]。相比本学科领域多数期刊而言，少数顶尖期刊对研究的质量和创新性均有更高要求，因此，是否在顶尖期刊上发表论文可以作为衡量大学教师研究质量或创新性的标准之一。科技部下发的《关于破除科技评价中"唯论文"不良导向的若干措施（试行）》（国科发监[2020]37号）也明确指出，具有国际影响力的国内科技期刊、业界公认的国际顶级或重要科技期刊的论文，可以作为高质量成果进行考核评价[②]。但在这种标准的影响下，部分大学教师为了迎合顶尖期刊的热点选题和组稿方向，不得不放弃自己感兴趣的研究。为增强大学教师研究的自主性，建议从顶尖期刊的遴选方式、数量、所占质量标准权重、论文发表数量要求及有效期限五个方面进行改革，充分考虑到不同学科领域和研究水平的差异。

在顶尖期刊的遴选方式方面，由于人文社科领域共享"竞争性思想共存"的理念，其研究问题、研究方法、研究范式存在异质性，在学科和子学科内部对质量标准难以达成共识[③]，因此，建议将该领域的顶尖期刊细化到二级学科，并在遴选方式上以二级学科的小同行认可为依据。在顶尖期刊占据的质量标准权重方面，鉴于人文学科领域成果表现形式的个性化和多元化，工程科学领域以解决国家和社会的现实问题为最终目的，注重成果的应用，因此，建议适当减少论文在工程科学和人文学科领域的评价指标中所占权重。在顶尖期刊的论文有效期限

① 朱军文，刘念才.高校科研评价定量方法与质量导向的偏离及治理[J].教育研究，2014(8)：52-59.
② 科技部.关于破除科技评价中"唯论文"不良导向的若干措施（试行）[EB/OL].[2020-02-23]. http://www.most.gov.cn/xxgk/xinxifenlei/fdzdgknr/fgzc/gfxwj/gfxwj2020/202002/t20200223_151781.html.
③ OCHSNER M，HUG S，GALLERON I. The future of research assessment in the humanities：bottom-up assessment procedures [J]. Palgrave Communications，2017，3(1)：1-12.

方面,鉴于人文学科领域的科研人员往往研究一些较为广泛的、区别不大的问题,需要较长时间去寻求问题的答案,且该领域的科研人员很少关注成果的优先性,发表论文需要等待更长时间①,因此,建议适当延长人文学科领域顶尖期刊论文有效期限,如可延长至 10 年甚至不限定有效期限。

在顶尖期刊的数量方面,为避免因顶尖期刊对来自权威机构的作者抱有更高的认同感,建议适当增加研究水平相对较低的弱势学科的顶尖期刊数量。在顶尖期刊的论文发表数量要求方面,由于数量与质量并非完全对立,二者处于一个相互转化的过程,量变增加的同时会出现阶段性或局部性甚至根本性的质变②,因此,建议适当减少处于量变阶段的弱势学科对顶尖期刊论文的数量要求,增加非顶尖期刊论文数量要求。

四、推进大学教师参与咨询、决策和反馈制度改革,提升教师在评价中的话语权

大学教师普遍有参与学术咨询和决策的愿望,他们希望成为具有能动性的学术制度的改革者,使自身的高深专业知识受到尊重和认可③。让教师参与学校的民主管理,也是当今各国大学的通行做法④。教育部办公厅下发的《关于开展高等学校科技评价改革试点的通知》(教技厅[2014]3 号)也明确提出,"高校要充分调动广大科技工作者的积极性,鼓励他们参与科技评价改革"⑤。为提升大学教师的评价话语权,建议从教师参与评价制度的咨询、决策和反馈三方面着手。

在大学教师参与评价制度的咨询方面,可以通过征询意见座谈会的形式,广泛征求不同研究领域、不同研究类型、不同工作岗位、不同职称教师的意见;在获得教师反馈的意见后,管理者应分类整理,对于有疑义或涉及教师切身利益但一时难以落实的,应及时与教师进行面对面沟通,讨论意见提出的背景与具体落实

① 托尼·比彻,保罗·特罗勒尔.学术部落及其领地:知识探索与学科文化[M].唐跃勤,蒲茂华,陈洪捷,译.北京:北京大学出版社,2015:123-130.
② 潘健,史静寰.全球视角下科研产出数量与质量的互变逻辑——以工程学科研论文产出为例[J].中国高教研究,2021(2):16-22.
③ 李琳琳,黎万红,杜屏.大学教师参与学术管理的实证研究[J].全球教育展望,2015(4):61-69.
④ 巫春华.高等学校非行政化:国际经验与对策[J].高等教育研究,2005(8):23-27.
⑤ 教育部办公厅.关于开展高等学校科技评价改革试点的通知[EB/OL].[2014-09-12].http://www.moe.gov.cn/srcsite/A16/s3336/201409/t20140912_175572.html.

方案,对于明显不合理的不予采纳;在征询意见的活动结束后,管理者应在学院或学校网站上公开意见的征集和落实情况。

在大学教师参与评价制度的决策方面,建议从学术委员会委员的产生方式和学术委员会的权限范围两方面进行改革:在学术委员会委员的产生方式方面,尽管我国绝大多数大学的章程均明确规定了通过民主选举、基层推荐和校长聘任产生①,但不同方式产生的委员比例并未被明确规定,因此,建议以民主选举和基层推荐委员为主,校长聘任委员为辅;在学术委员会的权限范围方面,鉴于我国多数大学的章程中明确规定了学术委员会仅享有学术评价事务的建议或讨论或咨询、评定或审议权②,因此,建议明确学术委员会在学术评价事务方面享有决定和审定的决策权力,防止其他行政权力对学术委员会的干预。

在大学教师参与评价制度的反馈方面,建议畅通反馈渠道,如设立学术委员会的电子邮箱、"意见箱"等,教师就评价制度中存在的问题及解决问题的建议向学术委员会反馈,学术委员会在明确的期限内给予答复。

五、包容和鼓励非共识、失败和跨学科研究,提升大学教师的归属感

当大学教师因非共识性研究或创新失败或跨学科研究而在科研评价的过程中遇到困难时,管理者应给予教师充分的包容和鼓励,满足教师被理解和尊重的需要。对于尚未得到当前评价制度认可但极具创新性的非共识性研究成果,由于此类研究成果"超出了一般人的认识水平,甚至与当时某一公认的'规律'矛盾,多数人由于不理解而不赞成"③,导致同行专家对此类研究成果的评价可能存在较大的矛盾和分歧,建议院系领导要求同行专家对研究问题在本领域的前瞻性和对国家社会未来发展具有重要意义的战略性给予正式的书面意见反馈,如果确实具有较强的前瞻性和战略性,院系领导作为决策者应在自己的权限范围内敢于承担责任,给予这类成果一定程度的认可。

对于大学教师长期努力仍未如愿达到预期目标的"失败"或"无效"研究结果,建议院系领导"允许教师提交能够证明其勤勉工作的原始记录材料(包括技

---

① 徐自强,严慧.身体-权力-行动:大学内部治理中的教授治学——基于高校章程的内容分析[J].高教探索,2019(7):24-32.
② 肖磊,石卫林.学术权力与行政权力冲突的制度求解[J].教育学术月刊,2015(2):62-67.
③ 束义明,陈敬良.我国基础研究原始性创新能力的现状及提高对策[J].科技导报,2002(12):3-6.

术路线、实验方案、过程及数据,失败原因分析等)"[1],并"在依托同行专家评审的基础上,形成对失败的过程性分析,如果符合学术规范,属于客观原因造成的研究失败,也应当给予一定的学术认可"[2]。

对于开展跨学科研究的大学教师在其他学科领域或交叉学科领域期刊上发表的成果,院系领导应一视同仁,给予其与本学科领域的期刊成果同等程度的认可,并邀请本学科领域之外的专家参与对跨学科研究成果的评价。

第三节　研究的创新性

在科研评价制度对大学教师创新行为影响的相关研究方面,评价目的之外的其他评价要素对大学教师科研创新行为的影响程度,创新自我效能感和创新角色认同在科研评价制度对大学教师创新行为的影响机制中所起的作用,及科研评价制度对大学教师创新行为影响的差异,均有待深入的实证研究。本研究从科研评价制度的各要素着手,以自我决定理论、自我效能理论和角色认同理论为理论基础,深入探究了科研评价制度对大学教师创新行为的影响程度、影响机制和影响的学科、年龄和学校层次差异,并进一步揭示了科研评价制度对大学教师创新行为产生影响的原因。具体而言,本研究的创新性主要体现在三个方面:

第一,探究了科研评价制度整体和评价目的之外的其他评价要素对大学教师科研创新行为的影响程度。为弥补以往研究主要从科研评价目的着手,分析科研评价制度对大学教师创新行为的影响。本研究在评价目的之外,从评价周期、评价方法、评价标准、评价指标、评价主体、评价客体、评价程序、评价结果应用等要素着手,探究了它们对大学教师科研创新行为的影响程度,并在此基础上进一步探究了科研评价制度对大学教师创新行为的整体影响程度,研究结果对系统性改革我国大学的科研评价制度具有重要的实践意义。

第二,探究了创新自我效能感和创新角色认同在科研评价制度对大学教师创新行为的影响机制中所起的作用。为弥补以往研究主要以科研创新动机为中介,分析科研评价制度对大学教师创新行为的影响机制。本研究引入了科研创

① 杨忠泰.高校科研分类评价探析[J].中国科技论坛,2011(12):9-14.
② 张伟.从"学术契约"到"学术责任"——大学学术制度困境及范式超越[J].北京社会科学,2018(3):4-12.

新自我效能感和科研创新角色认同两个变量,检验了它们在科研评价制度对大学教师创新行为影响机制中的中介作用,并进一步比较了它们与科研创新动机所发挥的中介作用的程度,研究结果对丰富科研评价制度对大学教师创新行为影响机制的研究具有重要的理论意义。

第三,对比分析了科研评价制度对不同学科领域、不同年龄阶段和不同学校层次教师创新行为影响的差异。为弥补以往研究主要从整体层面上分析科研评价制度对大学教师创新行为的影响。本研究分别分析了科研评价制度对自然科学、工程科学、社会科学和人文学科四个学科领域教师创新行为影响的差异,科研评价制度对 35 及以下职业生涯早期、36～50 岁职业生涯中期和 51 岁及以上职业生涯晚期四个年龄阶段教师创新行为影响的差异,科研评价制度对中国顶尖大学和中国一流大学两个学校层次教师创新行为影响的差异,研究结果对有针对性地分类推进我国大学的科研评价制度改革具有重要的实践意义。

第四节　研 究 局 限

本研究对科研评价制度对大学教师创新行为的影响程度、影响机制、影响差异和影响原因进行了系统探究,研究结论对于改革我国大学的科研评价制度和丰富科研评价制度对大学教师创新行为影响的理论研究具有一定的意义。但本研究仍存在一些局限,需要在未来的研究中进一步改进和完善:

第一,动机、自我效能、角色认同之外的内部因素在科研评价制度对大学教师创新行为影响机制中所起的作用有待进一步研究。本研究依据麦克沙恩(S.L. McShane)和格利诺(V. Glinow)提出的关于影响个体行为的 MARS 模型,搭建了以科研创新动机、科研创新自我效能感和科研创新角色认同为中介变量的分析框架。但动机、能力和角色认知并未涵盖所有内部因素,科研评价制度仍有可能通过其他内部因素对大学教师创新行为产生影响,如职业认同。职业认同是教师认可自己所从事的教师职业的概念和意义,并且自愿采取教师职业所需要的特定行为的动态过程。有学者通过研究科研评价制度对大学教师职业认同的影响发现,量化考核方式对教师学术职业认同感产生了消极影响。

第二,未能追踪到科研评价制度对大学教师创新行为的动态影响。由于本研究致力于寻找科研评价制度对大学教师创新行为影响的普遍性规律,因此,无论是通过问卷调查获得的大规模横截面数据,还是通过访谈获得的解释性数据,均主要是围绕科研评价制度对大学教师当前创新行为现状的影响,但科研评价制度对大学教师不同发展阶段的创新行为的影响可能存在差异。

第三,回归模型中未完全控制影响大学教师科研创新行为的其他因素。尽管本研究控制了影响大学教师科研创新行为的人口统计学变量,但相关研究指出,大学教师科研创新行为还会受到其他内外部因素的影响,如兴趣、思维能力、科研合作、科研交流、基础设备及经费投入等。受限于时间和精力,本研究未对这些变量进行控制,这导致了部分回归模型中的 R^2 值相对较小。

第五节　研　究　展　望

针对本研究的局限性,建议未来研究可以从以下三个方面加以改进:

第一,将更多元的内部因素纳入科研评价制度对大学教师创新行为影响机制。未来研究可在动机、自我效能感和角色认同之外,探索其他可能在科研评价制度对大学教师创新行为影响机制中发挥作用的内部因素。

第二,探究科研评价制度对大学教师创新行为的动态影响。未来研究可采用案例研究法,深入分析科研评价制度对大学教师不同发展阶段的创新行为的影响。

第三,回归模型中控制与大学教师科研创新行为密切相关的其他变量。未来研究可进一步控制兴趣、思维能力、科研合作、科研交流、基础设备及经费投入等内外部影响因素的干扰,以增强回归模型的解释力。

附录 1
正式调查问卷

科研评价制度对大学教师创新行为的影响调查

尊敬的老师:

您好!我是上海交通大学高等教育研究院博士研究生董彦邦,正在开展"科研评价制度对大学教师创新行为的影响"的研究。本调查是我博士学位论文的重要组成部分,也是国家社会科学基金"十三五"规划教育学一般课题"高校科研人才评价目标群体认同与分类建构(批准号:BIA170612)"的组成部分。所得资料和数据,将严格保密,仅供学术研究之用,请您放心填写,非常感谢您的支持与帮助!

注:大学教师科研评价制度主要包括**年度考核**、**聘期考核**、**晋升评价**、**科研奖励**等方面的制度设计。

上海交通大学高等教育研究院　董彦邦

2020 年 3 月

第一部分　基 本 信 息

1. 您的岗位属于:[单选题]*

○ 研究为主型

○ 教学研究并重型

○ 教学为主型

○ 其他(请具体说明)_____*

2. 您所在的学科属于:[单选题]*

○ 自然科学

○ 工程科学

○ 社会科学

○ 人文学科

○ 其他(请具体说明)＿＿＿＿＿＿＿＿ *

3. 您所从事的研究属于：[**单选题**] *

○ 基础研究

○ 应用研究

○ 开发研究

○ 其他(请具体说明)＿＿＿＿＿＿＿＿ *

4. 您目前的职称是：[**单选题**] *

○ 教授/研究员

○ 副教授/副研究员

○ 讲师/助理研究员

○ 其他(请具体说明)＿＿＿＿＿＿＿＿ *

5. 您曾获得的人才称号是：[**多选题**] *

□ 院士

□ 长江学者(特聘/讲座教授)、千人、杰青、万人(杰出/领军人才)等

□ 长江学者(青年学者)、青年千人、优青、万人(青年拔尖人才)等

□ 省级人才称号

□ 其他(请具体说明)＿＿＿＿＿＿＿＿ *

□ 无

6. 您的性别是：[**单选题**] *

○ 男

○ 女

7. 您的年龄是：[**单选题**] *

○ 35 岁及以下

○ 36～50 岁

○ 51 岁及以上

第二部分　大学科研评价制度

8. 您所在大学开展的与您相关的科研评价活动有：[多选题]*

☐ 晋升评价　　　　　　　　☐ 年度考核

☐ 聘期考核　　　　　　　　☐ 科研奖励

9. 您所在大学科研评价制度的目的是为教师的职称晋升、薪酬调整、科研奖励等提供决策依据[单选题]*

完全同意　○5　　　　○4　　　　○3　　　　○2　　　　○1　完全不同意

10. 您所在大学科研评价制度的目的是为判断教师的科研水平提供依据[单选题]*

完全同意　○5　　　　○4　　　　○3　　　　○2　　　　○1　完全不同意

11. 您所在大学科研评价制度的目的是为教师的进修或培训提供参考[单选题]*

完全同意　○5　　　　○4　　　　○3　　　　○2　　　　○1　完全不同意

12. 您所在大学科研评价制度的目的是帮助教师识别自身的优势和劣势[单选题]*

完全同意　○5　　　　○4　　　　○3　　　　○2　　　　○1　完全不同意

13. 您所在大学科研评价制度的目的是为教师确立清晰的发展目标[单选题]*

完全同意　○5　　　　○4　　　　○3　　　　○2　　　　○1　完全不同意

14. 院系管理者会在评价过程中表现出对我的尊重[单选题]*

完全同意　○5　　　　○4　　　　○3　　　　○2　　　　○1　完全不同意

15. 当我在评价过程中遇到问题时,院系管理者会与我进行交流[单选题]*

完全同意　○5　　　　○4　　　　○3　　　　○2　　　　○1　完全不同意

16. 院系管理者会就我个人的评价结果与我进行沟通[单选题]*

完全同意　○5　　　　○4　　　　○3　　　　○2　　　　○1　完全不同意

17. 学校管理部门在科研评价制度的制定过程中会征求我的意见[单选题]*

完全同意　○5　　　　○4　　　　○3　　　　○2　　　　○1　完全不同意

18. 在科研评价制度的实施过程中,我会作为评价主体参与到评价活动中[单选题]*

完全同意　○5　　　　○4　　　　○3　　　　○2　　　　○1　完全不同意

19. 我的参与对科研评价制度的制定与实施能够产生影响［单选题］*

完全同意　○ 5　　　○ 4　　　○ 3　　　○ 2　　　○ 1　完全不同意

20. 您所在大学在教师职称晋升评价中,对科研业绩进行评价的方法主要是:［单选题］*

○ 以成果数量和等级为基础的定量评价为主,同行专家评价为辅

○ 以代表性成果为基础的同行专家评价为主,定量评价为辅

○ 只使用定量评价

○ 只使用同行专家评价

○ 其他(请具体说明)＿＿＿＿＿＿＿＿*

21. 您所在大学在教师年度考核中,对科研业绩进行评价的方法主要是:［单选题］*

○ 以成果数量和等级为基础的定量评价为主,同行专家评价为辅

○ 以代表性成果为基础的同行专家评价为主,定量评价为辅

○ 只使用定量评价

○ 只使用同行专家评价

○ 其他(请具体说明)＿＿＿＿＿＿＿＿*

22. 您所在大学在教师聘期考核中,对科研业绩进行评价的方法主要是:［单选题］*

○ 以成果数量和等级为基础的定量评价为主,同行专家评价为辅

○ 以代表性成果为基础的同行专家评价为主,定量评价为辅

○ 只使用定量评价

○ 只使用同行专家评价

○ 其他(请具体说明)＿＿＿＿＿＿＿＿*

23. 您所在大学在教师科研奖励中,对科研业绩进行评价的方法主要是:［单选题］*

○ 以成果数量和等级为基础的定量评价为主,同行专家评价为辅

○ 以代表性成果为基础的同行专家评价为主,定量评价为辅

○ 只使用定量评价

○ 只使用同行专家评价

○ 其他(请具体说明)＿＿＿＿＿＿＿＿*

24. **您当前的聘期考核(期满)周期是:**[单选题]*

○ 1～3 年

○ 4～6 年

○ 7 年及以上

25. **您晋升到更高一级职称需要的时间是:**[单选题]*

○ 1～2 年

○ 3～4 年

○ 5 年及以上

26. **要晋升到更高一级职称的话,您所在大学对您的科研业绩的要求包括(自然科学):**[单选题]

(当以下科研业绩并非同时需要满足时,只选择需要满足的一项或多项作答即可)

	0	1～3	4～6	7～9	10～12	13～15
以第一或通讯作者身份发表的 *Nature*、*Science* 等世界顶尖期刊论文数量	○	○	○	○	○	○
以第一或通讯作者身份发表的中国科学院 SCI 期刊分区一区或二区(世界顶尖期刊除外)的论文数量	○	○	○	○	○	○
以第一或通讯作者身份发表的中国科学院 SCI 期刊分区三区或四区的论文数量	○	○	○	○	○	○
负责的国家重点研发计划项目数量	○	○	○	○	○	○
主持的国家自然科学基金重点项目或重大项目数量	○	○	○	○	○	○
主持的国家自然科学基金面上项目或青年项目数量	○	○	○	○	○	○
主持的省部级科研项目数量	○	○	○	○	○	○
作为第一发明人获得的国家授权发明专利数量	○	○	○	○	○	○
年均到账科研经费数量(单位:十万)	○	○	○	○	○	○

续　表

	0	1~3	4~6	7~9	10~12	13~15
作为主要完成人(前七)获得的国家级科研成果奖数量	○	○	○	○	○	○
作为主要完成人(前五)获得的省部级科研成果奖数量	○	○	○	○	○	○

26. 要晋升到更高一级职称的话,您所在大学对您的科研业绩的要求包括(工程科学):[单选题]

(当以下科研业绩并非同时需要满足时,只选择需要满足的一项或多项作答即可)

	0	1~3	4~6	7~9	10~12	13~15
以第一或通讯作者身份发表的 *Nature*、*Science* 等世界顶尖期刊论文数量	○	○	○	○	○	○
以第一或通讯作者身份发表的中国科学院 SCI 期刊分区一区或二区(世界顶尖期刊除外)的论文数量	○	○	○	○	○	○
以第一或通讯作者身份发表的中国科学院 SCI 期刊分区三区或四区的论文数量	○	○	○	○	○	○
以第一或通讯作者身份发表的 EI 论文数量	○	○	○	○	○	○
负责的国家重点研发计划项目数量	○	○	○	○	○	○
主持的国家自然科学基金重点项目或重大项目数量	○	○	○	○	○	○
主持的国家自然科学基金面上项目或青年项目数量	○	○	○	○	○	○
主持的省部级科研项目数量	○	○	○	○	○	○
作为第一发明人获得的国家授权发明专利数量	○	○	○	○	○	○

续 表

	0	1~3	4~6	7~9	10~12	13~15
年均到账科研经费数量(单位:十万)	○	○	○	○	○	○
作为主要完成人(前五)制定出版的国家标准数量	○	○	○	○	○	○
作为主要完成人(前五)制定出版的行业标准数量	○	○	○	○	○	○
负责研发的省部级以上新技术或新工艺或新产品数量	○	○	○	○	○	○
作为主要完成人(前七)获得的国家级科研成果奖数量	○	○	○	○	○	○
作为主要完成人(前五)获得的省部级科研成果奖数量	○	○	○	○	○	○

26. 要晋升到更高一级职称的话,您所在大学对您的科研业绩的要求包括 (社会科学/人文学科):[单选题]

(当以下科研业绩并非同时需要满足时,只选择需要满足的一项或多项作答即可)

	0	1~3	4~6	7~9	10~12	13~15
以第一作者身份发表的《中国社会科学》等国内顶尖中文期刊论文数量	○	○	○	○	○	○
以第一作者身份发表的本校自定的本专业国内权威中文期刊(国内顶尖中文期刊除外)论文数量	○	○	○	○	○	○
以第一作者身份发表的非权威期刊的 CSSCI 论文数量	○	○	○	○	○	○
以第一或通讯作者身份发表的 SSCI 或 A&HCI 论文数量	○	○	○	○	○	○

续　表

	0	1～3	4～6	7～9	10～12	13～15
以第一作者身份出版的学术专著数量	○	○	○	○	○	○
以第一作者身份出版的学术译著数量	○	○	○	○	○	○
主持的国家社会科学基金重大项目(或重点项目)或教育部人文社会科学重大课题攻关项目数量	○	○	○	○	○	○
主持的国家社会科学基金一般项目或青年项目数量	○	○	○	○	○	○
主持的省部级科研项目数量	○	○	○	○	○	○
以第一作者身份提交并被省部级以上党政部门采纳的决策咨询报告数量	○	○	○	○	○	○
作为主要完成人(前五)获得的高等学校科学研究优秀成果奖或入选的国家哲学社会科学成果文库的成果数量	○	○	○	○	○	○
作为主要完成人(前三)获得的省部级科研成果奖数量	○	○	○	○	○	○
年均到账科研经费数量(单位：万)	○	○	○	○	○	○

27. 要完成当前聘期考核(期满)任务的话,您所在大学对您的科研业绩的要求包括(自然科学)：[单选题]

(当以下科研业绩并非同时需要满足时,只选择需要满足的一项或多项作答即可)

	0	1～3	4～6	7～9	10～12	13～15
以第一或通讯作者身份发表的 *Nature*、*Science* 等世界顶尖期刊论文数量	○	○	○	○	○	○

续　表

	0	1~3	4~6	7~9	10~12	13~15
以第一或通讯作者身份发表的中国科学院 SCI 期刊分区一区或二区(世界顶尖期刊除外)的论文数量	○	○	○	○	○	○
以第一或通讯作者身份发表的中国科学院 SCI 期刊分区三区或四区的论文数量	○	○	○	○	○	○
负责的国家重点研发计划项目数量	○	○	○	○	○	○
主持的国家自然科学基金重点项目或重大项目数量	○	○	○	○	○	○
主持的国家自然科学基金面上项目或青年项目数量	○	○	○	○	○	○
主持的省部级科研项目数量	○	○	○	○	○	○
作为第一发明人获得的国家授权发明专利数量	○	○	○	○	○	○
年均到账科研经费数量(单位:十万)	○	○	○	○	○	○
作为主要完成人(前七)获得的国家级科研成果奖数量	○	○	○	○	○	○
作为主要完成人(前五)获得的省部级科研成果奖数量	○	○	○	○	○	○

27. 要完成当前聘期考核(期满)任务的话,您所在大学对您的科研业绩的要求包括(工程科学):[单选题]

(当以下科研业绩并非同时需要满足时,只选择需要满足的一项或多项作答即可)

	0	1~3	4~6	7~9	10~12	13~15
以第一或通讯作者身份发表的 *Nature*、*Science* 等世界顶尖期刊论文数量	○	○	○	○	○	○

	0	1～3	4～6	7～9	10～12	13～15
以第一或通讯作者身份发表的中国科学院 SCI 期刊分区一区或二区(世界顶尖期刊除外)的论文数量	○	○	○	○	○	○
以第一或通讯作者身份发表的中国科学院 SCI 期刊分区三区或四区的论文数量	○	○	○	○	○	○
以第一或通讯作者身份发表的 EI 论文数量	○	○	○	○	○	○
负责的国家重点研发计划项目数量	○	○	○	○	○	○
主持的国家自然科学基金重点项目或重大项目数量	○	○	○	○	○	○
主持的国家自然科学基金面上项目或青年项目数量	○	○	○	○	○	○
主持的省部级科研项目数量	○	○	○	○	○	○
作为第一发明人获得的国家授权发明专利数量	○	○	○	○	○	○
年均到账科研经费数量(单位：十万)	○	○	○	○	○	○
作为主要完成人(前五)制定出版的国家标准数量	○	○	○	○	○	○
作为主要完成人(前五)制定出版的行业标准数量	○	○	○	○	○	○
负责研发的省部级以上新技术或新工艺或新产品数量	○	○	○	○	○	○
作为主要完成人(前七)获得的国家级科研成果奖数量	○	○	○	○	○	○
作为主要完成人(前五)获得的省部级科研成果奖数量	○	○	○	○	○	○

27. 要完成当前聘期考核(期满)任务的话,您所在大学对您的科研业绩的要求包括(社会科学/人文学科):[单选题]

(当以下科研业绩并非同时需要满足时,只选择需要满足的一项或多项作答即可)

	0	1~3	4~6	7~9	10~12	13~15
以第一作者身份发表的《中国社会科学》等国内顶尖中文期刊论文数量	○	○	○	○	○	○
以第一作者身份发表的本校自定的本专业国内权威中文期刊(国内顶尖中文期刊除外)论文数量	○	○	○	○	○	○
以第一作者身份发表的非权威期刊的 CSSCI 论文数量	○	○	○	○	○	○
以第一或通讯作者身份发表的 SSCI 或 A&HCI 论文数量	○	○	○	○	○	○
以第一作者身份出版的学术专著数量	○	○	○	○	○	○
以第一作者身份出版的学术译著数量	○	○	○	○	○	○
主持的国家社会科学基金重大项目(或重点项目)或教育部人文社会科学重大课题攻关项目数量	○	○	○	○	○	○
主持的国家社会科学基金一般项目或青年项目数量	○	○	○	○	○	○
主持的省部级科研项目数量	○	○	○	○	○	○
以第一作者身份提交并被省部级以上党政部门采纳的决策咨询报告数量	○	○	○	○	○	○
作为主要完成人(前五)获得的高等学校科学研究优秀成果奖或入选的国家哲学社会科学成果文库的成果数量	○	○	○	○	○	○

	0	1～3	4～6	7～9	10～12	13～15
作为主要完成人(前三)获得的省部级科研成果奖数量	○	○	○	○	○	○
年均到账科研经费数量(单位：万)	○	○	○	○	○	○

28. 您所在大学的科研评价标准主要倾向于(自然科学/工程科学)：[排序题]

□ 科研成果的数量

□ 科研成果的质量

□ 科研成果的创新性

□ 科研成果的学术影响力

□ 科研成果对服务国家重大需求的实质贡献

□ 科研成果对解决经济社会发展问题的实质贡献

□ 其他(请具体说明)_____ *

28. 您所在大学的科研评价标准主要倾向于(社会科学/人文学科)：[排序题]

□ 科研成果的数量

□ 科研成果的质量

□ 科研成果的创新性

□ 科研成果的学术影响力

□ 科研成果对文明传承的实质贡献

□ 科研成果对服务党政决策的实质贡献

□ 科研成果对解决经济社会发展问题的实质贡献

□ 其他(请具体说明)_____ *

29. 您所在大学年度考核的结果主要应用于：[排序题]

□ 职务职级评定

□ 薪资和福利调整

□ 岗位聘任

□ 奖励和惩罚

□ 进修和培训

□ 其他(请具体说明)_____ *

30. 您所在大学聘期考核的结果主要应用于：[排序题]

□ 职务职级评定

□ 薪资和福利调整

□ 岗位聘任

□ 奖励和惩罚

□ 进修和培训

□ 其他(请具体说明)_____ *

第三部分　科研创新行为

31. 主动寻求解决研究问题的更好的新方法[单选题]*

完全同意　○ 5　　　○ 4　　　○ 3　　　○ 2　　　○ 1　完全不同意

32. 经常与本专业或其他专业领域的专家交流[单选题]*

完全同意　○ 5　　　○ 4　　　○ 3　　　○ 2　　　○ 1　完全不同意

33. 倾向于寻求难度较小的、能够在短时间内出成果的研究问题[单选题]*

完全同意　○ 5　　　○ 4　　　○ 3　　　○ 2　　　○ 1　完全不同意

34. 预估可能遇到的问题,并探寻解决的路径[单选题]*

完全同意　○ 5　　　○ 4　　　○ 3　　　○ 2　　　○ 1　完全不同意

35. 勇于承担创新失败的责任[单选题]*

完全同意　○ 5　　　○ 4　　　○ 3　　　○ 2　　　○ 1　完全不同意

36. 通过小幅调整已有研究的内容或方法进行创新[单选题]*

完全同意　○ 5　　　○ 4　　　○ 3　　　○ 2　　　○ 1　完全不同意

37. 将研究发现分割成若干小的研究结果去发表[单选题]*

完全同意　○ 5　　　○ 4　　　○ 3　　　○ 2　　　○ 1　完全不同意

38. 想方设法克服研究过程中遇到的各种困难[单选题]*

完全同意　○ 5　　　○ 4　　　○ 3　　　○ 2　　　○ 1　完全不同意

39. 耐心地重复试验[单选题]*

完全同意　○ 5　　　○ 4　　　○ 3　　　○ 2　　　○ 1　完全不同意

40. 通过降低自我要求的方式避开研究过程中遇到的困难[单选题]*

完全同意　○5　　　○4　　　○3　　　○2　　　○1　完全不同意

41. 努力尝试多种方案[单选题]*

完全同意　○5　　　○4　　　○3　　　○2　　　○1　完全不同意

第四部分　科研创新的个体影响因素

42. 我能够找到解决研究问题的新方法[单选题]*

完全同意　○5　　　○4　　　○3　　　○2　　　○1　完全不同意

43. 我对自己创新性解决研究问题的能力有信心[单选题]*

完全同意　○5　　　○4　　　○3　　　○2　　　○1　完全不同意

44. 我相信自己取得的研究成果具有创新性[单选题]*

完全同意　○5　　　○4　　　○3　　　○2　　　○1　完全不同意

45. 科研创新在我心目中的地位非常高[单选题]*

完全同意　○5　　　○4　　　○3　　　○2　　　○1　完全不同意

46. 科研创新既是为了完成任务,也是实现自我价值的过程[单选题]*

完全同意　○5　　　○4　　　○3　　　○2　　　○1　完全不同意

47. 如果我的研究取得了创新性成果,我会感到很兴奋[单选题]*

完全同意　○5　　　○4　　　○3　　　○2　　　○1　完全不同意

48. 我经常思考怎样才能使自己的研究更有创新性[单选题]*

完全同意　○5　　　○4　　　○3　　　○2　　　○1　完全不同意

49. 乐于尝试探索全新的研究问题[单选题]*

完全同意　○5　　　○4　　　○3　　　○2　　　○1　完全不同意

50. 研究问题越复杂、越困难,我越是愿意去研究[单选题]*

完全同意　○5　　　○4　　　○3　　　○2　　　○1　完全不同意

51. 好奇心推动我努力从事研究工作[单选题]*

完全同意　○5　　　○4　　　○3　　　○2　　　○1　完全不同意

52. 想知道自己在研究工作方面能够做到多好[单选题]*

完全同意　○5　　　○4　　　○3　　　○2　　　○1　完全不同意

53. 兴趣吸引我努力开展研究工作[单选题]*

完全同意　○5　　　○4　　　○3　　　○2　　　○1　完全不同意

54. 实现职称晋升激励我努力从事研究工作[单选题]*

完全同意　○ 5　　　○ 4　　　○ 3　　　○ 2　　　○ 1　完全不同意

55. 致力于服务国家重大战略需求[单选题]*

完全同意　○ 5　　　○ 4　　　○ 3　　　○ 2　　　○ 1　完全不同意

56. 获得学术奖励和荣誉激励我努力从事研究工作[单选题]*

完全同意　○ 5　　　○ 4　　　○ 3　　　○ 2　　　○ 1　完全不同意

57. 享受研究的过程[单选题]*

完全同意　○ 5　　　○ 4　　　○ 3　　　○ 2　　　○ 1　完全不同意

58. 获得经济回报激励我努力从事研究工作[单选题]*

完全同意　○ 5　　　○ 4　　　○ 3　　　○ 2　　　○ 1　完全不同意

59. 致力于解决国内社会发展中的重要问题[单选题]*

完全同意　○ 5　　　○ 4　　　○ 3　　　○ 2　　　○ 1　完全不同意

60. 致力于解决人类共同面临的全球性问题[单选题]*

完全同意　○ 5　　　○ 4　　　○ 3　　　○ 2　　　○ 1　完全不同意

61. 您认为当前大学教师科研评价制度还有哪些方面对科研创新产生重要影响?[填空题]

附录 2
访谈提纲(典型个案)

1. 在您从事科学研究并取得高水平研究成果的过程中,您认为哪些行为可以被称为**科研创新行为**? 请举例说明。

2. 您认为哪些**科研评价活动**对您的科研创新行为产生了比较重要的影响?

3. 您所在大学开展科研评价的主要**目的**有哪些? 这对您的科研创新行为起到了什么作用? 为什么?

4. 您所在大学的科研评价主要**标准**有哪些? 最重视哪一个? 这对您的科研创新行为起到了什么作用? 为什么?

5. 您感觉完成聘期考核和获得职称晋升所要求的**科研工作量的难度**如何? 这对您的科研创新行为起到了什么作用? 为什么?

6. 您所在大学采用的科研评价主要**方法**是什么? 这对您的科研创新行为起到了什么作用? 为什么?

7. 您感觉聘期考核和职称晋升的**周期**如何? 这对您的科研创新行为起到了什么作用? 为什么?

8. 请您简单描述一下您**参与科研评价制度设计或改革的经历**。这对您的科研创新行为起到了什么作用? 为什么?

9. 请您简单描述一下您作为评价主体**参与评价自己或他人的经历**。这对您的科研创新行为起到了什么作用? 为什么?

10. 对于您在科研评价过程中遇到的问题,院系管理者与您的**沟通和交流情况**如何? 这对您的科研创新行为起到了什么作用? 为什么?

11. 关于科研评价结果,院系管理者与您的**沟通和交流情况**如何? 这对您的科研创新行为起到了什么作用? 为什么?

12. 您所在大学的科研评价结果的主要**用途**有哪些? 这对您的科研创新行为起到了什么作用? 为什么?

13. 对于完善有利于创新的大学教师科研评价制度,您还有哪些建议或意见吗?

附录 3
访谈提纲（关键个案）

1. 请您简单回忆下,对××××××的探索是在什么**背景**下开始的? 在探索的过程中有遇到过什么**困难**吗? 如果有,是如何解决的?

2. 您认为**研究兴趣**在探索过程中发挥了怎样的作用? 科研评价制度对您的研究兴趣起到了什么作用? 为什么?

3. 您认为**科学精神**在探索过程中发挥了怎样的作用? 科研评价制度对您的科学精神起到了什么作用? 为什么?

4. 您认为**创造性思维能力**在探索过程中发挥了怎样的作用? 科研评价制度对您的创造性思维起到了什么作用? 为什么?

5. 请您谈谈××××××的**研究团队的组建及合作机制**是怎样的? 科研评价制度对科研合作起到了什么作用? 为什么?

6. 您在探索过程中会经常与本专业或其他专业领域的**专家进行交流**吗? 科研评价制度对科研交流起到了什么作用? 为什么?

7. 在这项研究的探索过程中,您认为需要具备哪些**能力和素质**? 科研评价制度对您的这些能力和素质起到了什么作用? 为什么?

8. 您在××××××的探索过程中获得**基础设备及经费投入**的情况如何? 科研评价制度对基础设备及经费投入起到了什么作用? 为什么?

9. 您认为哪些**外部环境因素**在这项研究的探索过程中产生了比较重要的影响? 科研评价制度对这些外部环境起到了什么作用? 为什么?

10. 为了营造有利于大学教师主动开展原创研究的良好环境,您对大学科研评价制度改革还有哪些意见或建议吗?

附录 4
访谈文本编码

主 类 目	子 类 目	原 始 语 句
形成性科研评价	挖掘未来创新潜能 提供过程性帮助 培养创新人才	"评教授时,会看研究方向有没有前途。"(E4) "一段时间之后再看结果,结果只是一个判断,更应该在过程中提供帮助和支持。"(E9) "年轻的科研工作者不是作为一个人才进行培养,而是作为一个消耗性的产品进行消耗。"(N9)
终结性科研评价	提供人事管理依据 提高学科或大学排名	"评价的实质目的是为管理提供依据。"(N1) "学校开展评价的目的就是通过推动老师们多产出来提高它在整个中国大学当中的排名。"(H1)
科研评价程序民主	通过教工代表大会参与制度制定 学校以座谈会的形式征求教师意见 教师自发组织与学校进行协商	"我的参与是在教工代表大会上投票。"(S3) "学院领导开过座谈会,征求过我们的意见。"(S4) "有老师牵头组织了一个联名活动,先到人事处协商,再到学院协商。"(H2)
科研评价主客体互动公平	院系领导对缺乏高水平成果教师的鼓励 院系领导对争议结果的解释 院系领导对非共识研究的包容	"就高水平文章不够的问题,我们领导一直跟我强调千万不能去灌水,要写好文章,要让学界的人承认,可能在某种程度上对我也是一种激励。"(S1) "评奖评优的时候,你跟另外一个老师差不了太多,但最后他评上了。院领导会跟你简单地说明一下,对老师还是比较尊重和认可的。"(S8) "有些老师取得了一些前瞻性的成绩,但我们还没有制定相应的奖惩制度时,如果领导能够去嘉奖他,会带动一大批人去做这种前瞻性的研究。"(E1)

主类目	子类目	原　始　语　句
同行评价	同行专家对代表作本身的质量进行评价	"同行评议是对文章本身的质量进行考评,而不是说以刊物的定位作为唯一的评价标准。"(S1)
定量评价	根据成果的数量和级别进行评价	"晋升副教授要2篇a类文章或2篇b类文章,还要有1个国家项目或2个省项目。"(S5)
科研评价周期	晋升评价周期	"晋升基本上5年一个周期,如果科研做得好,可以通过特别人才通道提前获得职称。"(N4)
	聘期考核周期	"一般教授3年一考核,年薪制教授是6年。"(N2)
科研评价指标难度	晋升需要的科研业绩	"晋升高级职称需要6篇最有影响力的论文,还需要一些国家自然科学基金或企业经费。"(N2)
	聘期考核需要的科研业绩	"学院负责3年一个聘期的考核工作,3年需要发篇三区的文章。"(N4)
质量或创新标准	以同行认可度高的顶尖或权威期刊为标准	"顶刊要求研究有较高的创新性,比如提出了新的理论、解决了新的问题,原因分析也要深刻。"(N2)
数量标准	以成果的数量为标准	"评教授要5篇论文,10个老师都达到了,但只有2个名额,10篇论文肯定胜过5篇论文。"(S4)
自主需要	自主选择研究内容的需要	"各学科增加了1本最优刊物,尽管有点杯水车薪,但在研究的选择上相比之前会更丰富一些。"(H2)
胜任需要	胜任研究工作的需要	"你跟在人家后面做夕阳方向,虽然各指标还行,评审专家会认为你无法胜任未来前沿研究。"(E4)
关系需要	被关心和尊重的需要	"个别老师有异议的话,会和领导沟通,领导会跟他们解释哪些方面有欠缺,老师感到被尊重。"(N2)
挑战性科研创新动机	好奇心驱动研究	"我对很多东西都有纯粹的知识性的好奇,我不懂的东西都想去了解,即使它非常难懂。"(H2)
热衷性科研创新动机	兴趣驱动研究	"做科研一定是要真正感兴趣,才能做出真正有价值的东西,而不是无病呻吟的东西。"(S3)
责任性科研创新动机	服务国家战略需求驱动研究	"源于××大学多年的积累和传承,工程研究应侧重于满足国家急需的重大战略发展要求。"(E1)
	解决经济社会发展中的现实问题驱动研究	"对于某一个服务对象很明确的工科,研究者应该致力于解决行业或社会中的现实问题。"(E7)

续　表

主类目	子类目	原始语句
科研创新外部动机	获得报酬、晋升、奖励等驱动研究	"研究者把科研当作一种谋生方式,把 1 篇文章拆成 3 篇能获得更多奖金,为什么不呢。"(E7) "老师们为了晋升或提高收入,不得不顺从当前浮躁的研究风气,追求短期速成的研究"(H1)
情绪状态	焦虑	"让大家不因为激烈的业绩竞争感到那么焦虑,真正能够静下心来敢于做一些突破性的尝试。"(E9)
科研创新自我效能	相信自己能够取得高水平成果	"我对在高水平刊物上发表成果很有信心。"(S1)
科研创新角色认同	认为自己是富有创新性的科研工作者	"教师是极富个性和创造性的个体,'一刀切'的评价把教师统一当成了生产论文的'机器'"。(E4)
主动性科研创新行为	自发地开展感兴趣的、有价值的、高水平的研究	"年轻老师尽量去做自己想做的事情,花一些时间放在一些更有价值的成果的生产上面。"(S1) "大家觉得文章水平可以往上提一提,不要老发一些一般的期刊、做一些一般的研究。"(N3)
	坚持长周期的研究	"创新性要多去调研、多去思考,需要静下心来花很长时间去证明。"(N2)
	想方设法改进研究的不足	"同行评议给研究者提供反馈,能够使研究者了解到自身不足之处并想方设法不断改进。"(E1)
被动性科研创新行为	分解研究发现	"论文可能本来是 3 个创新点,但一篇文章只算 20 分,只能拆成 3 篇文章,变成 60 分。"(E2)
	开展短平快的研究	"如果要求 Nature 和 Science,老师们觉得再努力也发不了,干脆发短平快的文章。"(N2)

缩略语清单

A

A&HCI(Arts & Humanities Citation Index)　　　　　　艺术和人文科学引文索引

ARWU(Academic Ranking of World Universities)　　　世界大学学术排名

C

CFI(Comparative Fit Index)　　　　　　　　　　　　比较拟合指数

CITC(Corrected Item-Total Correlation)　　　　　　校正项的总计相关性

CR(Critical Ration)　　　　　　　　　　　　　　　临界比值

CSSCI(Chinese Social Science Citation Index)　　　　中文社会科学引文索引

M

MARS(Motivation、Ability、Role Perceptions、Situational Factors)　动机、能力、角色认知、环境

N

NNFI(Non-Normed Fit Index)　　　　　　　　　　　非范拟合指数

R

RMSEA(Root Mean Square Error of Approximation)　近似误差均方根

S

SCI(Science Citation Index)　　　　　　　　　　　科学引文索引

SRMR(Standardized Root Mean Square Residual)　　标准化残差均方根

SSCI(Social Science Citation Index)　　　　　　　　社会科学引文索引

参考文献

英文部分：

[1]　ACKER S, WEBBER M. Made to measure: early career academics in the Canadian university workplace [J]. Higher education research & development, 2017, 36(3): 541 - 554.

[2]　ACKER S, WEBBER M, SMYTH E. Tenure troubles and equity matters in Canadian academe [J]. British journal of sociology of education, 2012, 33(5): 743 - 761.

[3]　AL-HUSSEINI S, ELBELTAGI I. Transformational leadership and innovation: a comparison study between Iraq's public and private higher education [J]. Studies in higher education, 2016, 41(1): 159 - 181.

[4]　ALDAHDOUH T Z, NOKELAINEN P, KORHONEN V. Innovativeness of staff in higher education: do implicit theories and goal orientations matter [J]. International journal of higher education, 2018, 7(2): 43 - 57.

[5]　ALEGRE J, CHIVA R. Assessing the impact of organizational learning capability on product innovation performance: an empirical test [J]. Technovation, 2008, 28(6): 315 - 326.

[6]　ALVESSON M, SANDBERG J. Has management studies lost its way? Ideas for more imaginative and innovative research [J]. Journal of management studies, 2013, 50(1): 128 - 152.

[7]　AMABILE T M, HILL K G, HENNESSEY B A, et al. The work preference inventory: assessing intrinsic and extrinsic motivational orientations [J]. Journal of personality and social psychology, 1994, 66(5): 950 - 967.

[8]　BAELE S J, BETTIZA G. What do academic metrics do to political scientists? Theorizing their roots, locating their effects [J]. Politics, 2017, 37(4): 445 - 469.

[9]　BANDURA A. Self-efficacy: toward a unifying theory of behavioral change [J]. Psychological review, 1977, 84(2): 191 - 215.

[10]　BASS B M. Theory of transformational leadership redux [J]. The leadership quarterly, 1995, 6(4): 463 - 478.

[11] BAUWENS R, AUDENAERT M, HUISMAN J, et al. Performance management fairness and burnout: implications for organizational citizenship behaviors [J]. Studies in higher education, 2019, 44(3): 584 - 598.

[12] BIES R J, MOAG J F. Interactional justice: communication criteria of fairness [M]// LEWICKI R J, SHEPPARD B H, BAZERMAN M H. Research on negotiations in organizations. Greenwich, CT: JAI Press, 1986: 43 - 55.

[13] BOSWELL W R, BOUDREAU J W. Employee satisfaction with performance appraisals and appraisers: the role of perceived appraisal use [J]. Human resource development quarterly, 2000, 11(3): 283 - 299.

[14] BROWN M E, TREVIÑO L K, HARRISON D A. Ethical leadership: a social learning perspective for construct development and testing [J]. Organizational behavior and human decision processes, 2005, 97(2): 117 - 134.

[15] BURKE P. The self: measurement requirements from an interactionist perspective [J]. Social psychology quarterly, 1980, 43(1): 18 - 29.

[16] BUTLER N, SPOELSTRA S. The regime of excellence and the erosion of ethos in critical management studies [J]. British journal of management, 2014, 25(3): 538 - 550.

[17] CALLERO P L. Role-identity salience [J]. Social psychology quarterly, 1985, 48: 203 - 215.

[18] CARMELI A, SCHAUBROECK J. The influence of leaders' and other referents' normative expectations on individual involvement in creative work [J]. The leadership quarterly, 2007, 18(1): 35 - 48.

[19] ÇETINKAYA E. Turkish academics' encounters with the index in social sciences [M]//ERGÜL H, COSAR S. Universities in the Neoliberal Era. London: Palgrave Macmillan, 2017: 61 - 92.

[20] CHAN H, MAZZUCCHELLI T G, REES C S. The battle-hardened academic: an exploration of the resilience of university academics in the face of ongoing criticism and rejection of their research [J]. Higher education research & development, 2021, 40(3): 446 - 460.

[21] CHEN G, GULLY S M, EDEN D. Validation of a new general self-efficacy scale [J]. Organizational research methods, 2001, 4(1): 62 - 83.

[22] CLEVELAND J N, MURPHY K R, WILLIAMS R E. Multiple uses of performance appraisal: prevalence and correlates [J]. Journal of applied psychology, 1989, 74(1): 130 - 135.

[23] COLQUITT J A. On the dimensionality of organizational justice: a construct validation of a measure [J]. Journal of applied psychology, 2001, 86(3): 386.

[24] CONNELL C, SIOCHRU C, RAO N. Academic perspectives on metrics: procedural justice as a key factor in evaluations of fairness [J]. Studies in higher education, 2021,

46(3): 548 – 562.

[25] COULTHARD D, KELLER S. Publication anxiety, quality, and journal rankings: researcher views [J]. Australasian journal of information systems, 2016: 1 – 22.

[26] DECI E L, RYAN R M. The empirical exploration of intrinsic motivational processes [J]. Advances in experimental social psychology, 1980, 13(2): 39 – 80.

[27] DECI E L, RYAN R M. The "what" and "why" of goal pursuits: human needs and the self-determination of behavior [J]. Psychological inquiry, 2000, 11(4): 227 – 268.

[28] ELLIOTT E S, DWECK C S. Goals: an approach to motivation and achievement[J]. Journal of personality and social psychology, 1988, 54(1): 5 – 12.

[29] EISENBERGER R, HUNTINGTON R, HUTCHISON S, et al. Perceived organizational support [J]. Journal of applied psychology, 1986, 71(3): 500 – 507.

[30] ELREHAIL H, EMEAGWALI O L, ALSAAD A, et al. The impact of transformational and authentic leadership on innovation in higher education: the contingent role of knowledge sharing [J]. Telematics and informatics, 2018, 35(1): 55 – 67.

[31] FARMER S M, TIERNEY P, KUNG-MCINTYRE K. Employee creativity in Taiwan: an application of role identity theory [J]. Academy of management journal, 2003, 46(5): 618 – 630.

[32] FRANCO-SANTOS M, DOHERTY N. Performance management and well-being: a close look at the changing nature of the UK higher education workplace [J]. The international journal of human resource management, 2017, 28(16): 2319 – 2350.

[33] FRAZIER P A, TIX A P, BARRON K E. Testing moderator and mediator effects in counseling psychology research [J]. Journal of counseling psychology, 2004, 51(1): 115.

[34] FRESE M, FAY D. Personal initiative: an active performance concept for work in the 21st century [J]. Research in organizational behavior, 2001: 133 – 187.

[35] GHANI N A A, HUSSIN T A B S R. The Relationship between antecedents of psychological empowerment and innovative behavior: testing the mediating role of psychological empowerment [C]//Kelantan: ECER Regional Conference, 2008: 471 – 485.

[36] GHANI N A A, BIN RAJA T A B S, JUSOFF K. The impact of psychological empowerment on lecturers' innovative behaviour in Malaysian private higher education institutions [J]. Canadian social science, 2009, 5(4): 54 – 62.

[37] GHAURI E. Performance evaluation, social influence and academics' performance behaviours [D]. Dunedin: University of Otago, 2018: 183 – 184.

[38] GRANT A M, ASHFORD S J. The dynamics of proactivity at work [J]. Research in organizational behavior, 2008: 3 – 34.

[39] GREENBERG J. The social side of fairness: interpersonal and informational classes of organizational justice [M]//CROPANZANO. Justice in the workplace: approaching

fairness in human resource management. Hillsdale, NJ: Erlbaum, 1993: 79 - 103.

[40] GRIFFIN M A, NEAL A, PARKER S K. A new model of work role performance: positive behavior in uncertain and interdependent contexts [J]. Academy of management journal, 2007, 50(2): 327 - 347.

[41] GUPTA M, ACHARYA A. Mediating role of innovativeness between risk taking and performance in Indian universities: impact of this nexus on brand image [J]. South Asian journal of business studies, 2018, 7(1): 22 - 40.

[42] HARDRÉ P, COX, M. Evaluating faculty work: expectations and standards of faculty performance in research universities [J]. Research papers in education, 2019, 24(4): 383 - 419.

[43] HARDRÉ P L, MILLER R B, BEASLEY A, et al. What motivates university faculty members to do research? Tenure-track faculty in research-extensive universities [J]. Journal of the professoriate, 2007, 2(1): 75 - 99.

[44] HASSAN S, DIN B. The mediating effect of knowledge sharing among intrinsic motivation, high-performance work system and authentic leadership on university faculty members' creativity [J]. Management science letters, 2019, 9(6): 887 - 898.

[45] HOMANS G C. Social behavior as exchange [J]. American journal of sociology, 1958, 63(6): 597 - 606.

[46] IMRAN A I. Communication factors influencing academicians' innovative working behavior and its impact on their career advancement [J]. Jurnal Ilmiah LISKI (Lingkar Studi Komunikasi), 2016, 2(1): 29 - 51.

[47] Janssen O. Innovative behaviour and job involvement at the price of conflict and less satisfactory relations with co-workers [J]. Journal of occupational and organizational psychology, 2003, 76(3): 347 - 364.

[48] JEANES E, LOACKER B, ŚLIWA M. Complexities, challenges and implications of collaborative work within a regime of performance measurement: the case of management and organisation studies [J]. Studies in higher education, 2018: 1 - 15.

[49] JOHNSRUD L K, ROSSER V J. Faculty members' morale and their intention to leave: A multilevel explanation [J]. The journal of higher education, 2002, 73(4): 518 - 542.

[50] KALLIO K M, KALLIO T J. Management-by-results and performance measurement in universities-implications for work motivation [J]. Studies in higher education, 2014, 39(4): 574 - 589.

[51] KALLIO K M, KALLIO T J, TIENARI J, et al. Ethos at stake: performance management and academic work in universities [J]. Human relations, 2016, 69(3): 685 - 709.

[52] KANTER R M. When a thousand flowers bloom: structural, collective, and social conditions for innovation in organizations [M]//STAW B M, CUMMINGS L L.

Research in organizational behavior. Greenwich, CT: JAI Press, 1988: 169 - 211.

[53] KHOSHMARAM N, KHODAYARI-ZARNAQ R, GAVGANI V Z. Discovering the perception and approach of researchers and professors of the university of medical sciences in biased and unbiased publication of scientific outputs: a qualitative study [J]. Publishing research quarterly, 2019, 35(3): 436 - 444.

[54] KLEYSEN R F, STREET C T. Toward a multi-dimensional measure of individual innovative behavior [J]. Journal of intellectual capital, 2001, 2(3): 284 - 296.

[55] LATHAM G P, LOCKE E A. Self-regulation through goal setting [J]. Organizational behavior and human decision processes, 1991, 50(2): 212 - 247.

[56] LAUDEL G, GLÄSER J. Tensions between evaluations and communication practices [J]. Journal of higher education policy and management, 2006, 28(3): 289 - 295.

[57] LAWRENCE P A. Lost in publication: how measurement harms science [J]. Ethics in science and environmental politics, 2008, 8(1): 9 - 11.

[58] LAWRENCE P A. The mismeasurement of science [J]. Current biology, 2007, 17(15): 583 - 585.

[59] LUTHANS F, AVOLIO B J, AVEY J B, et al. Positive psychological capital: measurement and relationship with performance and satisfaction [J]. Personnel psychology, 2007, 60(3): 541 - 572.

[60] MA L, LADISCH M. Evaluation complacency or evaluation inertia? A study of evaluative metrics and research practices in Irish universities [J]. Research evaluation, 2019: 1 - 9.

[61] MARTIN B R. What's happening to our universities [J]. Prometheus, 2016, 34(1): 7 - 24.

[62] MCCALL G J, SIMMONS J L. Identities and interactions: an examination of human associations in everyday life [M]. New York: Free Press, 1978: 67 - 68.

[63] MCGUIGAN N. The impact of journal rankings on Australasian accounting education scholarship-a personal view [J]. Accounting education, 2015, 24(3): 187 - 207.

[64] MEARA K. Believing is seeing: the influence of beliefs and expectations on posttenure review in one state system [J]. The review of higher education, 2003, 27(1): 17 - 43.

[65] MILLS M, HYLE A E. Faculty evaluation: a prickly pair [J]. Higher education, 1999, 38(3): 351 - 371.

[66] MINGERS J, WILLMOTT H. Taylorizing business school research: on the "one best way" performative effects of journal ranking lists [J]. Human relations, 2013, 66(8): 1051 - 1073.

[67] MOORMAN R H. Relationship between organizational justice and organizational citizenship behaviors: do fairness perceptions influence employee citizenship [J]. Journal of applied psychology, 76(6), 845 - 855.

[68] NASIR N, HALIMATUSSAKDIAH H, SURYANI I, et al. How intrinsic motivation

and innovative work behavior affect job performance [J]. Advances in social science, education and humanities research, 2019(1): 606 - 612.

[69] NEDEVA M, BODEN R. Changing science: the advent of neo-liberalism [J]. Prometheus, 2006, 24(3): 269 - 281.

[70] OCHSNER M, HUG S, GALLERON I. The future of research assessment in the humanities: bottom-up assessment procedures [J]. Palgrave communications, 2017, 3(1): 1 - 12.

[71] RAHMAN A A A, PANATIK S A, ALIAS R A. The influence of psychological empowerment on innovative work behavior among academia in Malaysian research universities [J]. International proceedings of economics development and research, 2014: 108 - 112.

[72] RYAN R M, DECI E L. Self-determination theory and the facilitation of intrinsic motivation, social development, and well-Being [J]. American psychologist, 2000, 55(1): 68 - 78.

[73] RYAN R M, DECI E L. Self-regulation and the problem of human autonomy: does psychology need choice, self-determination, and will [J]. Journal of personality, 2006, 74(6): 1557 - 1586.

[74] SANTOS-VIJANDE M L, LÓPEZ-SÁNCHEZ J Á, TRESPALACIOS J A. How organizational learning affects a firm's flexibility, competitive strategy, and performance [J]. Journal of business research, 2012, 65(8): 1079 - 1089.

[75] SCOTT S G, BRUCE R A. Determinants of innovative behavior: a path model of individual innovation in the workplace [J]. Academy of management journal, 1994, 37(3): 580 - 607.

[76] SHAGRIR L. How evaluation processes affect the professional development of five teachers in higher education [J]. Journal of the scholarship of teaching and learning, 2012: 23 - 35.

[77] SHALLEY C E. Effects of productivity goals, creativity goals, and personal discretion on individual creativity [J]. Journal of applied psychology, 1991, 76(2): 179 - 185.

[78] SHALLEY C E, GILSON L L, BLUM T C. Interactive effects of growth need strength, work context, and job complexity on self-reported creative performance [J]. Academy of management journal, 2009, 52(3): 489 - 505.

[79] SMITH J. Target-setting, early-career academic identities and the measurement culture of UK higher education [J]. Higher education research & development, 2017, 36(3): 597 - 611.

[80] SPENCE C. "Judgement" versus "metrics" in higher education management [J]. Higher education, 2019, 77(5): 761 - 775.

[81] STOLEROFF A D, VICENTE M A. Performance assessment and change in the academic profession in Portugal [J]. Professions & professionalism, 2018, 8(3):

1 - 19.

[82] STRYKER S. Identity salience and role performance: the relevance of symbolic interaction theory for family research [J]. Journal of marriage and the family, 1968, 30(4): 558 - 564.

[83] STRYKER S, BURKE P. The past, present, and future of an identity theory [J]. Social psychology quarterly, 2000, 63(4): 284 - 297.

[84] SUTTON N C, BROWN D A. The illusion of no control: management control systems facilitating autonomous motivation in university research [J]. Accounting & finance, 2016, 56(2): 577 - 604.

[85] TER BOGT H J, SCAPENS R W. Performance management in universities: effects of the transition to more quantitative measurement systems [J]. European accounting review, 2012, 21(3): 451 - 497.

[86] THOMAS K W, VELTHOUSE B A. Cognitive elements of empowerment: an "interpretive" model of intrinsic task motivation [J]. Academy of management review, 1990, 15(4): 666 - 681.

[87] TIAN M, LU G. What price the building of world-class universities? Academic pressure faced by young lecturers at a research-centered university in China [J]. Teaching in higher education, 2017, 22(8): 957 - 974.

[88] TIAN M, SU Y, RU X. Perish or publish in China: pressures on young Chinese scholars to publish in internationally indexed journals [J]. Publications, 2016, 4(2): 1 - 16.

[89] TIERNEY P, FARMER S M. Creative self-efficacy: its potential antecedents and relationship to creative performance [J]. Academy of management journal, 2002, 45(6): 1137 - 1148.

[90] TRUST S. Knowledge valorisation for inclusive innovation and integrated African development [J]. Innovation, regional integration, and development in Africa: rethinking theories, institutions, and policies, 2019: 93 - 103.

[91] TYLER T R, BIES R J. Beyond formal procedures: the interpersonal context of procedural justice [M]//CARROLL J. Applied social psychology and organizational settings. Hillsdale, NJ: Erlbaum, 1990: 77 - 98.

[92] WALKER J T, SALTER A, FONTINHA R, et al. The impact of journal re-grading on perception of ranking systems: exploring the case of the academic journal guide and business and management scholars in the UK [J]. Research evaluation, 2019, 28(3): 218 - 231.

[93] WALUMBWA F O, AVOLIO B J, GARDNER W L, et al. Authentic leadership: development and validation of a theory-based measure [J]. Journal of management, 2008, 34(1): 89 - 126.

[94] WEST M A, FARR J L. Innovation at work: psychological perspectives [J]. Social

behaviour,1989,(4):25-40.

[95] ZAHRA T T, AHMAD H M, WAHEED A. Impact of ethical leadership on innovative work behavior: mediating role of self-efficacy [J]. Journal of behavioural sciences, 2017,27(1),93-107.

[96] ZHOU J, GEORGE J M. When job dissatisfaction leads to creativity: encouraging the expression of voice [J]. Academy of management journal,2001,44(4):682-696.

中文部分:

[1] WEIMING T U.人文学科与公众知识分子[J].陈怡,曾亦,译.自然辩证法研究,1999, 15(1):59-62.

[2] 爱德华·L.德西,理查德·弗拉斯特.内在动机:自主掌握人生的力量[M].王正林,译. 北京:机械工业出版社,2020:3;68;90.

[3] 埃贡·G.古贝,伊冯娜·S.林肯.第四代评估[M].秦霖,蒋燕玲,译.北京:中国人民大 学出版社,2008:4.

[4] 艾凉琼.从诺贝尔自然科学奖看现代科研合作——以2008—2010年诺贝尔自然科学 奖为例[J].科技管理研究,2012,32(10):229-232.

[5] 白强.大学科研评价旨意:悖离与回归[J].大学教育科学,2018,36(6):67-73.

[6] 班杜拉.自我效能:控制的实施[M].缪小春,译.上海:华东师范大学出版社,2013: 114-152;166-174.

[7] 别敦荣,陈艺波.论学术职业阶梯与大学教师发展[J].高等工程教育研究,2006,24(6): 17-23.

[8] 卜晓勇,毛加兴.科学发现过程中的要素研究——从发现DNA分子结构谈起[J].安徽 理工大学学报(社会科学版),2010,12(2):100-104.

[9] 蔡连玉,鲁虹.高校教师绩效管理计件工资化及其治理路径研究[J].高校教育管理, 2020,14(2):97-104.

[10] 蔡启通,高泉丰.动机取向、组织创新环境与员工创新行为之关系:Amabile动机综合 模型之验证[J].管理学报,2004,21(5):571-592.

[11] 曹丙利.应大力支持和包容非共识创新[J].前沿科学,2017,11(4):1.

[12] 操太圣,任可欣.评价是如何影响高校青年教师专业性的?——以S大学为例[J].大学 教育科学,2020,38(2):111-118.

[13] 陈静,杨丽.怀特海的大学教育思想对我国大学教师评价改革的启示[J].中国劳动关系 学院学报,2016,30(6):109-114.

[14] 陈卫静,张宇娥.我国世界一流大学建设的成效分析——以ESI数据库为视角的量化 比较[J].中国高校科技,2021,35(5):5-15.

[15] 陈威燕.基于心理资本视角的高校教师工作绩效影响机制研究[D].徐州:中国矿业大 学,2016:95.

[16] 陈向明.质的研究方法与社会科学研究[M].北京:教育科学出版社,2000:107;108;

171.

[17] 陈中润.美国高校教师评价工作中的教师参与研究[J].高教探索,2017,33(9):72-78.

[18] 崔玉平,陈允龙.高校社科教师科研生产力评价的反思与重构[J].高校教育管理,2020,14(6):50-59.

[19] 邓子鹃.关于高校教师工作热情消退的案例研究——基于D校"绩效分配改革的在线讨论"[J].扬州大学学报(高教研究版),2018,22(5):44-52.

[20] 丁敏.高校教师评价中应处理好的若干关系[J].教育发展研究,2005,26(11):76-77.

[21] 杜健.高校教师考评制度异化:现状、根源、出路[J].黑龙江高教研究,2007,36(10):104-107.

[22] 方文.社会心理学的演化:一种学科制度视角[J].中国社会科学,2001,22(6):126-136.

[23] 方阳春,贾丹,方邵旭辉.包容型人才开发模式对高校教师创新行为的影响研究[J].科研管理,2015,36(5):72-79.

[24] 冯文宇.大学科研评价体系的创新逻辑与改革建议[J].情报杂志,2018,37(5):195-199.

[25] 弗洛德·J.福勒.调查问卷的设计与评估[M].蒋逸民,田洪波,陆利均,等,译.重庆:重庆大学出版社,2018:134.

[26] 傅子维.影响使用者在资讯系统开发中进行价值共创的能力与动机之研究[D].高雄:台湾中山大学,2012:23.

[27] 高军.研究型大学教师同行评议中的三对关系[J].现代教育管理,2013,33(1):80-84.

[28] 顾剑秀,裴蓓,罗英姿.研究型大学职称晋升评价制度对教师行为选择的影响——兼论大学教师发展模型的构建[J].中国高教研究,2020,36(7):66-71.

[29] 顾远东,彭纪生.组织创新氛围对员工创新行为的影响:创新自我效能感的中介作用[J].南开管理评论,2010,13(1):30-41.

[30] 郭本禹,姜飞月.自我效能感理论及其应用[M].上海:上海教育出版社,2007:29;32;71;73;74;82.

[31] 郭利伟.普通工科院校科研人员创新行为调查研究——以西安科技大学为例[J].情报探索,2015,29(11):38-41.

[32] 韩明.高校管理与党建工作(笔谈)[J].华南师范大学学报(社会科学版),2009,54(4):133-135.

[33] 韩强.程序民主论[M].北京:群众出版社,2002:40.

[34] 赫伯特·J.鲁宾,艾琳·S.鲁宾.质性访谈方法:聆听与提问的艺术[M].重庆:重庆大学出版社,2013:114;122;123-124.

[35] 何克抗.论创客教育与创新教育[J].教育研究,2016,38(4):12-24.

[36] 胡刚.高校教师心理资本对科研创新行为的影响研究[D].南昌:南昌大学,2018:101.

[37] 胡小桃.从高校教师发展状况看我国教师考评制度存在的问题[J].黑龙江高教研究,2014,33(11):95-98.

[38] 胡泽文,武夷山.科技产出影响因素分析与预测研究——基于多元回归和BP神经网络

的途径[J].科学学研究,2012,30(7):992-1004.

[39] 黄海涛,葛欣.高校新教师专业发展需求现状与政策建议[J].江苏高教,2017,33(9):59-63.

[40] 黄翔,童莉,史宁中.谈数学课程与教学中的跨学科思维[J].课程·教材·教法,2021,41(7):106-111.

[41] 贾建锋,王文娟,段锦云.研究型大学教师胜任特征与创新绩效[J].东北大学学报(哲学社会科学版),2015,17(6):579-586.

[42] 贾永堂.大学教师考评制度对教师角色行为的影响[J].高等教育研究,2012,33(12):57-62.

[43] 蒋洪池,李文燕.基于学科文化的大学教师学术评价制度构建策略探究[J].高教探索,2015,31(11):26-31.

[44] 姜农娟,刘娜.高校绩效评价取向对科研人才创新行为的影响[J].科技管理研究,2018,38(6):118-123.

[45] 教育部.关于印发《关于破除高校哲学社会科学研究评价中"唯论文"不良导向的若干意见》的通知[EB/OL].[2020-12-10].http://www.moe.gov.cn/srcsite/A13/moe_2557/s3103/202012/t20201215_505588.html.

[46] 教育部,财政部,国家发展改革委.关于印发"双一流"建设成效评价办法(试行)》的通知[EB/OL].[2021-03-23].http://www.moe.gov.cn/srcsite/A22/moe_843/202103/t20210323_521951.html.

[47] 教育部,科技部.关于印发《关于规范高等学校SCI论文相关指标使用树立正确评价导向的若干意见》的通知[EB/OL].[2020-02-20].http://www.moe.gov.cn/srcsite/A13/moe_2557/s3103/202012/t20201215_505588.html.

[48] 教育部办公厅.关于开展高等学校科技评价改革试点的通知[EB/OL].[2014-09-12].http://www.moe.gov.cn/srcsite/A16/s3336/201409/t20140912_175572.html.

[49] 科技部.关于破除科技评价中"唯论文"不良导向的若干措施(试行)[EB/OL].[2020-02-23].http://www.most.gov.cn/xxgk/xinxifenlei/fdzdgknr/fgzc/gfxwj/gfxwj2020/202002/t20200223_151781.html.

[50] 劳伦斯·马奇,布伦达·麦克伊沃.怎样做好文献综述——六步走向成功[M].陈静,肖思汉,译.上海:上海教育出版社,2011:50.

[51] 庞岚,沈红."学术人"视角下的大学教师管理制度建设[J].高等理科教育,2012,20(4):59-63.

[52] 康乐,李福林.应用7-S系统思维模型完善高校教师考核评价制度[J].现代教育管理,2018,38(11):98-102.

[53] 康力,程峰.高校科技创新团队成员创新意愿的影响机制研究——基于公平敏感性的视角[J].上海管理科学,2018,40(6):111-116.

[54] 李陈锋.高校教师考核的问题与对策研究[J].现代管理科学,2015,34(9):112-114.

[55] 李广海.理性的平衡:高校学术评价制度变革的逻辑及操作指向[J].教育研究,2017,39(8):85-90.

[56] 李金春.我国大学教师评价制度：理念与行动[D].上海：华东师范大学,2008：43；44；45.

[57] 李良栋.论民主共性与个性的统一[J].中共中央党校学报,2004,8(4)：114－116.

[58] 李琳琳.成为学者：大学教师学术工作的变革与坚守[M].上海：华东师范大学出版社,2016：161－162.

[59] 李琳琳,黎万红,杜屏.大学教师参与学术管理的实证研究[J].全球教育展望,2015,44(4)：61－69.

[60] 李文平.大学教师对教师评价制度的满意度调查分析[J].高校教育管理,2017,11(3)：95－103.

[61] 李醒民.知识的三大部类：自然科学、社会科学和人文学科[J].学术界,2012,27(8)：5－33.

[62] 李学栋,何海燕,李习彬.管理机制的概念及设计理论研究[J].工业工程,1999,2(4)：31－34.

[63] 李颖.高校教师职业生涯发展及其管理激励创新研究[D].苏州：苏州大学,2004：26－33.

[64] 李振兴,杨起全,程家瑜.关于我国基础研究和前沿技术科技评价问题研究[J].中国科技论坛,2009,25(1)：12－14.

[65] 李正,李菊琪.我国高校教师绩效评价结果应用的若干问题[J].黑龙江高教研究,2007,26(3)：119－122.

[66] 梁樱.反射性评价 VS.自我评价？——对认同分裂理论潜在逻辑的澄清[J].社会科学,2016,38(6)：81－92.

[67] 林小英,薛颖.大学人事制度改革的宏观逻辑和教师学术工作的微观行动：审计文化与学术文化的较量[J].华东师范大学学报(教育科学版),2020,38(4)：40－61.

[68] 刘恩允.高校科研评价的问题与对策[J].高等工程教育研究,2004,22(1)：39－42.

[69] 刘贵华,柳劲松.教育科研评价的中国难题[J].高等教育研究,2012,33(10)：25－29.

[70] 刘海波,李畅,陈立军.高校基础科学研究的制约因素分析及对策[J].东北大学学报(社会学科版),2006,8(1)：64－67.

[71] 刘莉,董彦邦,岳卫平,蓝晔.一流大学原创研究的评价与比较[J].上海交通大学学报(哲学社会科学版),2019,27(3)：38－50.

[72] 刘莉,董彦邦,朱莉,等.科研评价：中国一流大学重大原创性成果产出少的瓶颈因素[J].高等教育研究,2018,39(8)：23－31.

[73] 刘莉,季子楹.现实与理想：目标群体认同视角下的高校科研评价制度[J].高等教育研究,2018,39(3)：37－44.

[74] 刘新民,俞会新.高校青年教师科研压力对科研绩效的影响研究——基于认知评价的视角[J].北京社会科学,2018,33(10)：77－88.

[75] 刘轩.科技人才政策与创新绩效关系的实证研究——一个被中介的调节模型[J].技术经济,2018,37(11)：65－71.

[76] 刘益东.外行评价何以可能——基于开放式评价的分析[J].河南大学学报(社会科学

版),2016,56(5):145-150.

[77] 刘益东.吸引和保持前沿学者是一流学科建设的决定性因素——开放评价与原创优先的学术出版至关重要[J].科技与出版,2019,38(10):10-16.

[78] 刘易斯·科恩,劳伦斯·马尼恩,基恩·莫里森.教育研究方法(第6版)[M].程亮,宋萑,沈丽萍,译.上海:华东师范大学出版社,2015:365;370.

[79] 柳友荣.高校青年教师心理健康状况调查分析[J].高等教育研究,1998,19(4):84-86.

[80] 龙立荣,王海庭,朱颖俊.研究型高校科研考核模式与创新的关系[J].高等工程教育研究,2012,30(1):145-150.

[81] 鲁文辉.高校教师"准聘与长聘"职务聘任改革的制度逻辑反思[J].中国人民大学教育学刊,2021,11(3):104-115.

[82] 卢小君,张国梁.工作动机对个人创新行为的影响研究[J].软科学,2007,21(6):124-127.

[83] 卢晓中,陈先哲.学术锦标赛制下的制度认同与行动逻辑——基于G省大学青年教师的考察[J].高等教育研究,2014,35(7):34-40.

[84] 路甬祥.从诺贝尔奖与20世纪重大科学成就看科技原始创新的规律[J].中国科学院院刊,2000,15(5):370-376.

[85] 罗云.论大学学科建设[J].高等教育研究,2005,26(7):45-50.

[86] 吕慈仙,智晓彤."双一流"背景下高校多元科研绩效考核模式对教师创新行为的影响[J].教育发展研究,2020,41(5):69-76.

[87] 马端鸿,王晨.中国高校长聘教师制度的战略选择与制度防线[J].高等教育研究,2020,41(7):36-43.

[88] 马克思·韦伯.经济与社会[M].阎克文,译.上海:上海人民出版社,2009:114.

[89] 麦克沙恩,S L,格利诺,M A V.组织行为学(第7版)[M].吴培冠,译.北京:机械工业出版社,2018:29;30-31.

[90] 宁甜甜,宋至刚.高校科技工作者政策感知水平对创新行为的影响研究——基于创新自我效能感与工作认同度的调节效应[J].天津大学学报(社会科学版),2017,19(5):450-456.

[91] 牛风蕊.大学教师评价的制度同形:现状、根源及其消解——基于新制度主义的分析视角[J].现代教育管理,2014,34(6):85-89.

[92] 欧内斯特·波伊尔.学术水平反思——教授工作的重点领域[M]//国家教育发展研究中心.发达国家教育改革的动向和趋势(第五集).北京:人民教育出版社,1994:23.

[93] 潘健,史静寰.全球视角下科研产出数量与质量的互变逻辑——以工程学科研论文产出为例[J].中国高教研究,2021,37(2):16-22.

[94] 潘杨.高校教师职业认同、组织认同与创新行为研究[D].成都:西南财经大学,2014:80;146-150.

[95] 佩达泽,施梅尔金.定量研究基础:测量篇[M].夏传玲,译.重庆:重庆大学出版社,2013:84.

[96] 彭立静.高校科研考核制度的伦理反思[J].高等教育研究学报,2006,29(4):12-14.

[97]　暴占光,张向葵.自我决定认知动机理论研究概述[J].东北师大学报(哲学社会科学版),2005,55(6)：141-146.

[98]　乔纳森·特纳.社会学理论的结构(下)[M].邱泽奇,译.北京：华夏出版社,2001：39;42.

[99]　任可欣,余秀兰.生存抑或发展：高校评聘制度改革背景下青年教师的学术行动选择[J].中国青年研究,2021,33(8)：58-66.

[100]　软科.ShanghaiRanking academic excellence survey 2020 methodology[EB/OL].[2021-08-17].http://archive.shanghairanking.com/subject-survey/survey-methodology-2020.html.

[101]　邵燕波.高校科研团队激励机制研究[J].江西社会科学,2007,28(7)：244-247.

[102]　沈红.论大学教师评价的目的[J].高等教育研究,2012,33(11)：43-48.

[103]　沈红,李玉栋.大学理工科教师的职业发展需要——基于"2014 中国大学教师调查"开放题的分析[J].高等工程教育研究,2012,34(6)：126-132.

[104]　沈楠,徐飞.科学优先权：门户之见、投稿策略、保密与营销[J].科学学研究,2018,36(9)：1550-1556.

[105]　沈文钦,毛丹,蔺亚琼.科研量化评估的历史建构及其对大学教师学术工作的影响[J].南京师大学报(社会科学版),2018,64(5)：33-42.

[106]　石金叶,范旭.西方发达国家基础研究在创新型国家建设中的作用及其启示[J].自然辩证法研究,2019,35(6)：33-38.

[107]　史万兵,曹方方.高校社会科学教师科研评价主体权力配置及其运行机制研究[J].东北大学学报(社会科学版),2017,19(3)：312-318.

[108]　史万兵,李广海.基于工作压力理论的高校外籍教师考评制度评析.国家教育行政学院学报,2015,17(4)：27-32.

[109]　束义明,陈敬良.我国基础研究原始性创新能力的现状及提高对策[J].科技导报,2002,23(12)：3-6.

[110]　苏煜.自我决定理论与体育学习动机：理论、创新与实践[M].大连：大连海事大学出版社,2009：24.

[111]　孙洪志.高校学科建设管理工作探讨[J].学位与研究生教育,2003,20(8)：30-32.

[112]　孙绪敏.深化高校教师绩效评价路径研究[J].教育发展研究,2015,35(23)：36-40.

[113]　孙阳.多维互动背景下高校青年教师职业适应能力的提升[J].高教探索,2016,32(6)：121-124.

[114]　谭春辉.人文社会科学研究的创新论与质量观及其评价机制[J].重庆大学学报(社会科学版),2017,23(3)：63-69.

[115]　童锋,夏泉."双一流"评价视阈下我国同行评价体系的建构[J].中国高校科技,2020,34(Z1)：48-52.

[116]　托尼·比彻,保罗·特罗勒尔.学术部落及其领地：知识探索与学科文化[M].唐跃勤,蒲茂华,陈洪捷,译.北京：北京大学出版社,2015：104;123-125;123-130;124.

[117]　万思志.高校科学研究异化的表现及原因探析——基于马克思异化劳动理论的视角

[J].现代大学教育,2017,33(1)：98-104.

[118] 王斌华.发展性教师评价制度[M].上海：华东师范大学出版社,2000：114-116.

[119] 王建华.大学的范式危机与转变[J].中国高教研究,2020,36(1)：70-77.

[120] 王立剑,代秀亮,金蕾,刘青.人才头衔能否提升科技人才职业成就动机——来自我国一流大学建设高校的证据[J].科技进步与对策,2019,37(4)：153-160.

[121] 王敏.清华大学物理准长聘制十年实践的思考[J].清华大学教育研究,2014,35(4)：101-106.

[122] 王鹏,高峰强,李鹰.我国高校教师工作倦怠的群体类型研究[J].教育研究,2013,35(6)：107-117.

[123] 王向东.大学教师评聘制度过度功利导向的负面影响及其控制——基于社会学制度主义的视角[J].现代大学教育,2015,31(2)：88-94.

[124] 王向红,谢志钊.大学教师评价：从"鉴定与分等"到"改进与发展"[J].江苏高教,2009,25(6)：121-122.

[125] 王燕,李卫东.构建发展性评价体系,促进高校青年教师培养[J].黑龙江教育(高教研究与评估),2008,4(4)：88-89.

[126] 王永芬.科学发现中的主客观因素——核物理中的三例发现剖析[J].松辽学刊(自然科学版),1989,11(4)：68-72.

[127] 王忠军,刘丽丹.绩效考核能否促进高校教师突破性学术创新行为[J].高等教育研究,2017,38(4)：52-60.

[128] 文鹏,廖建桥.不同类型绩效考核对员工考核反应的差异性影响——考核目的视角下的研究[J].南开管理评论,2010,13(2)：142-150.

[129] 温忠麟,范息涛,叶宝娟,等.从效应量应有的性质看中介效应量的合理性[J].心理学报,2016,48(4)：436-443.

[130] 温忠麟,侯杰泰,张雷.调节效应与中介效应的比较和应用[J].心理学报,2005,37(2)：268-274.

[131] 温忠麟,叶宝娟.有调节的中介模型检验方法：竞争还是替补？[J].心理学报,2014,46(5)：714-726.

[132] 温忠麟,叶宝娟.中介效应分析：方法和模型发展[J].心理学报,2014,22(5)：731-745.

[133] 巫春华.高等学校非行政化：国际经验与对策[J].高等教育研究,2005,26(8)：23-27.

[134] 伍多·库卡茨.质的研究方法与社会科学研究[M].朱志勇,范晓慧,译.重庆：重庆大学出版社,2017：70-87.

[135] 吴明隆.问卷统计分析实务[M].重庆：重庆大学出版社,2010：57-58；158-238；159；169；200；201；207；208；217；244；377；484.

[136] 吴鹏.高校教师聘任制改革的探索与有效性审查[J].高等教育研究,2003,24(5)：43-45.

[137] 吴庆华,郭丽君.从培训走向发展：高校青年教师培养的转变[J].高等工程教育研究,

2013,31(4)：141-144.

[138]　肖丁丁,许治.NSFC评审专家管理办法修订的演进脉络与启示[J].管理评论,2012,24(7)：49-55.

[139]　肖磊,石卫林.学术权力与行政权力冲突的制度求解[J].教育学术月刊,2015,32(2)：62-67.

[140]　谢宇.回归分析[M].北京：社会科学文献出版社,2010：58;240.

[141]　谢玉华,毛斑斑,张新燕.高校教师科研动机实证研究[J].高教探索,2014,30(4)：156-159.

[142]　邢楠楠,田梦.高校科研人员组织学习能力对创新行为的影响研究——基于 COR 视角[J].经济与管理评论,2018,35(6)：86-94.

[143]　徐斯雄.民国大学学术评价制度研究[D].重庆：西南大学,2011：29.

[144]　徐燕刚,庹光蓉.我国高校教师科研评价体系的导向及其合理性思考[J].四川师范大学学报(社会科学版),2011,38(3)：119-123.

[145]　徐自强,严慧.身体-权力-行动：大学内部治理中的教授治学——基于高校章程的内容分析[J].高教探索,2019,35(7)：24-32.

[146]　阎光才.学术职业压力与教师行动取向的制度效应[J].高等教育研究,2018,39(11)：45-55.

[147]　阎光才."要么发表要么出局"：研究型大学内部的潜规则[J].比较教育研究,2009,45(2)：1-7.

[148]　严鸣,涂红伟,李骥.认同理论视角下新员工组织社会化的定义及结构维度[J].心理科学进展,2011,19(5)：624-632.

[149]　杨超."双一流"建设背景下大学教师参与学科治理的困境与路径[J].学位与研究生教育,2018,35(9)：39-45.

[150]　杨建林,朱惠,潘雪莲,等.以质量和创新为导向的人文社会科学学术评价研究[J].情报理论与实践,2012,35(5)：25-27.

[151]　杨力,王肖,刘俊.高校社科成果量化评价利弊论[J].现代大学教育,2009,25(3)：88-92.

[152]　杨皖苏,杨善林.主动性-被动性员工创新行为：基于挑战性-阻断性压力源双路径分析[J].科学学与科学技术管理,2018,39(8)：130-143.

[153]　杨兴林.高校教师职务晋升的学术代表作评价研究[J].江苏高教,2015,31(2)：34-37.

[154]　杨忠泰.高校科研分类评价探析[J].中国科技论坛,2011,27(12)：9-14.

[155]　叶继元.人文社会科学评价体系探讨[J].南京大学学报(哲学・人文科学・社会科学版),2010,56(1)：97-110.

[156]　叶前林.中国顶尖大学离世界一流大学师资水平有多远[J].黑龙江高教研究,2019,38(2)：7-11.

[157]　喻冰洁,王景英.制度伦理视域下的教师评价制度：困境、原因及改进[J].现代教育管理,2014,34(5)：66-69.

[158] 庾光蓉,徐燕刚.我国高校学术评价制度的缺陷与改进思路[J].社会科学管理与评论,2009,11(4):41-47.

[159] 俞立平.规范使用SCI下科技评价的问题与解决路径研究[J].情报资料工作,2020,41(2):64-69.

[160] 余双好.大学生思想道德修养导论[M].武汉:武汉大学出版社,1999:132.

[161] 约翰·W.克雷斯威尔.混合方法研究导论[M].李敏谊,译.上海:格致出版社,2015:42.

[162] 约翰·W.克雷斯维尔,薇姬·L.查克.混合方法研究:设计与实施(原书第2版)[M].游宇,陈福平,译.重庆:重庆大学出版社,2017:4.

[163] 岳英.大学教师学术活力的过程性特征及其影响机制研究[D].上海:华东师范大学,2017:67-107.

[164] 张桂平,廖建桥.国外员工主动行为研究新进展探析[J].外国经济与管理,2011,33(3):58-64.

[165] 张积玉.以量化为基础以代表作为主的综合化学术评价制度构建——基于S大学的经验[J].重庆大学学报(社会科学版),2019,25(6):84-96.

[166] 张剑,张建并,李跃,等.促进工作动机的有效路径:自我决定理论的观点[J].心理科学进展,2010,28(5):752-759.

[167] 张剑,张微,宋亚辉.自我决定理论的发展及研究进展评述[J].北京科技大学学报(社会科学版),2011,27(4):131-137.

[168] 张力群,徐红,徐雷,等.引领科学发展需要知识、能力、兴趣和勇气——复旦大学拔尖人才培养思考[J].中国大学教学,2019,41(3):8-12.

[169] 张蓉,冯展林.制度安排下的高校青年教师创新意愿与能力提升对策研究[J].科学管理研究,2017,35(6):89-92.

[170] 张伟.从"学术契约"到"学术责任"——大学学术制度困境及范式超越[J].北京社会科学,2018,33(3):4-12.

[171] 张文彤,董伟.SPSS统计分析高级教程(第2版)[M].北京:高等教育出版社,2013:102.

[172] 张相林.我国青年科技人才科学精神与创新行为关系研究[J].中国软科学,2011,26(9):100-107.

[173] 张彦.论同行评议的改进[J].社会科学研究,2008,30(3):86-91.

[174] 张耀铭.学术评价存在的问题、成因及其治理[J].清华大学学报(哲学社会科学版),2015,30(6):73-88.

[175] 张应强.人文社会科学学术评价及其治理——基于对"唯论文"及其治理的思考[J].西北工业大学学报(社会科学版),2019,29(4):24-34.

[176] 张应强,赵锋.从我国大学评价的特殊性看高等教育评价改革的基本方向[J].江苏高教,2021,37(2):1-8.

[177] 章志敏,薛琪薪.高校类型、教师科研能力与学术产出关系的实证研究——基于全国社会学学科教师的抽样调查[J].河北科技大学学报(社会科学版),2019,19(1):

85 - 91.

[178] 赵斌,刘开会,李新建,等.员工被动创新行为构念界定与量表开发[J].科学学研究, 2015,33(12)：1909 - 1919.

[179] 赵斌,栾虹,李新建,等.科技人员主动创新行为：概念界定与量表开发[J].科学学研究,2014,32(1)：148 - 157.

[180] 赵景来.人文科学若干问题研究述要[J].社会科学战线,2006,29(3)：259 - 266.

[181] 赵立莹,黄佩.高校教师绩效评价：追寻数量与质量的平衡[J].西安电子科技大学学报(社会科学版),2016,26(3)：91 - 95.

[182] 赵普光,张洪慧.高校教师科研绩效评价与激励中的不确定性、机会主义行为及其对策[J].中国行政管理,2010,26(6)：93 - 96.

[183] 赵书山.教师发展：从"交易型"管理走向"转化型"管理[J].高等教育研究,2003, 24(5)：52 - 56.

[184] 赵伟,张亚征,彭洁.中青年科技领军人才创新素质与创新行为关系研究[J].中国科技论坛,2013,29(12)：97 - 103.

[185] 赵燕,汪霞.对我国大学教师评价制度的反思与建议[J].高校教育管理,2018,13(2)：117 - 124.

[186] 赵燕梅,张正堂,刘宁,等.自我决定理论的新发展述评[J].管理学报,2016,13(7)：1095 - 1104.

[187] 郑昊敏,温忠麟,吴艳.心理学常用效应量的选用与分析[J].心理科学进展,2011, 19(12)：1868 - 1878.

[188] 郑楠,周恩毅.高校青年教师的工作幸福感对其创新行为的影响研究[J].国家教育行政学院学报,2017,19(10)：58 - 64.

[189] 中国科学院科技评价研究组.关于我院科技评价工作的若干思考[J].中国科学院院刊,2007,22(2)：104 - 114.

[190] 周俊.问卷数据分析：破解 SPSS 的六类分析思路[M].北京：电子工业出版社,2017：46 - 47;216.

[191] 周玉容,沈红.现行教师评价对大学教师发展的效应分析——驱动力的视角[J].清华大学教育研究,2016,37(5)：54 - 61.

[192] 朱军文,刘念才.高校科研评价定量方法与质量导向的偏离及治理[J].教育研究, 2014,36(8)：52 - 59.

索　引